Bliersbach · So grün war die Heide...

Gerhard Bliersbach, Jahrgang 1945, ist Psychologe
und arbeitet als Psychotherapeut in einer Fachklinik.
Er ist Autor zahlreicher Beiträge zur Filmpsychologie
und zur Politischen Psychologie.

Gerhard Bliersbach

So grün war die Heide...

Thema: Film
Die gar nicht so heile Welt im Nachkriegsfilm

verlegt bei Beltz

CIP-Titelaufnahme der Deutschen Bibliothek
Bliersbach, Gerhard : So grün war die Heide... :
Thema: Film ; die gar nicht so heile Welt im Nachkriegsfilm /
Gerhard Bliersbach. – Gekürzte Ausgabe. – Weinheim ; Basel : Beltz, 1989
   (Psychologie heute : Taschenbuch ; 519)
   ISBN 3-407-30519-2
NE: Psychologie heute / Taschenbuch

Alle Rechte, insbesondere das Recht der
Vervielfältigung und Verbreitung sowie der Übersetzung, vorbehalten. Kein Teil des Werkes darf in
irgendeiner Form (durch Photokopie, Mikrofilm oder ein
anderes Verfahren) ohne schriftliche Genehmigung
des Verlages reproduziert oder unter Verwendung elektronischer Systeme verarbeitet,
vervielfältigt oder verbreitet werden.

Gekürzte Ausgabe 1989
Psychologie heute – Taschenbuch,
verlegt bei Beltz · Weinheim und Basel

© 1985 Beltz Verlag · Weinheim und Basel
Herstellung: Jürgen Reverey
Satz: Satz & Reprotechnik GmbH, 6944 Hemsbach
Druck und buchbinderische Verarbeitung:
Druckhaus Beltz, 6944 Hemsbach
Umschlaggestaltung: Peter J. Kahrl, Neustadt/Wied,
unter Verwendung eines Motivs vom
Deutschen Institut für Filmkunde, Frankfurt/M.

Printed in Germany

ISBN 3 407 30519 2

Inhaltsverzeichnis

Vorwort 7

Was ist denn hier los?
Die Bundesrepublik in den achtziger
Jahren – Einleitung des Autors 13

Von einem, der ins Kino zog, das Fürchten
zu verlernen 33

Grüne Heide und Silberwald: Wird alles
wieder gut?
„*Grün ist die Heide*" (1951)
„*Der Förster vom Silberwald*" (1954) 65

Ferdinand macht's
„*Sauerbruch. Das war mein Leben*" (1953/54) . . . 111

Ein westdeutsches Aschenputtel
„*Sissi*", erster Teil (1955) 141

Abrechnung in Ottenschlag
„*Der Meineidbauer*" (Die Sünderin vom
Fernerhof, 1956) 185

Ödipus im Seekrieg
„*Haie und kleine Fische*" (1957) 195

Das schlechte Gewissen schlägt zu
„Die Landärztin" (1958) 219

Die deutsche Klamotte oder: Der Vater
als Wadenbeißer
„Natürlich die Autofahrer!" (1959) 239

Heinz, der gute Junge
„Das schwarze Schaf" (1960), *„Er kann's nicht
lassen"* (1962), *„Mein Schulfreund"* (1960),
„Der Hauptmann von Köpenick" (1956) 267

Vor den Vätern starben die Söhne
„Kirmes" (1960) 305

Das große Abräumen
„Der grüne Bogenschütze" (1961) 323

Abbildungsnachweis 342

Register der Kino- und Fernsehfilme 343

Vorwort

Das westdeutsche Nachkriegskino war besser als sein Ruf – es hatte seine Daseinsberechtigung, wenn ich an die vielen gutgemachten Filme denke, die es (neben viel Drittklassigem) auch und nicht zu wenig gab. Es mag sein, daß die Produzenten damals nicht hochambitionierte Absichten verfolgten, wie es bei heutigen Filmemachern oft der Fall ist. Und sicher war ihnen oft nicht bewußt, woran sie mit ihren Spielfilmen rührten – was die Zuschauer packte und faszinierte. Aber ist es das schlechteste Motiv, professionell gute Unterhaltung machen zu wollen?

Das Publikum bestätigte diese Einschätzung – es kam zu Millionen, trotz der manchmal vernichtenden Kritik. Ich habe bei den Premierenvorstellungen oft diese Zustimmung für unsere Arbeit gespürt, und auch in Briefen drückten viele ihre Anerkennung aus. *Ein* Grund für das gute Verhältnis zwischen Schauspielern und Publikum in jener Zeit mag gewesen sein, daß wir nicht so weit entfernt von unseren Zuschauern waren. Ein anderer Grund mag darin zu suchen sein, daß wir einen – wenn man so will – zeitgemäßen Typ Filmschauspieler verkörperten. Wir waren nicht wie die geleckten Stars und Schönlinge der Nazi-Filmära – obwohl es auch da seriöse und gestandene Theaterschauspieler gab – wir waren eher Leute „wie Du und ich", und die Menschen konnten uns unsere Rollen abnehmen.

Sicher – das Kino der fünfziger Jahre in Deutschland

kann man nicht messen an Hollywood. Das amerikanische Kino hatte und hat natürlich ganz andere technische Möglichkeiten – auch das Geld spielt dabei eine wichtige Rolle. Den Sturz von einem Dach in einem Thriller drehen die Amerikaner mit der linken Hand. Die Dialoge sind eher Nebensache. In unserem Kino wird (immer noch) zuviel geredet; es gleitet sehr schnell ins Düstere, Schwere. Als Schauspieler schaut man schon mit Neid auf die Kollegen Cary Grant, Humphrey Bogart oder Gregory Peck: denen stand ein enormer Apparat zur Verfügung. Deutsche Schauspieler, Marlene Dietrich und Emil Jannings ausgenommen, haben in Hollywood nie eine wirkliche, große Karriere gemacht. Ich war dreimal in Amerika und spielte unter Alfred Hitchcocks Regie im „Zerrissenen Vorhang"*. Julie Andrews war sehr nett, aber Paul Newman gab sich anfangs sehr distanziert – er befürchtete, daß wir, Wolfgang Kieling, Günter Strack und ich, ihn überspielen könnten. Eine Szene mit Wolfgang Kieling schnitten die Leute von der Universal, dem Studio, für das Alfred Hitchcock den Film produzierte, heraus: als er, der tote, aschfahle DDR-Sicherheitsbeamte Hermann Gromek, Paul Newman präsentiert wurde. Wolfgang Kieling war eindrucksvoll; er sollte Paul Newman nicht überschatten; denn der US-Star war Universals Aktie. Darin sind die Amerikaner rigoros: sie bestehen auf ihren Markt-Interessen. Die guten Rollen spielen sie selber. Und wenn Burt Lancaster in einem westdeutschen Atelier spielt, wird in Englisch gedreht. Wir müssen uns nach ihnen richten. Ich bin in der englischen Sprache nicht aufgewachsen. Wenn

---

* Alfred Hitchcock: Der zerrissene Vorhang (1969). Buch: Brian Moore. Kamera: John F. Warren. Musik: John Addison. Darsteller: Paul Newman, Julie Andrews, Wolfgang Kieling, Ludwig Donath, Lila Kedrova, Hansjörg Felmy, Günter Strack

ich einen größeren Dialog sprechen muß, an dessen Ende ein schneller Wechsel von einem „s" zu einem „th" gefordert ist, macht mir das sprachlich Schwierigkeiten. Und sofort bin ich nicht mehr gut. In den englischsprachigen Ateliers bleibt man ein Fremdkörper und kann seine Angst nicht abschütteln. So wird man nur als Außenseiter beschäftigt.

Im Filmatelier zu arbeiten ist ganz anders als auf der Theaterbühne. Auf der Bühne hat man eine Distanz von zwanzig bis dreißig Metern zum Publikum, da kann man sich verwandeln; aber die Kamera holt immer das Typische des eigenen Ausdrucks heraus. Ich bin eher ein emotioneller als ein intellektueller Schauspieler – ich komme gegen mein Gesicht nicht an. Vielleicht bin ich deswegen von der Filmkritik auf den Typus des „guten Deutschen" festgelegt worden. Bei der Rollenauswahl habe ich versucht, mich nicht in ein Klischee drängen zu lassen. Nach den beiden Offiziersrollen des Robert Franke in Alfred Weidenmanns „Der Stern von Afrika" (1956) und des Hans Teichmann in Frank Wisbars „Haie und kleine Fische" (1957) machte ich zwei Filme mit Hans Albers in Eugen Yorks „Das Herz von St. Pauli" (1957) und „Der Greifer" (1957). Als Filmschauspieler ist man beengt: Das eigene private Leben darf nicht zu sehr abweichen von den Figuren, die man im Film spielt; einem siebenmal geschiedenen Darsteller glaubt der Zuschauer den treusorgenden Vater von drei Kindern nicht.

Zu meinen Lieblingsfilmen gehört, neben Kurt Hoffmanns „Wir Wunderkinder" (1958), Alfred Weidenmanns „Die Buddenbrooks" (1959), Falk Harnacks „Die unruhige Nacht" (1958) und Wolfgang Liebeneiners „Das letzte Kapitel" (1961), Frank Wisbars „Haie und kleine Fische" (siehe Seite 195). Schon als ich das Buch von Wolfgang Ott las, dachte ich, daß der Hans Teichmann auf mich zugeschnitten wäre; es war ein Glücksfall, daß ich mit dieser Rolle besetzt wurde. Die Dreharbeiten waren aufregend. Wir waren jung, so um die fünfundzwanzig Jahre alt, und wir haben uns mit dem älteren Herrn, Frank Wisbar, gut verstanden. Es wurde viel improvisiert. Die Dreharbeiten waren strapaziös. Wir mußten in das zwölf Grad kalte Meer hineinspringen; und oft waren unsere nassen Uniformen vom Vortage nicht trocken geworden.

Frank Wisbar, der Emigrant, hatte offenbar gern die Chance ergriffen, in seiner Heimat einen Film zu machen. Er war ein freundlicher, aber sehr verschlossener Mann. Was es für ihn bedeutete, in der Bundesrepublik einen Film zu machen mit dem Nazi-Krieg zum Thema – darüber hat er nicht gesprochen. Ich habe den Film im vergangenen Jahr gesehen, als er im Fernsehen ausgestrahlt wurde, und fand: „Haie und kleine Fische" kann sich noch immer sehen lassen. Wolfgang Petersens „Boot", mit der phantastischen Kameraführung von Jost Vacano, ist technisch viel weiter. Aber ich vermisse in unserem Film nichts; es kommt heraus, was der Roman- und Drehbuchautor Wolfgang Ott intendierte.

Die Zeiten haben sich sehr geändert. Damals konnte ich aus fünfzig bis hundert Drehbüchern auswählen, heute habe ich drei Drehbücher auf dem Schreibtisch, mit denen ich nicht einverstanden bin. Im Augenblick lehne ich mehr ab als ich annehme.

Ich habe die Hoffnung auf ein professionelles westdeutsches Kino noch nicht aufgegeben: Ich wünsche mir einen professionellen Stab, gute Autoren, gute Regisseure, gute Kameraleute, gute Architekten, gute Cutter und gute Schauspieler.

Juni 1985 *Hansjörg Felmy*

So war Er oft eins mit den glücklichen Kinobesuchern und fern der Kritik, die ohne Frage ein Recht hat, die Ware auf ihre Qualität zu prüfen. Ihm waren diese „Schnulzen" (so sagt man doch wohl im Neusthochdeutsch) Transporte hin zur Anteilnahme an einer Freude. Nach solchen Erschütterungen entdeckte Er, daß Kitsch zwar ästhetisch definiert werden kann, auch als Angeberei mit Gefühlen, die nicht existieren, daß damit aber noch nichts über den Zündstoff, der ihn brennen ließ, gesagt ist.

Ludwig Marcuse: Nachruf auf Ludwig Marcuse. München: List 1969. Seite 203)

Was ist denn hier los?
Die Bundesrepublik in den achtziger Jahren

Auf dem Samstag-Markt in Köln-Klettenberg bittet eine gepflegte Dame in den Fünfzigern, Berliner Tonfall, den Mann von der Milch- und Käse-Bude, ihr fünfzig Mark zu borgen, was er, der ihren Namen nicht kennt, bereitwillig tut; sie verspricht, ihm nächsten Samstag den Geldbetrag zurückzugeben. Einen Häuser-Block weiter stellen sich die Kunden in einem Bäckergeschäft, dessen Fünf-Korn-Brote beliebt sind, in einer langen Schlange an, welche sich weit auf's Trottoir ausdehnt. Im größten Kölner Phono-Geschäft, welches an Samstagen von ortsfremden Käufern überflutet wird, spricht der gut zwanzigjährige Verkäufer den etwa gleichaltrigen Kunden mit dem geschwisterlichen Du an.

Hier und da rückt man in der Bundesrepublik freundlich zusammen. Ein legerer, angelsächsischer Kontakt ist zu beobachten; die Umgangsformen des Alltags entkrampfen sich; eine leichte urbane Heiterkeit kehrt ein – nicht nur in einigen Kölner Regionen, von denen die Südstadt, dank der Rock-Gruppe BAP, die bekannteste ist in unserer Republik, auch in anderen Städten. Herbert Grönemeyer rehabilitiert Bochum, die Ideal-Gruppe preist Berlin, De Bläck Fööss' folgen dem Taxi Nr. 832 durch Köln. Westdeutschlands Städte mausern sich zu unserer neuen *Heimat*: jene Orte, wo die neuen Formen bundesrepublikanischen Lebens erprobt wurden und erprobt werden: die Wohngemeinschaften, die WGs, der Gegenentwurf einer jungen

Generation, die dafür sorgte, daß unser Land bunt und die Parlamente farbig wurden. Einen verschämten Stolz kann man spüren. Das Jahr 1985 ist in Köln das Jahr der romanischen Kirchen, die, und das ist eine bedeutsame Seite des städtischen Stolzes, restauriert wurden aus den Trümmern einer zerbombten Stadt.

Abzulesen ist der Stolz auch an der aus New York City importierten Idee der *sticker*, welche auf den Hecks vieler Automobile kleben: „I love D" oder „AC" – wobei das Verbum durch ein Herz ersetzt ist, die Zuneigung wird ironisch unterspielt; das Englisch eignet sich allemal besser für solche Bekenntnisse. Westdeutsche Bürger liebäugeln mit urbanen Phantasien. Das westdeutsche Grundgefühl hat weitere Facetten. Im Sommer 1984 geißelt der CDU-Generalsekretär Heiner Geißler die Partei der Grünen als „eine Melonen-Partei – außen grün und innen rot". Eine unfreundliche Formel; denn das Innere dieser Frucht kann man nur sehen, wenn man sie aufschneidet oder aufbricht. „Gut gegeißlert ist halb gefreislert" lautet das robuste Wortspiel des Düsseldorfer „Kom(m)ödchens"; denn Heiner Geißler, unser Polit-Polterer, wird gegen den „Hyänen-gleichen" Roland Freisler, so der britische Historiker Gordon A. Craig (1) über den Vorsitzenden des nationalsozialistischen „Volksgerichtshof", in dem nur Unrecht gesprochen wurde, aufgerechnet. Willy Brandt bezeichnet ihn am Abend der NRW-Wahl 1985 gar als den „schlimmsten Hetzer *seit* Goebbels".

„Kohl – ein Kanzler fürs Kabarett" war im ZEIT Magazin zu lesen (2); Westdeutschlands Satiriker profitieren von dem konservativen Politiker, der häufig in Birnen-Form gehandelt wird, unfähig, sich zu bewegen; sein Arbeitsstil, so ist zu lesen, bestehe im Sich-Arrangieren und Aussitzen – ein Mann mit einem mächtigen Gesäß. Robert

Leicht, Journalist der SÜDDEUTSCHEN ZEITUNG, beschreibt den entmachteten bayrischen Ministerpräsidenten: „Er steht jetzt da wie jemand, der mit gekochten Spaghettis Mikado spielen wolle" (3). Heinrich Böll fühlte sich als Bürger eines Landes der grinsenden „Swinigel" (4).

Nimmt man die Bilder, eine repräsentative Auswahl für das Jahr 1984, aus dem politischen Forum, und versucht, die westdeutsche Gestimmtheit anzugeben, dann kann man von einer seltsamen Gereiztheit, einem schwelenden Ärger und von einer tiefen Scham über eine Regierung, die nicht richtig zu regieren scheint, sprechen. 1984 ist das Jahr sich überschlagender Skandale: Der Bundesverteidigungsminister recherchiert vor aller Augen das vermeintlich intolerable Triebleben seines NATO-Generals; die Regierungsparteien versuchen, sich eine Amnestie zuzuschanzen, welche sie erlösen soll aus der Kalamität, dicke Geld-Bündel kassiert zu haben, allerdings weit weniger als das „Komittee zur Wiederwahl Richard Nixons" in den eigenen Tresor wegschloß; der Bundestagspräsident stolpert über ein siebenstelliges Honorar und tritt von seinem Amt zurück; der parlamentarische Untersuchungsausschuß zur Spenden-Praxis eines Groß-Industriellen macht das für viele Politiker peinliche Aktenvermerk-Kürzel „wg." populär.

Und 1984, George Orwells Jahr, wird Westdeutschlands Vergangenheit, die Geschichte der Entstehung unserer Republik, sehr aktuell. Am 22. September faßt Bundeskanzler Helmut Kohl die Hand des französischen Staatspräsidenten François Mitterand – vor den Kriegsgräbern in Verdun. Eine Geste, die als Kompensation für Helmut Kohls Abwesenheit bei der Jubiläumsfeier der Westalliierten (am Sommeranfang 1984) zum 40. Jahrestag der

Landung in der Normandie am 6. Juni 1944 verstanden wurde.

Wofür mußte Helmut Kohl entschädigt werden? In diesem Jahr wurde die alte Befürchtung zur Gewißheit, daß die Bundesrepublik Deutschland immer noch wie ein Gast behandelt wird, der am sprichwörtlichen Katzentisch (wie 1959 bei den Genfer Verhandlungen über den Status West-Berlins) Platz nehmen muß – von der großen Gäste-Tafel ausgeschlossen. Gastgeber bekommen dann schon einmal ein schlechtes Gewissen und kümmern sich überbesorgt um den vernachlässigten Gast, der, wenn er sich nicht einlullen läßt, diese Geste als eine freundlich verpackte Form der Herablassung verstehen wird; die Kränkung des Gastes wird dadurch vielleicht gemildert, aber nicht aufgehoben.

Die Jubiläumsfeier der Westalliierten signalisierte: Die Bundesrepublik ist kein gleichwertiger Partner im alliierten Bündnis. Die Kränkung darüber rumort in unserem Land – schon lange. Sie ist der Kränkung des Aufsteigers ähnlich, der in eine begüterte Familie einheiratet und das Gefühl nicht los wird, ihm sei das Stigma seiner wenig präsentablen Herkunft anzusehen.

Die 1984 manifest gewordene Kränkung, welche zum Grundgefühl vieler westdeutscher Bürger gehört, läßt erkennen, wie sehr Deutschlands Niederlage schmerzt und deprimiert. Das war bereits in den fünfziger Jahren so. „Die bedrückte Republik" nannte der Schweizer Journalist Roger de Weck die Bundesrepublik Deutschland (5). Man soll sich keine Illusionen machen: auch wenn viele Deutsche 1945 das Ende des Dritten Reiches als Befreiung empfanden, der Makel bleibt: *Wir* haben unsere bundesdeutsche Staatsbürgerschaft nicht erkämpft – die Bundesrepublik entstand in den Planungsstuben der alliierten

Siegermächte. So sind wir zu Recht vom Triumph der Westalliierten in der Normandie 1984 ausgeschlossen. Es fällt schwer, sich damit abzufinden. Es fällt schwer, darüber zu sprechen.

Westdeutschlands Öffentlichkeit ist für nationale Gefühlslagen nicht sonderlich wach. Es gibt die Rhetorik des Vereinseitigens. Heinrich Böll riet seinen Söhnen, aufzumerken, wie ein Westdeutscher über die Zerschlagung des Dritten Reiches spricht: ob er sie als „Befreiung" oder „Niederlage" bezeichnet (6). Heinrich Bölls Faustregel: Wer von der „Niederlage" spricht, hängt noch an den Größenvorstellungen Großdeutschlands. Die Scham, ein Westdeutscher zu sein, blendete er aus. Vielleicht ist die „Niederlage" ein zu sportlich klingendes Substantiv, aber der Verlust unserer nationalen Souveränität, welche Westdeutschland nach und nach zurückerhielt wie einem Gefangenen der Strafvollzug „gelockert" wird, ist ein Faktum, das nachwirkt.

Es gibt eine ausgeprägte Rhetorik der Beschwichtigung. Konrad Adenauer war der Bundeskanzler, dem es darauf ankam, die Bundesrepublik rasch salonfähig zu machen; er betrieb eine Politik der Anlehnung, mit der er vergessen zu machen suchte, daß er eine Politik des Einheiratens betrieb: Für die Aufnahme ins alliierte Bündnis zahlte er die Mitgift des Aufbaus der Bundeswehr, der aufgeschobenen Frage der Wiedervereinigung. Konrad Adenauer hatte wahrscheinlich keine andere Wahl: Deutschlands Aufteilung war beschlossene alliierte Sache. Aber er gab keine präzise Auskunft über die Implikationen seiner Bündnis-Politik.

Ludwig Erhard, der zweite Kanzler unserer Republik, verbreitete die treuherzige Formel: daß wir wieder *wer* seien. Wer glaubte das wirklich? Wir sind noch immer klein. Der amtierende Bundeskanzler bezeichnet sich als

„Enkel Adenauers", und entsprechend klingt seine politische Rhetorik, welche in Verdun am 22. September 1984 so sinnfällig wurde: der „Enkel" faßt Pappis Hand, die des französischen Staatspräsidenten. Gleichgültig, wem diese Geste einfiel, ihr Sinn ist eindeutig: der Sohn greift die Hand seines Vaters, wenn er sich in Not fühlt und ihn, der sein Halt bedeutet, nicht verlieren möchte. Das Ritual von Verdun wiederholte sich in Bitburg im Mai 1985 mit anderer Besetzung, als Ronald Reagan seinen Enkel-Kollegen beruhigte. Bilder, welche ans westdeutsche Kino der fünfziger Jahre erinnern, wenn im Finale Versöhnung gefeiert wurde.

Zur Rhetorik der Beschwichtigung gehört auch das Herauskehren einer „Freundschaft". Gute Freunde brauchen sich nicht ständig zu vergewissern, daß sie gute Freunde sind: sie sind sich dessen sicher. Bei guten Freunden muß man auch nicht auf ein „Mitspracherecht" pochen: Freunde schließen einander nicht aus. Freundschaften lassen sich nicht herbeireden. Wer es tut, biedert sich an und enthüllt, wie unsicher er sich fühlt.

Und es gibt die Rhetorik des Trotzes. Auf den Pfingsttreffen erinnern die Bundesbürger mittel- und ostdeutscher Herkunft an ihr „Recht auf Heimat" und betonen sogleich, daß sie „von Revanche und Vergeltung" nichts halten. Eltern wissen, daß sie ihren Kindern, die auf einen sehnlichen Wunsch zu verzichten versprechen, nicht trauen können; Wünsche sind mächtig, sie werden nicht einfach aufgegeben. Jahr für Jahr knirschen die Teilnehmer jener Pfingsttreffen mit den Zähnen, versichern, sich in ihr bundesdeutsches Los zu fügen – und wiederholen ein Jahr später ihren zuvor dementierten Wunsch. Wer glaubt Dementis? So werden die Pfingsttreffen in der westdeutschen Öffentlichkeit (aber auch in der ausländischen) mit

Besorgnis aufgenommen; störrische Kinder, die auf unerfüllbaren Wünschen bestehen, stören den häuslichen Frieden.

Die Jahre 1984 und 1985 lehren: Westdeutschlands Vergangenheit ist sehr gegenwärtig. Sie ist noch längst nicht verkraftet. Seit Ende der sechziger Jahre, als die Arbeit des Psychoanalytiker-Ehepaares Alexander und Margarete Mitscherlich erschienen war unter dem Titel „Die Unfähigkeit zu trauern" (7), kursiert in der öffentlichen Diskussion das Klischee, die Bundesdeutschen hätten ihre Nazi-Vergangenheit „verdrängt". Mit der „Verdrängung" hatte Sigmund Freud eines (von einem guten Dutzend) psychischer Manöver bezeichnet, „Abwehrmechanismus" genannt, mit welchem traumatische Erfahrungen oder ängstigende Impulse so bearbeitet werden, daß sie das seelische Gleichgewicht nicht gefährden (8). Die öffentliche Diskussion versteht „Verdrängung" als eine Art Besen, welcher den seelischen Dreck zusammenkehrt, der dann in die seelische Mülltonne, ins „Unbewußte" deponiert wird. Das Verständnis der „Verdrängung" orientiert sich an der Redewendung: „Unter den Teppich kehren". Das ist aber keine „Verdrängung", sondern eine andere Form der Abwehr: der „Verleugnung". Was ich unter den Teppich kehre, möchte ich vergessen; ich hoffe, daß es keiner bemerkt, denn ich würde mich schämen. So lebe ich überempfindlich, mit einem vagen schlechten Gewissen.

Schaut man in das Buch des Autoren-Ehepaares hinein, sieht man: Alexander und Margarete Mitscherlich sprechen eher von „Verleugnung" als von „Verdrängung", aber sie sind ungenau im Gebrauch dieser Begriffe; für den nicht gut informierten Leser muß es so aussehen, als seien die beiden Abwehr-Manöver identisch. Alexander und Margarete Mitscherlich beschrieben ihren Gegenstand nicht richtig. Normalerweise muß, wer von „Verdrängung" (oder einer anderen Abwehr-Operation) spricht, angeben, was sich im individuellen Bewußtsein verändert hat. Wie steht es um das Bewußtsein einer Republik? Wie kann man es sich vorstellen? Man muß die öffentliche Diskussion, welche von den gedruckten und audiovisuellen Medien hergestellt wird, dafür halten. Liest man das Buch der Mitscherlichs, entdeckt man: Die Autoren haben nicht regelmäßig Zeitung gelesen, ferngesehen und Kinofilme geguckt. Den Prozeß der öffentlichen Diskussion der fünfziger und sechziger Jahre, in denen die nationalsozialistische Vergangenheit immer ein Thema war, haben sie nicht nachgezeichnet. Die Diagnose der westdeutschen „Unfähigkeit zu trauern" ist der Befund einer weit verbreiteten Verstocktheit. Ist er korrekt?

Wann immer ich das Datum meines Geburtstags nannte, erhielt ich die Antwort: „Ah, Führers Geburtstag!" Ich war befremdet und geschmeichelt, offenbar war ich an einem besonderen Tag geboren, und verstand erst spät, wieso Adolf Hitlers 20. April ein so bedeutsames historisches Datum ist. Adolf Hitler fasziniert enorm. 1983 fällt die Chefredaktion des *quicken* STERN auf die gefälschten Tagebücher des Führers herein; Adolf Hitler machte blind. Alexander und Margarete Mitscherlich wunderten sich, was aus der riesigen Verehrung für Adolf Hitler wurde. Die Antwort ist gar nicht schwer: darüber zu sprechen, ist schier unmöglich. Thomas Mann hat es versucht (9). Charlie Chaplin hat den Führer karikiert – das ist einfach: im Spott kann man die eigene Faszination verstecken (10). Hans-Jürgen Syberberg hat einen Film zu machen versucht (11). Rainer Werner Fassbinder hat die Faszination des Dritten Reiches nachzuschmecken versucht (12). Aber dagegen hat Saul Friedländer Einspruch erhoben (13) – mit dem Verdikt „Kitsch".

Im Westdeutschland der Nachkriegszeit dominierte die Verabredung von Leuten mit schlechtem Gewissen: Wenn du mir keine peinlichen Fragen stellst, stelle ich dir auch keine; wir einigen uns darauf, wegzugucken. Alexander und Margarete Mitscherlichs „Unfähigkeit zu trauern" enthält den Vorwurf: daß die Westdeutschen sich um ihre Nazi-Vergangenheit nicht scherten, sondern sich nur mit dem Aufräumen der Trümmer und dem Aufbau ihres Landes beschäftigten. Ein harscher Vorwurf. Denn in der Bundesrepublik waren damals zugige Unterkünfte die Regel. Vorwürfe verhärten: Die Kampf-Vokabel von der „Verdrängung der Vergangenheit" verhinderte den Dialog über unsere Vergangenheit. Wer beim anderen eine „Verdrängung" diagnostiziert und diesem Abwehr-Manöver böswillige Absicht unterstellt, übersieht, daß jede „Verdrängung" eine unbewußte Not-Operation ist. Und wer seine Tat leugnet wie das kleine Kind, das sich vor einer massiven Bestrafung sehr fürchtet, versucht, unbehelligt über die Runden zu kommen. Die westdeutsche Not bestand in der tiefen Scham bundesdeutscher Bürger.

Die sprichwörtliche Wende wurde am Montagabend, dem 2. Juli 1979 gegen 23.00 Uhr eingeleitet: die Bundestagsfraktion der Unionsparteien wählte, obgleich dafür nicht legitimiert, mit 135 Pro- und 102 Contra-Stimmen den bayrischen Ministerpräsidenten zum Kanzlerkandidaten. Franz Josef Strauß wurde von der Union und der Öffentlichkeit auf den damaligen Bundeskanzler Helmut Schmidt gehetzt: das Aufsteiger-Kind, Sohn eines Münchner Metzgers, gegen den Sohn eines Hamburgischen Lehrers. Franz Josef Strauß, das politische Stehaufmännchen, Repräsentant des Tagtraums, ein Deutscher sein zu können und nicht bloß ein Bundesdeutscher sein zu müssen, gegen den Vertreter der mittelständischen, akademisch durchtränkten Angestellten-Kultur. Der Wahlkampf 1979/80 war das unterhaltsame Spektakel einer Holzerei. Franz Josef Strauß wurde verschlissen; er wurde endgültig abgehakt.

Im März 1983 wird Helmut Kohl endlich Bundeskanzler. Was sich 1980 abzeichnete, wird zum Thema der Bundesrepublik: die bange Frage, wer wir sind. Die Wende erweist sich als ein Rückgriff auf die fünfziger Jahre: auf die Rhetorik jener Zeit, auf die ungelöste Suche Westdeutschlands nach seiner nationalen Identität. Die „Wiedervereinigung Deutschlands", die „offene deutsche Frage" werden zu drängenden Themen. „Heimat" wird zum Reizwort. Wo ist die Heimat der Westdeutschen? In Mitteldeutschland? In Westdeutschland? In Europa? Helmut Kohl betreibt eine Politik der Anlehnung an die USA. Helmut Kohl und Ronald Reagan – Konrad Adenauer und John Foster Dulles: die Besetzungen wechseln, aber die Muster bleiben.

Mit der Frage nach der westdeutschen Identität ist die zweite beunruhigende Frage verknüpft: worin bestehen Westdeutschlands Verdienste? Im wirtschaftlichen Export? Kulturell sind wir ein Import-Land. Haben wir uns unsere demokratische Staatsform verdient? Westdeutschlands Wunden sind so sichtbar wie in den fünfziger Jahren. Die Bundesrepublik ist intellektuell aufgeschossen wie ein altkluges Kind, das sich seinen Eltern überangepaßt hat, um ihnen zu gefallen; aber seine Emotionalität ist nicht richtig entwickelt. Die Affekte der fünfziger Jahre rumoren: die Kränkung über die Aufteilung Deutschlands, über den Verlust des eigenen Besitzes, die Enttäuschung über die politische Moral, die Verachtung und der Hohn über die politischen Repräsentanten, die Scham, drittklassig zu sein, hinter den Weltmächten, hinter Großbritannien und Frankreich.

Es zeigt sich, daß die unvollständige Abrechnung der Schuld-Konten derer, die im Dritten Reich und später in der neuen Republik reüssierten, verhinderte, offene Formen der Auseinandersetzung einzuüben. Unsere führenden Politiker werden wie schlechte *entertainer* behandelt, deren Verlautbarungen zwar verachtet, aber verbreitet werden – und hohe Auflagen von Aphorismen-Büchlein erzielen. In Timothy Ashs Aufsatz „Welchen Weg wird Deutschland gehen?", erschienen in der gar nicht zimperlichen „New York Review of Books" (14), ist kein mokanter Satz über den amtierenden Bundeskanzler zu finden. Aber Timothy Ash bemerkt eine „allgemeine Unterschätzung des existierenden westdeutschen Staates". Wer sich klein macht und sich entwertet, bleibt auf dem Entwicklungsniveau des Kindes, das sich nicht traut, heranzuwachsen. Helmut Kohl ist nicht der einzige Enkel in unserer Republik.

Ende 1983 brachte die Illustrierte QUICK die Titelgeschichte heraus: „Die Sehnsucht nach den fünfziger Jahren" (15). Es ist weniger eine Sehnsucht, welche das Interesse an dieser Zeit bestimmt, als das Gefühl, daß einige Hausaufgaben unerledigt blieben. Die Nachkriegsjahre waren turbulent. Die junge Republik formierte sich unter dem Schock der nationalsozialistischen Verbrechen, arrangierte sich im westlichen Bündnis und beruhigte sich mit der wirtschaftlichen Wiedergeburt. Vermutlich ging die Bearbeitung der Nazi-Vergangenheit über die nationalen Kräfte. Unser Moratorium geht zu Ende. Die Frage nach unserer Identität ist drängender denn je.

Das westdeutsche Kino der fünfziger Jahre aus der Sicht der achtziger Jahre

Das westdeutsche Kino der fünfziger Jahre, geliebt, gescholten und gemieden, bewegte die nationalen Traumen und Tagträume in seinen Geschichten. Es litt unter einer ähnlichen Hypothek wie die Bundesrepublik: Die Film-Künstler, die im Dritten Reich ihre Beiträge ablieferten, engagiert oder widerwillig, arbeiteten nach dem Krieg weiter und gaben in ihren Spielfilmen undeutlich Auskunft über ihre Vergangenheit. So wirkt, aus heutiger Sicht, das Kino des ersten Nachkriegsjahrzehnts gelähmt und gedrückt; unter dem oft heiteren Firnis ist eine depressive Schicht. Dennoch: es rührte, packte, tröstete und beruhigte – und stieß manchen Zuschauer ab. Ein kritisches Etikett war: sentimentaler Kitsch. Scharfe Qualitätsurteile können auch der eigenen Distanzierung dienen. Etwas muß in diesem Kino stecken, das die Leute in ausverkaufte Filmtheater zog und das im westdeutschen Fernsehen weiterlebte – die ZDF-Serien „Ich heirate eine Familie", „Mensch Bachmann", „Das Traumschiff" oder „Die Schwarzwaldklinik" zum Beispiel setzen die Geschichten der fünfziger Jahre fort.

Die vorliegende Arbeit will darauf eine Antwort geben. Vierzehn Filme werden ausführlich vorgestellt; es sind sehr populäre, sehr erfolgreiche Streifen darunter wie Hans Deppes „Grün ist die Heide", Ernst Marischkas „Sissi" oder Helmut Käutners „Der Hauptmann von Köpenick" und weniger erfolgreiche wie Rudolf Jugerts „Der Meineidbauer" und Wolfgang Staudtes „Kirmes". Die Absicht war: repräsentative Filme zu besprechen und mit dieser für sozialwissenschaftliche Standards sehr kleinen Stichprobe (aus einem guten Tausend Filme) typische Themen herauszuarbeiten. Kleine Stichproben haben den Vorzug größerer Präzision. Die Leserin, der Leser wird viele Filme vermissen. Aber vielleicht wird die analytische Brille, die ich in diesem Buch anbiete, helfen, auch die nicht erwähnten Kinostreifen anders zu sehen – als die Produkte der schwierigen fünfziger Jahre unserer Republik.

Filmhistorisch interessierte Leser werden vielleicht eine Antwort auf die Frage vermissen, wie das Kino des Dritten Reiches im Kino der fünfziger Jahre weiterwirkte. Darauf will ich eine sozialpsychologische Antwort geben: Es wird über die Kontinuität und über die Veränderung der Formen deutscher und westdeutscher Sozialisation gesprochen – über die Familienstuben der Protagonisten in den Filmen der Nachkriegszeit. Eine direkte Antwort, welche das Nazi-Kino mit dem deutschsprachigen Kino der fünfziger Jahre vergleicht, hätte den Umfang dieser Arbeit mehr als verdoppelt. Das vorliegende Buch ist auf die Frage beschränkt, welche *Spuren* das zerstörte Dritte Reich in der jungen Republik hinterließ. Es gab keine „Stunde Null" – Menschen und soziale Gefüge verändern sich nicht schlagartig, sondern nur über Generationen hinweg in einem langsamen Prozeß sich wandelnder psychosozialer und politischer Milieus.

In drei Schritten gehe ich bei jedem Film vor: Er wird zunächst so weit beschrieben, daß die Leserin und der Leser einen Eindruck bekommen von den Erlebnisqualitäten, welche er vermittelt. Der nacherzählbare Inhalt einer Kino-Geschichte, ihr *plot*, bietet keinen guten Zugang zum Kern eines Films, der den Kinogänger aufheitert, ängstigt oder zu Tränen rührt. Die Gefühle, welche ein Film auslöst, sind entscheidend: ob er beispielsweise den Kinogänger in eine depressive („Grün ist die Heide") oder rachsüchtige

Stimmung (Jürgen Rolands „Der grüne Bogenschütze") versetzt. Wilhelm Salber hat diese Gefühls-Analyse empfohlen (16).

Im zweiten Schritt werden die in den Filmen steckenden Familien-Konstellationen herausgearbeitet; die Deutungsmuster wurden den familientherapeutischen Arbeiten von Ivan Boszormenyi-Nagy und Helm Stierlin entnommen (17). Die Zerschlagung des Dritten Reiches hat ihre Spuren in den Familienstuben hinterlassen; Westdeutschlands Filme erzählen die familiären Konflikte der Nachkriegszeit genau.

Der amerikanische Psychohistoriker Henry Ebel hält das Kino für den Vorposten der medialen Sozialisation: filmische Phantasien sind die Seismographen psychosozialer Verfassungen (18). Sein Kollege Lloyd de Mause hat den Prozeß der öffentlichen Diskussion untersucht; er bezeichnet die Politiker als „fantasy leader" – als Phantasie-Führer: dazu beauftragt, Phantasien zu gestalten, welche die nationalen Ängste mildern und die nationalen Wünsche einlösen (19).

Individuelle Lebensgeschichten, von der Öffentlichkeit ausgeleuchtet, bekommen im öffentlichen Kontext eines Landes eine besondere Bedeutung.

Am 30. März 1981 schoß der 1955 in Ardmore (Oklahoma) geborene, an einer Schizophrenie leidende John W. Hinckley jr. auf den amerikanischen Präsidenten Ronald Reagan und auf dessen drei Begleiter. Fünfzehn Mal hatte John W. Hickley jr. den Martin-Scorsese-Film „Taxi Driver" (1977) gesehen. Der „Taxi-Driver" ist der Psychose nahe, an Schlaflosigkeit leidende Travis Bickle (Robert de Niro), der sein Taxi durch New York City steuert und allmählich in eine Wahn-Verfassung gerät, die von einer mörderischen Zerstörungswut bestimmt ist: am Ende erschießt er den Zuhälter (Harvey Keitel) der jungen Iris (Jodie Foster).

In die Darstellerin der Iris war John W. Hinckley verliebt; er hatte ihr eine Unzahl von Briefen geschrieben und versucht, sie zu sprechen. Versteht man den Brief, welchen er Jodie Foster am Tag des Attentats schrieb, als Hinweis auf die Dynamik seines Mordversuchs (20), dann verband John W. Hinckley mit seiner Tat eine selbstmörderische Absicht: wenn er Jodie Foster nicht für sich gewinnen konnte, dann wollte er sich seiner rasenden Enttäuschung in einem grandiosen Finale, bei dem er nicht zu überleben glaubte, entledigen. Offenbar hatte er sich mit der Rache-Phantasie des Taxifahrers Travis Bickle identifiziert.

Ronald Reagan überlebte das Attentat; er erholte sich schnell. Am 21.3.83 hält RonaldReagan jene Rede, welche in der öffentlichen Diskussion das Etikett „Darth Vader"-Rede erhielt. „Darth Vader" ist der mächtige Bösewicht aus dem ersten „Star Wars"-Film von George Lucas. Ronald Reagan wurde nach dem Attentat als der „Iron Man" gefeiert, als der eiserne Mann, dem eine Revolverkugel nichts anhaben kann (21). Der US-Präsident: ein unschlagbarer Ritter. Ronald Reagan, der vor seiner ersten Wahl seine Muskeln beim Holzfällen und seine schwarzen, nicht angegrauten Haare präsentierte, löste sein Image ein; er wird später weiterhin seine gute physische Kondition vorführen.

Im Frühsommer 1983 kommt der dritte Teil der George-Lucas-Trilogie über den „Krieg der Sterne" in die Kinos, in den USA spielt er bereits in der ersten Woche über vierzig Millionen Dollar ein: „Die Rückkehr des Jedi-Ritters". Die nationalen Phantasien werden tüchtig bewegt; das Kino ist in den medialen Kreislauf integriert. Diese Hypothese der amerikanischen Psychohistoriker am westdeutschen Kino der Nachkriegszeit zu erproben, beschreibt den dritten Schritt der Film-Analyse. Die Nachkriegszeit ist der psychosoziale Kontext, welcher dem Kino der fünfziger Jahre zugrunde gelegt wird. Deshalb werden die Filme chronologisch, dem Datum ihrer Auswertung in den Filmtheatern nach, behandelt: mit der Analyse eines Films wird zugleich über ein Jahr der Geschichte der Bundesrepublik berichtet. Die Filme werden „gegen den Strich" gesehen; die beschriebenen Szenen sind möglichst genau erzählt, aber selten wird der komplette Film wiedergegeben: die Analysen beschränken sich auf die wesentlichen Sequenzen. Die Leserin und der Leser mögen, falls sie auf die „Illustrierte Film-Bühne" der hier besprochenen Filme zurückgreifen können, die dortigen Inhaltsangaben mit den Beschreibungen dieser Arbeit vergleichen.

Begonnen wird mit Hans Deppes Film „Grün ist die Heide", der am 14. November 1951 in Hannover uraufgeführt wurde. Dieser Film, der ein Jahr nach dem zuvor (ebenfalls unter der Regie von Hans Deppe) entstandenen „Schwarzwaldmädel" herauskam, etablierte jenes Genre, welches zum Schrecken vieler Kinogänger wurde: die sogenannten Heimatfilme. Der letzte besprochene Film ist Jürgen Rolands „Der grüne Bogenschütze", der am 3. Februar 1961 in die Kinos kam. Er zählt zu dem Genre der sogenannten Edgar-Wallace-Filme, die deshalb so heißen, weil sie die *plots* der hastig erzählten Romane des Londoner Autors benutzten. 1961 ist die westdeutsche Filmindustrie in einer maroden Verfassung; seit 1958 sind die Besucherzahlen zurückgegangen; es wird Billigware produziert. Ein Jahr später, im Februar 1962, rufen auf den Oberhausener Kurzfilm-Tagen Filme-Macher der jungen Generation den Tod von „Opas Kino" aus. Im selben Jahr erschüttert der

SPIEGEL-Skandal das politische Selbstverständnis der Bundesrepublik. 1963 wird Konrad Adenauer entmachtet. Vier Jahre später wird der Student Benno Ohnesorg (Jahrgang 1941) in West-Berlin am 2. Juni 1967 bei der Demonstration gegen den Besuch des Schah von Persien erschossen. Die „Edgar-Wallace"-Streifen sind terroristische, sadistische Filme; das läßt sich am „Grünen Bogenschützen" zeigen. Sie nehmen die Stimmung des wütenden Protests der späten sechziger und der siebziger Jahre vorweg.

In den Text sind amerikanische Film-Beispiele assoziativ eingearbeitet. Als Kontrast zu den westdeutschen Filmen, zur Präzisierung, zur Beschreibung. Die Leserin und der Leser werden sich vielleicht fragen, weshalb französische, italienische, englische, spanische oder russische Filme nicht erwähnt werden. Hollywood prägt das Film-Verständnis der Kinogänger, die in den vierziger Jahren geboren wurden, und erzählte von einem weiten und hellen Land, wo die Zivilcourage sich so auszahlte wie der Mut der jungen Burschen in den Märchen der Gebrüder Grimm. Vor der Cinemascope-Leinwand reckte sich der jugendliche Zuschauer in seinem Klappsessel und nahm die mächtigen Bilder in sich auf. Sie wurden zum Maßstab, an dem das westdeutsche Kino gemessen wurde. Es konnte vor dem amerikanischen Vorbild nur schlecht bestehen.

„Die Filme sind der Spiegel der bestehenden Gesellschaft", schrieb der Film-Historiker Siegfried Kracauer (22). Das hört sich sehr plausibel an – und sehr distanziert und statisch. Der Kinogänger guckt nicht in einen Spiegel, er wird schnell in eine Filmgeschichte hineingesogen und, ohne daß er es richtig bemerkt, mit Phantasien vertraut gemacht, welche tief in ihn eindringen. Das verändert seine Erwachsenheit vor der Leinwand.

Das Kino, schrieb Pauline Kael (23) in ihrem Aufsatz „Angst vor Filmen", belebt (oft) das kindliche Entwicklungsniveau, auf dem uns die Lektüre von Märchen aufregte. Es hat über zwanzig Jahre gedauert, bis die sadistischen Qualitäten der Hochglanz*thriller* von Alfred Hitchcock, Tagträume sublimer Vergewaltigungen, vom „Fenster zum Hof" (1954), über „Vertigo – Aus dem Reich der Toten" (1957), „Die Vögel" (1963), „Marnie" (1964), bis zu „Topaz" (1969), von der öffentlichen Diskussion absorbiert und ausgesprochen wurden. Es ist kein Zufall, daß die „Star Wars"-Spektakel von George Lucas zu der politischen Konzeption der „Strategic Defense Initiative" (SDI) anregten – im amerikanischen Alltag ist Darth Vader, dieser schnaufende Homunculus aus Frankenstein und Heinrich Himmler, zu einer vertrauten Figur geworden: Ronald Reagan wird mit ihm verglichen, die New Yorker nennen ihre mit dem dunklen wärmedämmenden Glas ausgestatteten Busse (die zwischen Wall Street und 162. Straße verkehren) die „Darth Vader"-Linie. Die Macht-Phantasien der George-Lucas-Filme, in denen die bösen Buben aufmarschieren wie SS-Mannschaften und keine Chance haben gegen den fixen Luke Skywalker, sind in den politischen Alltag eingedrungen. Die Bearbeitung der Vergangenheit, als Deutschland sich so schuldig machte, ist, wenn man die gegenwärtigen Kino-Phantasien ernst nimmt, ein langer, komplizierter Prozeß – nicht nur für die Bundesrepublik Deutschland.

LITERATUR

1 Gordon A. Craig: Germany 1866–1945. Oxford: Clarendon Press 1978
2 ZEIT Magazin vom 18.5.1984
3 Süddeutsche Zeitung vom 2.2.1984

4 Heinrich Böll: Im grinsenden Swinigel-Land. MERKUR 422, Dezember 1983
5 Roger de Weck: Die bedrückte Republik. DIE ZEIT vom 15.3.1985
6 Heinrich Böll: Brief an meine Söhne. DIE ZEIT vom 15.3.1985
7 Alexander und Margarete Mitscherlich: Die Unfähigkeit zu trauern. München: Piper 1967
8 Sigmund Freud: Die Verdrängung. Gesammelte Werke Bd. X. Frankfurt: S. Fischer 1969
Sigmund Freud: Hemmung, Symptom, Angst. Gesammelte Werke Bd. XIV. Frankfurt: S. Fischer 1968
9 Thomas Mann: Bruder Hitler. Aus: Ludwig Marcuse (Hrsg.): Ein Panorama des europäischen Geistes. Zürich: Diogenes 1984
10 Charlie Chaplin: Der große Diktator (1940)
11 Hans-Jürgen Syberberg: Hitler, ein Film aus Deutschland. Reinbek bei Hamburg: Rowohlt 1978
12 Rainer Werner Fassbinder: Lili Marleen (1981)
13 Saul Friedländer: Kitsch und Tod. Der Widerschein des Nazismus. München: Hanser 1984
14 Timothy Ash: Which Way Will Germany Go? The New York Review of Books vom 31.1.1985
15 Die Sehnsucht nach den fünfziger Jahren. QUICK vom 27.10.1983
16 Wilhelm Salber: Die Morphologie des seelischen Geschehens. Ratingen: Henn 1965
Wilhelm Salber: Sexualität und Film. Bonn: Bouvier & Co. 1970
17 Ivan Boszormenyi-Nagy und Geraldine M. Spark: Unsichtbare Bindungen. Stuttgart: Klett-Cotta 1981
Helm Stierlin: Delegation und Familie. Frankfurt: Suhrkamp 1978
18 Henry Ebel: The New Theology: Star Trek, Star Wars, Close Encounters and the Crisis of Pseudo-rationality. The Journal of Psychohistory Vol. V (1979)
19 Lloyd de Mause: Foundation of Psychohistory. NewYork: Creative Roots, Inc. 1982
20 Lincoln Caplan: Annals of Law – The Insanity Defense. The New Yorker vom 2. Juli 1984
21 Lloyd de Mause: Reagans Amerika. Frankfurt: Roter Stern Verlag 1984
22 Siegfried Kracauer: Das Ornament der Masse. Frankfurt: Suhrkamp 1963
23 Pauline Kael: Fear of Movies. Aus: When The Lights Go Down. London: Maron Boyars 1980

Von einem, der ins Kino zog, das Fürchten zu verlernen

Ich war fünf Jahre alt, als mein Großvater mich in Hameln an einem Spätnachmittag im Winter 1950 zum ersten Mal ins Kino mitnahm. Wir mußten uns in einem schummrigen Filmtheater zurechtfinden: Gedämpftes Licht, Plüsch-Farben, hölzerne Klappsessel, ein Vorhang aus Samt-Stoff, tuschelnde Stimmen: Taten wir etwas Verbotenes? Wir sahen, was ich erst viel später herausfand, Charlie Chaplins „Goldrausch" (1925). Ich war erschlagen und nahm die Komödie todernst: Diese nur auf einer Felsenkante aufliegende Holz-Hütte, die über dem Abgrund wippte, vom Absturz bedroht, unbemerkt von Charlie, der in seinen wackligen vier Wänden Schuhsohlen aß... Charlie kann sich am Ende des Films retten, bevor seine Wohn-Kiste im Abgrund zerschellt. Eine Strapaze, dieser Streifen. Zum Glück war ich nicht allein.

Meine zweite Kino-Erinnerung verbinde ich mit Hannover. In einem zum Brechen vollen Vorort-Kino sah ich 1952, zusammen mit Eltern und Großeltern, den Zirkusfilm „Die größte Schau der Welt" (1952) von Cecil de Mille, dem Spezialisten für pompöses Kino: meine erste Begegnung mit Hollywood. Der Film hatte die Wucht eines Brechers. Ich wurde überrollt von der Artistengeschichte, in der Rivalität, Neid, Haß und Eifersucht in einem Überfall auf den Eisenbahnzug des Zirkus kulminieren: Die Lokomotive entgleist, die Waggons bersten, die Löwen, Affen und Elefanten brechen aus. Ein Tumult auf der Leinwand. Viel Aufregung im Kino-Saal. Ich hockte tief in meinem Sitz – und sehe noch heute die vielen Köpfe vor mir, die mir die Sicht versperrten: mein Schicksal anfangs der 50er Jahre; am Ende dieses Jahrzehnts war ich zu einer Kinogänger-Größe herangewachsen, mit der ich keine Vorderfrau und keinen Vordermann mehr zu fürchten brauchte.

Später, als ich die Film-Programme, jene „Illustrierte Film-Bühne" für 10 Pfennig das Stück, sammelte und die Besetzungslisten der Spielfilme studierte, erfuhr ich, wen ich auf der Leinwand gesehen hatte: Betty Hutton (der Star des Musicals „Annie get your gun", George Sidney, 1950) und Charlton Heston (der künftige Star opulenter Kino-Feste wie „Die zehn Gebote" 1956, „Das weite Land" 1958, „Ben Hur" 1959). James Stewart, im Film der wegen Mordes gesuchte Arzt, war auch dabei und Cornel Wilde, der unglückliche Trapezkünstler: Schauspieler-Gesichter, die zu guten Bekannten wurden.

Seit Hannover bin ich regelmäßig ins Kino gegangen. Meine Eltern hatten nichts dagegen: wir gingen häufig gemeinsam. In Köln, wohin wir 1953 zogen, war der Freitag unser Kino-Tag: Einträchtig drückten sich meine Eltern, Großeltern und ich durch die damals (fast immer) voll besetzten Reihen zu fünf freien Plätzen hindurch.

Die Donnerstag-Ausgabe unserer Tageszeitung erwartete ich immer ungeduldig: Freitag war Programm-Wechsel in den Kinos, und donnerstags überboten sich die Filmtheater mit großformatigen Anzeigen über ihre neuen Spielfilme, die reißerisch offeriert wurden – als Liebesdramen, in denen tief dekolletierte Damen für erotische Verwicklungen sorgten, als Männer-Feindschaften, in denen der „tödliche Haß" eben jener *Ladies* wegen sich austobte... in Cinemascope und Technicolor oder in

Metrocolor oder in Deluxe. Ich liebte diese aufgeregten Sprüche.

1953 wurde die Breit-Leinwand eingeführt, die Filmtheater mußten umbauen. Die US-Verleihfirma „20th Century-Fox" hatte die Rechte für das von dem Franzosen Henri Chrétien entwickelte, patentierte Cinemascope-Verfahren erworben. Der erste mit diesem System gedrehte Streifen war das Christus-Spektakel „Das Gewand", von Henry Koster 1953 inszeniert. Die „Freiwillige Selbstkontrolle" der Filmwirtschaft, die FSK, ein treuherziger Name, hatte diesen Film erst ab 12 Jahren freigegeben. Ich war 8 Jahre alt und konnte nicht rein: als 12jähriger die Kinokasse zu passieren traute ich mich nicht. Das tat ich später: als ich mich als 14jähriger mit Hut in den ab 18 Jahren freigegebenen Film „Manche mögen's heiß" von Billy Wilder (1959) reinschmuggelte – Marilyn Monroe wollte ich unbedingt sehen (außerdem hatte mir ein Klassenkamerad von den anspielungsreichen Dialogen erzählt).

Die FSK-Einstufungen fand ich damals arg kleinlich: Ich empfand mich als vorgereiften Kinogänger, der schon einiges gesehen und ausgehalten hatte im Vorführ-Saal. Heute sind die FSK-Normen sinnvoller ausgelegt und der Vertrautheit der jungen Leute mit den Kino-Geschichten angepaßt, und schließlich will das Kino dem Fernsehen, das seine Mord-reichen und Busen-freien Produktionen um 20.15 Uhr präsentiert, nicht allzusehr nachlaufen.

In den 50er Jahren ging es überhaupt sehr ängstlich zu, nicht nur bei uns. Noch 1962 wurde in den USA der François Truffaut-Film „Jules und Jim" (1961), von der „Catholic Legion of Decency", einer Institution, ähnlich der bundesdeutschen katholischen Filmkommission, verdammt. Das Kino galt, wie es Jean-Paul Sartre, ein Kino-Fan übrigens, in seinem autobiographischen Buch

„Die Wörter" nannte, als „Pöbelkunst" – also als Un-Kunst (1). Hugo von Hoffmannsthals Formel vom Film als dem „Ersatz für Träume" und das mokante Wort über Hollywood als der „Traumfabrik" machten die Runde. Ich war meinen Eltern dankbar, daß sie mich ohne ästhetische Diskussionen ins Kino ziehen ließen. Ich lief, soweit mein Taschengeld reichte, meinen Kino-Lieben nach. Der Klang und der Schriftzug des Wortes Cinemascope hatten mich enorm fasziniert; die Ankündigung eines Breitwand-Spektakels reichte aus, mich ins Kino zu locken. Ich hatte bald herausgefunden, welche Kölner Filmtheater die größten Leinwände hatten und von welchen Sitzreihen aus mein Gesichtsfeld ausgefüllt war vom farbigen Panorama-Bild.

Ich setzte mich so nah vor die Leinwand, daß ich meinen Kopf leicht drehen mußte, um die Film-Bewegungen zu verfolgen, eine Gewohnheit, mit der ich mich gut einpaßte ins ausgetüftelte System der Filmtheater, die Eintrittspreise mit den aufsteigenden Sitzreihen zu erhöhen: Wer nah vor der Leinwand saß, sah preiswert. Den weiten Blick, den die Breitwand-Streifen eröffneten, fand ich enorm: Im Kino konnte ich kräftig durchatmen, wenn die Kamera auf ein Fels-Gestein zufuhr und sich erhob und ein tiefes Panorama freigab. Hollywood löste mit solchen Kamera-Bewegungen Amerikas Verheißung eines offenen Landes ein.

Dagegen kam mir die Bundesrepublik klein, grau und eng vor, ich mochte sie nicht sonderlich; ich wuchs in engen Wohnverhältnissen auf. Ich lernte, die Leinwand nach den Gefahren, die meinen Helden auflauerten, abzusuchen. Ich lernte (so unbewußt wie die eigene) die Film-Sprache. Die Kamera-Bewegungen, die Fahrten und Schwenks, näherten oder entfernten die Gefahrenpunkte; die Musik signalisierte drohendes Unheil oder beruhigte. Die filmische Klaviatur fand ich sehr vielfältig.

1960 eröffnete in Köln das „Residenz" nach längerer Umbauzeit die Kino-Kassen: Gina Lollobrigida und Yul Brynner waren im King-Vidor-Film „Salomon und die Königin von Saba" (1959) auf der riesigen Todd-AO-Leinwand zu bestaunen, bei der man, vorausgesetzt man saß schön nah, hochschauen konnte wie an einem Bauwerk. Ich glaube, ich habe in Köln in den 60er und 70er Jahren keinen der in diesem Format projizierten Filme verpaßt. Das bombige US-Kino hatte mich gepackt.

Damals starteten die amerikanischen Verleih-Firmen jeden Vorspann ihrer Spielfilme mit ihren Markenzeichen, die vielversprechender waren als die der westdeutschen Firmen. Bei der „Metro Goldwyn Mayer" steckte ein brüllender Löwe mit wütendem Schwung seinen Kopf durch einen Ring, der mit „ars gratis artis" beschriftet war. Bei der „Universal" drehte sich im dunkelblauen, sternübersäten Weltall die Erdkugel, um die sich das Schriftband „Universal" wandt. Die „Paramount" schrieb ihren Namenszug über eine Bergspitze, und manchmal wurde das Doppelwort „Vista Vision", welches ein anderes Breitwandverfahren ankündigte, quergeschrieben: Das Versprechen für gestochen scharfe, brillante Filmbilder. Bei der „Columbia" hielt eine Göttin eine Fackel in der Hand. Und bei der „20th Century Fox" dröhnten die Fanfaren, ein paar Scheinwerfer schwenkten ihre Lichtkegel auf ein monumentales Gebilde, einen Kinoaltar, der mit klassizistischem Schriftzug diese Filmgesellschaft zu Recht verherrlichte.

Als die nationale und die internationale Krise des Kinos in den 60er Jahren die Besucherzahlen schrumpfen ließ, wurden die Vorort-Kinos (wie häufig in der Bundesrepublik) von jenem US-Import besetzt, der uns in schnelle Konsumenten verwandeln sollte: den sogenannten Selbstbedienungsläden, die eigentlich Selbstbeladungsläden (denn auf die vollen Einkaufswagen kam es an) hätten heißen müssen. Die USA, unsere Befreier von 1945 und unsere politischen Zieh-Eltern, zogen auf verschiedenen Wegen in den westdeutschen Alltag ein.

Ein Weg war das Kino. Die Kölner Filmtheater boten jeden Sonntagmorgen „Frühvorstellungen" um 11.00 Uhr an. Die Eintrittspreise damals: 70 Pfennig und 1,00 DM für einen Balkonplatz, auf dem man sehr hoch und sehr entfernt von der Leinwand thronte. Jeden Sonntag fand ein tumultöses Gedränge statt, erst vor dem geschlossenen Filmtheater, dann vor der Kasse, ein Schreien und Schieben: Die Invasion unbändiger Fans, die fürchteten, keinen Platz mehr zu kriegen. Im Vorführ-Saal herrschte der Lärm sich gegenseitig überbietender Stimmen: Es gab noch keine Süßigkeiten zu kaufen (oder wir hatten kein Geld dafür), welche uns den Mund gestopft hätten.

Wir konnten unsere Aufregung nicht bremsen, ähnlich den Passagieren einer Achterbahn, die sich kreischend dem höchsten Punkt der Anlage nähern. Die Filmtheaterbesitzer versuchten vergeblich, uns zu beruhigen; vermutlich sorgten sie sich um ihre Einrichtung. Auch ihre häufige Drohung, die Vorstellung nicht zu starten, ernüchterte unsere laute Begeisterung kaum, in welche sich die Angst vor dem unbekannten Kino-Abenteuer mischte. Das erlöschende Licht, der den Hauptfilm ankündigende Gong, der Vorhang, der langsam aufgezogen wurde: der Moment der Erlösung, welche sich im Chor eines langen „Ahh!" entlud.

Die Kino-Begeisterung damals war gewaltig. Der deutsche Ordnungsruf der Erwachsenen: „Ruhe!!" blieb wirkungslos. Sie waren hier ohnmächtig. Wir hatten das Schreien, das Seufzen, das Klatschen, das Stöhnen, das Jubeln.

Abgesehen von wenigen Märchenfilmen und einigen westdeutschen Filmstreifen wie „Toxi" (R. A. Stemmle, 1952) und „Pünktchen und Anton" (Thomas Engel, 1953), überwogen in den „Frühvorstellungen" die „B-pictures" aus den USA: relativ preiswert produziertes, robustes Kino mit Männer-Geschichten (die Jungens-Abenteuer waren) und Liebesverwicklungen (die wie Märchen funktionierten), welche mit einem *happy ending* entwirrt wurden. Als sehnsüchtiges Einzelkind, das mit seinen pubertären Verliebtheiten nicht so richtig zum Zuge kam, schöpfte ich hier Hoffnung und Trost auf eine glückliche Entwicklung meines emotionalen Lebens.

Ich hoffte darauf, daß mir meine Prinzessin über den Weg laufen und ich in einen Kino-*plot* geraten würde.

Außerdem hatte ich die Idee, Sport treiben zu müssen für die physischen Wechselfälle des Lebens. Zu Hause sprang ich jedenfalls schon als Retter der wunderschönen Kino-Damen herum, in der Hand einen (Karnevals-)Revolver oder ein Lineal (an Stelle eines Ritterschwertes), je nach den Erfordernissen meines Tagtraum-*plots*.

Pauline Kael, die Filmkritikerin der amerikanischen Zeitschrift „The New Yorker", hat eines der Kino-Vergnügen „the primal fun in being frightened" genannt – den uralten Spaß am Erschrecktwerden, an der Angstlust (2). Pauline Kael hat vom Erwachsenenstandpunkt aus formuliert: Im dunklen Kino-Saal, aber in sicherer Entfernung können wir uns unseren Kinderängsten aussetzen, den Schrecken, die wir überwunden haben oder nicht mehr erinnern. So weit war ich, als ich mich im Kino einrichtete, nicht.

Das Gucken der Hollywood-Filme setzte die Lektüre meines Lieblingsmärchens aus der Grimmschen Sammlung fort, der Geschichte „Von einem, der auszog, das Fürchten zu lernen". Ich hatte sie wieder und wieder gelesen: Nach etlichen Mutproben, die ihn das Gruseln nicht lehrten, aber ihm eine Königstochter einbrachten, schüttelte sich der furchtlose Bursche vor Entsetzen, als das Dienstmädchen seiner Frau ihm eine Schar Elritzen auf seinen Bauch schüttet, während er schläft. Die Unerschrockenheit des Märchen-Helden und der Hollywood-Protagonisten hatte es mir angetan: So wäre ich auch gerne gewesen. Die Prosa-Märchen, schrieb Bruno Bettelheim in seinem Buch „Kinder brauchen Märchen", sind Geschichten psychosozialer Reifung, in denen die Krisen der Adoleszenz verhandelt werden (3). In meinem Lieblingsmärchen wird aus dem rohen, rauflustigen Burschen ein verheirateter Mann.

Die Kino-*plots* Hollywoods, welche ich so genoß, erzählen ähnliche Entwicklungsverläufe: Die Heranwachsenden mausern sich zu Erwachsenen. Robert Wagner, als der quirlige „Prinz Eisenherz" (Henry Hathaway, 1954), kämpfte anfangs mit den unsauberen Mitteln des Straßenjungen, aber innerhalb von 100 Film-Minuten lernte er das legendäre „singende Schwert" zu schwingen: Als Ritter kehrt er mit Janet Leigh in seine Heimat zurück.

Ich liebte am amerikanischen Kino die Reifungsprozesse im Zeitraffer-Tempo mit glücklichem Ausgang; es hatte die Geschwindigkeit meiner Tagträume. Wie kein anderes Kino hat Hollywood die Strapazen der Reifung, die Ängste und Konflikte, die Phantasien und Wünsche auf die Leinwand gebracht. Der äußere, sichtbare *plot* einer Geschichte ist die Externalisierung des inneren Dramas. Cary Grants *Ent*führung in Hitchcocks „Unsichtbarem Dritten" (1959) erweist sich als seine *Ver*führung: Muttis

Liebling läßt Mutter im Stich und wendet sich Eva Maria Saint zu, die er am Ende ins fertige Bett des Schlafwagen-Abteils hochzieht. Die virilen Stars absolvieren ein maskulines Pensum – Cary Grant, Robert Mitchum, Tony Curtis, Victor Mature, John Wayne, Richard Widmark.

Hollywoods Filme der 50er Jahre langten zu, wo ich nicht hinzulangen wagte. Ich lebte ein Doppelleben: im Dunkel vor der Leinwand war ich mit meinen Sehnsüchten sicher und ließ mich entschädigen für den grauen, vergeblichen Alltag. Ich badete in meinen Sehnsüchten und wurde süchtig nach diesen Leinwand-Märchen, mit denen das Kino mich gut versorgte.

In meinem Alltag blieb ich ein Zuschauer in diesen Jahren. In Jean-Luc Godards „Die Karabinieri" (1962/63) gibt es eine Szene, in der der Kinogucker karikiert wird. Im Freien wird ein Filmstreifen vorgeführt, ein Bettlaken fungiert als Leinwand: eine blonde Frau schrubbt sich in der Badewanne – da steht einer der Soldaten auf und wirft einen Blick hinter die Bettuch-Leinwand: von der Frau kriegt er nicht mehr zu sehen. Dieser Soldat war mit der Kino-Fiktion nicht zufrieden; er wollte zupacken, was ich mich nicht traute.

Ich war ein braver Kinogänger. Die Prosa-Märchen schlagen mit ihrem Standard-Schlußsatz: „Und wenn sie nicht gestorben sind, dann leben sie noch heute", vor dem Leser die Schlafzimmer-Tür zu. Im Hollywood-Kino wurde dem Kinogänger häufig, wenn der Schlußtitel „Ende" eingeblendet wird, der Vorhang vor der Nase zugezogen. Was Eva Maria Saint und Cary Grant im Schlafwagen-Abteil des nach New York City zurückdonnernden Zuges tun, verschweigt Alfred Hitchcock, der uns in seinen 53 Filmen zum Gucken einlud und uns das Gucken vergällte, schuldbewußt und ängstlich angesichts der Komplikationen erwachsener Sexualität. Nichts anderes, nur fröhlicher hatte das Grimmsche Märchen „Von einem der auszog, das Fürchten zu lernen" erzählt: Heikel wird es für den furchtlosen Ehemann, als er über sein Ejakulat erschrickt (dem die Märchen-Autoren die Form glitschiger Fische gaben) – ein Spätpubertierender.

„Unser angeborener Voyeurismus", meint der Psychoanalytiker Harvey Greenberg, bringe uns in die Kinos, die erotische Faszination des Zuguckens und Abguckens (4). Der Film ist eine Kunstform, welche mit sichtbarer Realität eine Fiktion gebiert. Häufig erfüllen sich auf unheimliche Weise unsere Tagträume. Aber wir tagträumen nicht im Kino: wir sitzen hellwach vor der Leinwand und lassen uns von der Geschichte, die uns erzählt wird, verschlucken. Der Kinogänger hat es schwer, sich zurechtzufinden: er ist leicht zu beunruhigen. Sigmund Freud hat die Erfahrung des Unheimlichen mit dem „merkwürdigen Zusammentreffen von Wunsch und Erfüllung" erklärt, und zum anderen damit, daß „verdrängte infantile Komplexe wiederbelebt werden" (5). Das Kino kann diese Wirkungen leicht erzeugen. Es ist eine hypertrophe Geisterbahn, die affektive Abenteuer verheißt: Man muß sich auf viel gefaßt machen.

Daß die Abenteuer nicht zu aufregend wurden, dafür sorgten die Erzähl-Klischees der Hollywood-Kinos der 50er Jahre; sie beruhigten den Kinogänger, der wie ein erfahrener Autofahrer die Kurven und Windungen der Film-Geschichte voraussehen konnte. Das änderte sich am Ausgang der 50er Jahre. Die *plots* wurden brüchig, die Genre-Grenzen durchlässig, die Film-Besetzungen untypisch. Die Filme bekamen einen düsteren, ernsten Ton. Die Fröhlichkeit, mit der im Finale, beim *showdown* eines Westerns, die Bösewichte zur Strecke gebracht wurden, verschwand. Die filmische Rache-Phantasien explodierten und erschreckten. Die Märchen endeten blutig, die Helden blieben blessiert. Sean Connery löste Eddie Constantine ab, James Bond mit der Doppel-Null ersetzte den Whisky-Trinker Lemmy Caution.

Das Jahr 1959 markiert den Neubeginn des europäischen Kinos, das vor allem die Franzosen und die Italiener prägten: François Truffauts „Sie küßten und sie schlugen ihn", Alain Renais „Hiroshima, mon Amour", Eric Rohmers „Im Zeichen des Löwen", Claude Chabrols „Les Cousins", Michelangelo Antonionis „L'avventura", Frederico Fellinis „La dolce vita". Aus England kommt ein Jahr später Michael Powells „Peeping Tom" (deutscher Verleihtitel: Die Augen der Angst): die düstere Paraphrase des Alfred Hitchcock-Films „Das Fenster zum Hof" (1954) – ohne dessen Hochglanz-Lack, der den Sadismus des schamlosen Guckens verdeckt: Michael Powell (Jahrgang 1905) sprach aus, was Alfred Hitchcock in seinen Filmen versteckte. „Schmutz zu Schauzwecken" war im Handbuch der Katholischen Filmkritik über „Peeping Tom" nachzulesen (S. 17), der spät rehabilitiert wurde von der angelsächsischen Filmkritik. Karlheinz Böhm, einst der österreichische Monarch an der Seite Romy Schneiders in drei „Sissi"-Produktionen, glaubt, daß ihm dieser Film die Karriere kostete, und Michael Powell litt unter der heftigen Ablehnung seines Films.

Im westdeutschen Kino schallte seit 1959 eine tiefe Stimme durch den Vorführ-Saal: „Hier spricht Edgar Wallace". Er kündigte eine Serie destruktiver Orgien an, in deren Verlauf vor allem steinreiche Engländer, die manchmal das Alter des ersten Kanzlers der Bundesrepublik hatten, auf umständliche, aber genußvolle Weise ermordet wurden – ein gutes Jahrzehnt bevor die Terroristen sich aufmachten, Westdeutschland mit ihrem Rachefeldzug in die tiefe Krise zu stürzen.

Februar 1962 lehnte sich auf den Oberhausener Kurzfilmtagen eine junge Gruppe Filmregisseure gegen „Papas Kinos" (das zu „Opas Kino" gesteigert wurde) auf. Ein Protest, der dem westdeutschen Kino galt und die alten Herren meinte. Die kamen an den Pranger, als die Bundesregierung, allen voran der schneidige Verteidigungsminister Franz Josef Strauß (Jahrgang 1915) sich in der sogenannten „Spiegel-Affäre" verheddterte. Angesichts des Protest-Sturms in der Öffentlichkeit blieb dem damaligen Bundeskanzler Konrad Adenauer nichts anderes übrig, als seinen Verteidigungsminister gehen zu lassen. Die Entmachtung des Großvaters hatte Folgen. Nicht nur für das Kino, das sich in der Bundesrepublik wandelte.

Im Nachhinein scheint vieles übersichtlich. Ende der 50er Jahre begann ich, aus dem Film-Alter der „Frühvorstellungen" herauszuwachsen. Die Zeit der Tagtraum-Märchen mit glücklichem Ausgang ging zu Ende.

1963, gerade in der Oberprima angelangt, hockte ich in der Aula der Kölner Universität: Ich kaute mir die Fingernägel ab in Alfred Hitchcocks „Psycho" (1960). Darin dirigierte Hitchcock Janet Leigh unter die Dusche in „Bates Motel", wo sie, zu meiner ungeheueren Überraschung, niedergemetzelt wird. Alfred Hitchcock, der Regisseur mit den schwarzen Phantasien, düpierte das Klischee, das einem Star wie Janet Leigh normalerweise ein *„happy ending"* bereitet wird. In „Psycho" litt ich enorm.

Alfred Hitchcock habe ich diesen bösartigen Schocker, den er François Truffaut gegenüber einen Schabernack nannte, nicht verziehen: zu sehr beutete er meine Zuneigung für Janet Leigh aus, und zu sehr sympathisierte er mit einer grausamen Masturbationsphantasie, welche Anthony Perkins mit einem riesigen Schlachtermesser exekutiert. Hitchcocks Mord unter der Dusche hat Filmgeschichte gemacht: als die ebenso brillante wie raffinierte Inszenierung, welche die voyeuristische Faszination am nackten Opfer ausbeutet und bestraft – Hitchcock schlägt den Zuschauern ihre grausamen Wünsche um die Ohren.

„Psycho" wurde zum Wegbereiter für eine Reihe von Kino-Produkten, welche sich als Schlachter-Filme rubrizieren lassen – bis hin zu Steven Spielbergs Maschinen-Ungetüm „Der weiße Hai" (1975), der an seine Opfer ebenfalls voyeuristisch herantaucht, mit Kamera-Blick auf deren Genitalien, und ihnen die Gliedmaßen abreißt, während sich das Meer-Wasser, filmtechnisch gekonnt, rotfärbt.

Das tückische Spiel mit den Erwartungen auf einen märchenhaften Ausgang, das begriff ich allmählich, gehörte am Ende der 50er Jahre zu den Risiken des Kinogängers. Ich hatte die „Illustrierte Film-Bühne" zu sammeln begonnen, jene vierseitig bedruckten Blätter, die neben der Inhaltsangabe auch die an der Herstellung der Filme beteiligten Künstler auflisteten: den Regisseur, Autor, Cutter, Kameramann, Komponisten und Produzenten sowie die Schauspieler und manchmal, bei den amerikanischen Streifen, auch die deutschen Synchronsprecher. Ich orientierte mich an den Namen der Regisseure, die einstanden für bestimmte Kino-Geschichten. Der Film-Journalismus der 50er Jahre war dürftig, er half mir nicht, ein erwachsenes Verhältnis zum Kino zu entwickeln: Der vulgäre oder moderate Klatsch über das öffentliche Privatleben der Stars, endlose Kino-Inszenierungen, absorbierte das Interesse am Film. Ich las die im Großformat publizierte „Film-Revue", eine um den Film bemühte Zeitschrift, welche die Film-Industrie als eine Familien-Idylle schilderte, in der häufig unsere Kinostars mit Bildern aus der Privatsphäre vertreten waren:

Otto Wilhelm Fischer lehnte sich, während er in einem Folianten blättert, an seine Bücherwand und ließ den Kino-Fan Einblick nehmen in sein mit kostbaren Möbeln ausgestattetes Haus. Hardy Krüger, Ruth Leuwerik, O.E. Hasse, Sonja Ziemann, Klaus Biederstaedt, Romy Schneider – sie lebten nicht schlecht. Aber was besagten solche Wohn-Berichte über das Kino?

Es wurde aus der Schlüsselloch-Perspektive geschrieben. Schlagzeilen machten die Rhythmen von Heirat und Scheidung, die psychischen Dekompensationen der weiblichen Stars, deren Gewichtsprobleme und Fehlgeburten, das absichtsvoll-zufällige Baden in Swimmingpools. Der Eifer, mit dem die gedruckten Medien ihre Meldungen über Film-Schauspielerinnen mit der Angabe ihrer Körpermaße garnierten, Umfang von Brust, Taille und Hüfte, wirkt heute albern: ein pubertäres Befingern mit Druckerschwärze. Eine schwelende Angst vor den Frauen herrschte, wie Pauline Kael in ihrem Aufsatz „Fantasies of the Art-House Audience", bemerkte (6). Jene als „Sexbomben" berühmt-berüchtigten Film-Darstellerinnen, deren Physis verhökert wurde wie Obst, wurden zu grotesken Puppen, wohlfeilen Masturbationsvorlagen, degradiert.

Ich war fasziniert und enttäuscht zugleich. Denn die Kino-Damen, die in den Medien soviel Hitze ausstrahlten, erschienen zumeist in belanglosen Filmen. An Marilyn Monroe, der Göttin des männlichen schlechten Gewissens, läßt sich das sexuelle Brimborium illustrieren. Der gebürtige Wiener Billy Wilder drehte mit ihr 1955 die Cinemascope-Farce „Das verflixte siebente Jahr". Der Streifen ist für eine Sequenz berühmt, in der die männlichen Kino-

Phantasien, das Interesse am Kino, mustergültig für das ganze Jahrzehnt verdichtet sind: Marilyn Monroe, auf den Gittern eines New Yorker Entlüftungsschachtes stehend, bläst die unter ihr durchdonnernde *subway* den Plissee-Rock ins Gesicht. Es ist heiß in New York City, sie genießt den kühlenden Luftzug, und ihr Partner, Tom Ewell, kann sich nicht satt sehen. Der Kinogänger auch nicht. Die vielen New Yorker, die den nächtlichen Drehort belagerten, konnten es auch nicht. Endlich war der Blick unter den Rock freigegeben – kein mühsames Spingsen mehr, wie bei den wippenden Petticoats.

Marilyn Monroe wurde mit ihrem Leben nicht fertig. Am Drehort stand auch ihr zweiter Ehemann, der Baseball-Spieler Joe DiMaggio. Er hielt das Johlen der New Yorker, die filmisch legitimierte Treibjagd, nicht aus. Reporter traktierten ihn mit höhnischen Fragen. Er ging. Zwei Wochen später annoncierte Marilyn Monroe ihre Scheidung.

Das war Kino: Leben und filmische Phantasie vermischten sich, übergangslos. Aber Diffusionsprozesse haben oft destruktive Folgen. Marilyn Monroe starb 1962 an einer Überdosis Barbituraten. Seitdem ist ein Wiedergutmachungsprozeß zu beobachten: Andy Warhol brachte Marilyn Monroe in die Künstler-Galerien. Norman Mailer pries sie als „eine der letzten Aristokraten des Kinos": Eine späte Idealisierung, mit welcher die Schuldgefühle über die so vehementen Kino-Phantasien, welche die 50er Jahre beherrschten, beschwichtigt werden soll.

Das bundesdeutsche Kino hat ebenfalls seine dramatischen Lebensgeschichten – die prominenteste: Romy Schneider, der nicht verziehen wurde, daß sie ihr Image des herzigen jungen Mädchens, auf das sie seit den „Sissi"-Filmen festgelegt worden war, abzustreifen suchte. Aus

Deutschland auszuwandern galt schon immer als Sakrileg und Verrat. Die weniger prominenten Lebensgeschichten: Susanne Cramer und Renate Ewert und Peter Vogel. Aber auch ein Wiedergutmachungsversuch ist zu konstatieren. Barbara Valentin, geborene Uschi Ledersteger (Jahrgang 1940) aus Bruchsal war die 1959 genußvoll plakatierte „Skandalnudel" (ein Medien-Etikett, gegen das sie gerichtlich klagte): Die bundesdeutsche Version einer angelsächsischen *bombshell*.

Ihre Filme waren dürftig, aber ihr Privatleben war turbulent. Rainer Werner Fassbinder holte sie 1973 für seinen Fernsehfilm „Welt am Draht": ihr Start zu der zweiten Karriere. Und im ZEIT-Magazin (vom 2. Febr. 1979) beschrieb der Filmkritiker Hans Christoph Blumenberg die „aufregende Wandlung der Barbara Valentin", sechs Jahre nachdem Norman Mailer sein Hochglanz-Opus über Marilyn Monroe 1973 publiziert hatte.

Als Film-Fan, der im Kino gern seine Tagträume wiedersah, aber gern auch mehr erfahren wollte, schaute ich mich nach Literatur über den Film um. Die war allerdings mehr als dürftig und entsprach dem Desinteresse am Film als einer Kunstform. Es gab keine systematische Filmgeschichte in deutscher Sprache, kein Nachschlagwerk, das gründlich informiert hätte über die Film-Künstler. Die Zeitschrift „Film-Revue" beantwortete Leseranfragen nach biographischen Daten und hatte einen Steckbrief für Stars eingerichtet, ähnlich jener Sparte, die in der Programm-Zeitschrift HÖR ZU „Wie sie wurden, was sie sind" hieß. 1960 kaufte ich das Herder-Taschenbuch „Wir vom Film. 1300 Kurzbiographien mit rund 10 000 Filmtiteln". Ein bescheidenes Referenz-Werk. Ein Jahr zuvor hatte ich mich als Volkszähler (ohne große Datenschutz-Skrupel) von Tür zu Tür durch einen Straßenbezirk eines

Kölner Wohnortes geklingelt. Von meinem Zählhonorar, 25,- DM, kaufte ich mir mein erstes Film-Buch: Fritz Kempes „*Film*. Technik, Gestaltung, Wirkung". Fritz Kempe, der damalige Direktor der Hamburger Landesbildstelle, mochte das Kino; er verhunzte es nicht. Ich verschlang sein Buch: Die erste ordentliche Darstellung (die ich kannte) des komplizierten Mediums Film, der auch eine Kunstform ist mit einer eigenen Sprache. Ich begann, den Film mit meinen Lese-Interessen zu verbinden und von ihm Ähnliches wie von der Literatur zu erwarten: Im Kino wollte ich mich erfahren, bereichern, erfrischen, bewegen, rühren und unterhalten lassen. Fritz Kempe versorgte mich mit dem ersten kritischen Instrumentarium: Was gute Filme ausmacht.

Aber vor allem prägte die Zeitschrift FILMKRITIK, von Wilfried Berghahn und Enno Patalas herausgegeben und 1957 zum ersten Mal erschienen (inzwischen beim Buch-Versand „2001" nachgedruckt), mein erstes kritisches Verständnis vom Film: Der Kino-Gucker mauserte sich zum Kino-Kenner.

Anfang der 60er Jahre entdeckte ich die FILMKRITIK in einem Buchladen, abonnierte sie und kaufte die alten Jahrgänge nach. Zeitschriften, die aussprechen, was man schlecht sagen kann oder zu sagen sich nicht traut, haben etwas Tröstendes. Als das erste „Kursbuch" im Juni 1965 von Hans Magnus Enzensberger herausgegeben wurde, empfand ich ähnlich.

FILMKRITIK und KURSBUCH: sie gehörten zu jenem intellektuellen Protest, der sich am Ausgang der 50er Jahre gegen die ängstliche Großvater-Republik, in welcher der Opa-Bundeskanzler außenpolitisch leise trat, aber innenpolitisch hemdsärmelig fuhrwerkte, formierte und in den späten 60er Jahren explodierte. FILMKRITIK und

KURSBUCH: publizistisches Luftholen für eine andere Bundesrepublik.

Im ersten Heft der FILMKRITIK von 1957 stand auf der ersten Seite die Kriegserklärung gegen die alte Filmkritiker-Garde, in der jene alten Herren bekämpft wurden, die mitverantwortlich waren für die nationale Katastrophe des Dritten Reiches: „Die feuilletonistische Filmkritik versagt ebenso vor dem bedeutenden Kunstwerk wie vor dem kommerziellen Produkt der Lebenslüge. Vom Kunstwerk ist sie nicht imstande auszusagen, worin denn sein Kunstcharakter besteht. Und die Lebenslüge durchschaut sie nicht, weil sie es für unnötig hielt, den Film an der konkreten (soziologisch-ökonomisch zu begreifenden) Wirklichkeit zu reflektieren".

Mir gefielen die militanten linken Sätze. Die Autoren der FILMKRITIK folgten einer soziologisch orientierten Systematik: Filmkritik verstanden sie als Gesellschaftskritik. Sie gingen der Bundesrepublik ans Leder, indem sie ihre Schläge gegen Westdeutschlands Filmindustrie austeilten. Ich war mit unserer schwarz eingefärbten Krüppel-Republik ebensowenig einverstanden. Karl Jaspers Buch „Wohin treibt die Bundesrepublik?" (7) hatte ich verschlungen. Ich hatte nichts dagegen, daß Westdeutschland und seine regierenden Herren einige Schläge abbekamen.

Die FILMKRITIK war sehr westdeutsch – in linker Ausprägung: Voller Scham und Verachtung für das eigene Land, das die demokratische Verfassung, seine neue Freiheit, nicht richtig nutzte, statt dessen die ökonomische Gier predigte und darüber die Nazi-Vergangenheit vergaß, im „Wirtschaftswunder"-Taumel. Mit der Bundesrepublik, das war der Konsens, den ich teilte, war kein Staat zu machen, mit der bundesdeutschen Filmproduktion ebensowenig. Nur eine Handvoll westdeutscher Filmstreifen war auf den internationalen Festivals salonfähig. Die Scham über die nationalsozialistische Vergangenheit saß tief. Vom 20.12.1963 bis zum 19.8.1965 wurde in Frankfurt der Auschwitz-Prozeß verhandelt. Sprachlos sah ich in Köln Peter Weiss' „Ermittlung", die dramatische Bearbeitung dieses ungeheuerlichen Prozesses. Wie viele damals sprach ich den umständlichen, demütigenden Namen meines Landes nur mit distanziert-ironischem Tonfall aus. Die Bundesrepublik hatte damals keine große Chance, als eigenes Land, als eine Heimat, angenommen zu werden – verständlich, daß vor allem bundesdeutsche Politiker die europäische Idee vorantrieben: In der Hoffnung, im internationalen Staaten-Verband unterkriechen und die deutsche Hypothek verstecken zu können.

Wer sich schämt, fügt sich. Zum Beispiel in die tröstende Automatik des wirtschaftlichen Aufschwungs der vom Wirtschaftsminister Ludwig Erhard proklamierten „formierten Gesellschaft". Wer sich schämt, kann sich aber auch zu wehren versuchen: mit einer kritischen Abrechnung mit den deutschen Vätern, deren Korruption im Nachkriegs-Westdeutschland offenbar weiter wirkte. Dachte ich. Die FILMKRITIK spießte die deutsche Kontinuität im westdeutschen Kino auf: Dessen Autoritätsgläubigkeit, Realitätsflucht, Geschichtslosigkeit. Zu Recht, fand ich. Ich genoß den Witz, mit dem die Autoren den bundesdeutschen Film verhöhnten. Und verleugnete, was mir viel später aufging, mich selber. Amerikanische Heimatfilme, die „Western", waren zugelassen, westdeutsche nicht. Wieso? Unsere Nachkriegsfilme, trotz ihrer künstlerischen Unzulänglichkeiten, kamen zu nah, vermute ich heute. Ich war häufig zu Tränen gerührt. Ich mochte unsere Filmschauspielerinnen sehr – Sabine Eggert, Christine Kaufmann, Susanne Cramer, Maria Perschy, Wera Freydtberg, Doris Kirchner, Johanna von Koczian, Lieselotte Pulver. Ich atmete schwer im kleinbürgerlichen Mief, von dem ich nichts wissen wollte, weil ich kleinbürgerlicher Herkunft bin. Ich konnte das Schnauz-Milieu, welches zur deutschen Sozialisation gehört, schlecht ertragen. Selbst Heinz Rühmann, der Typus des gebrochenen, verletzten Vaters, dessen weinerlicher Tonfall und leichte Kränkbarkeit, dessen resignative Schlitzohrigkeit und Ergebenheit jede Opposition im Keim erstickte, quälte mich sehr. Die westdeutschen Filme waren auf ihre Weise präzise. Sie als Schmonzetten abzutun, war einfach: Ich konnte meine Herkunft vergessen und mich als besserer Westdeutscher dünken, ein inländischer Ausländer, der von anderen Ländern träumte.

Verglichen mit dem amerikanischen Kino waren die westdeutschen Filme ein Grund zum Rotwerden. Ihr filmtechnischer Standard war miserabel. Der Erzähl-Rhythmus holperte, typisch die schnellen Szenen-Wechsel, die kurzen Einstellungen; man wurde herumgestoßen und konnte sich als Zuschauer nicht einrichten im Film. Ein amerikanischer Film packt seine Realität an, breitet sie aus, erzählt sie, Bild für Bild. Im deutschen Nachkriegskino sieht man den Autofahrten an, daß sie aus dem Atelier stammen; und wenn sie in Städten gedreht werden, erinnern die (die Dreharbeiten beobachtenden) Passanten daran, daß man einen Spielfilm sieht. Amerikanische Filme haben keine Scheu vor der Realität, die sie für die Kamera herzustellen beabsichtigen, dafür lohnt sich jeder inszenatorische Aufwand, dafür werden Straßen nachgebaut, Dekorationen hergestellt, in denen die Kamera sich bewegen kann. Im westdeutschen Kino bleibt es eng; die Pappe ist leicht auszumachen, der Ton, der aus dem Synchron-Studio stammt, ebenso. Mich störte die physische Unbeholfenheit westdeutscher Kino-Schauspieler. Das waren keine richtigen Männer. Eher Muttis Lieblinge, die bei der ersten Rempelei nachgeben, weil sie sich im dreckigen Sonntagsanzug nicht nach Hause trauen. Joachim Fuchsberger, unser Mann im Trenchcoat vom Londoner Scotland Yard, korrigierte meine Enttäuschung nicht: er raufte sich in Dekorationen, die blitzschnell zusammenbrachen und hechtete seine Rolle vorwärts durch papierene Wände. Welch ein Unterschied zu den französischen Rauf-Filmen mit Eddie Constantine! Da flogen die Fetzen, krachten die Dekorationen, zersplitterte das Mobiliar. Das westdeutsche Kino kam wie gelähmt auf die Leinwand, aggressiv gehemmt, könnte man mit einem psychiatrischen Terminus dazu sagen.

Einer der beliebtesten Kino-Stars der 50er Jahre war der Österreicher Otto Wilhelm Fischer. Im Film „Peter Voss, der Held des Tages" (Georg Marischka 1959), versuchte er, sich mit seinen Fäusten durchzusetzen: bei einer Keilerei holte er zu einem weiten Schwinger aus und schlägt, die Faust seltsam nach innen eingeknickt, mit dem Handgelenk zu. John Wayne boxte stets satte Geraden. Otto Wilhelm Fischer lief Gefahr, sich die Hand zu brechen. Die US-Schauspieler besaßen eine physische Präsenz, die ihren deutschsprachigen Kollegen fehlte.

Das US-Kino schämte sich nicht, wofür ich es beneidete, die heimischen Landschaften und Städte in ihren Geschichten herzuzeigen. New York City kannte ich längst, ehe ich es 1976 zum ersten Mal besuchte. Das westdeutsche Kino hat unsere Wälder präsentiert, aber unsere zerbombten Städte versteckt; westdeutsche Städte habe ich durch unser Kino nicht kennengelernt. Ich kann keinen Nachkriegsfilm nennen, der mit dem Charakter einer Stadt verbunden wäre. „Bullit" (Peter Yates, 1968) kann nur in San Francisco spielen. „French Connection" (William Friedkin, 1971) nur in New York City, und selbst Louis Malles „Mein Dinner mit André" (1981), dieser zweistündige spannende Gesprächsfilm, gehört zu New York City. Das amerikanische Kino ist auch ein urbanes Kino, stolz auf seine Heimatorte; das westdeutsche Kino traut sich nicht richtig in die Städte. Volker Schlöndorffs „Die verlorene Ehre der Katharina Blum" (1975) ist kein Film, der Köln nahebringt. Und selbst die „Tatort"-Reihe der ARD, der TV-Versuch in Heimat, präsentiert fade Städtebilder. Es können nicht nur die Dreh-Kosten sein. Ich glaube: Es fehlen der Mut und die Zuversicht in die Beredsamkeit deutscher Städte-Bilder.

Die deutsche Filmproduktion der fünfziger Jahre war eine gute Zielscheibe: leicht zu treffen, einfach zu verhöhnen. Sie hatte keinen internationalen Ehrgeiz und setzte, wie ein Hersteller eichener Bauernmöbel, auf die bewährten Nachkriegsrezepte bundesdeutscher Unterhaltung.

1957 kam die „Spitzenorganisation der deutschen Filmwirtschaft" (SPIO) mit dem neuen Werbe-Slogan heraus: „Mach dir ein paar schöne Stunden – geh ins Kino". Mehr war nicht beabsichtigt. Das westdeutsche Kino weigerte sich auf störrische Weise, sich an die Kino-Zeiten der 20er Jahre zu erinnern, als Deutschlands Filmkünstler ihren internationalen Ruf begründeten. Heute glaube ich, daß unsere Filmproduktion den Auftrag einer heimlichen Opposition erfüllte: die Weigerung der Mehrheit der Bundesbürger, sich auf mehr als auf den Wunsch einzulassen, in Westdeutschland zu überleben.

In seinem Aufsatz „Verteidigung der Normalität" schreibt Hans Magnus Enzensberger: „Die vorliegende Vorliebe für den Gartenzwerg und für den Flipper, für die Kegelbahn und das Haschischpfeifchen, für Discos, Horoskop und Suzuki ist nicht, wie die Aufklärer glauben, selbstverschuldete Unmündigkeit oder planmäßige Verblödung wehrloser Massen. Hier schreit kein historischer Rückstand danach, aufgeholt zu werden. Sondern die armen Opfer der Manipulation verbitten sich stumm, aber energisch jede Belehrung. Um keinen Preis wollen sie sich emporziehen lassen auf eine höhere Stufe der Bildung, des Geschmacks, des politischen Bewußtseins, d.h. dorthin, wo der jeweilige Sprecher vom Dienst steht" (Kursbuch 68, S. 61). Und: „Der deutsche Faschismus läßt sich als ein großer Versuch verstehen, reinen Tisch zu machen. Am Ende des zweiten Weltkriegs schien dies Experiment gelungen: Das ganze Land war eine Tabula rasa. Daß die Rechnung Hitlers (und Morgenthaus) dennoch nicht aufgegangen ist, daran sind die Trümmerfrauen, Heimkehrer, Ami-Fräuleins, Kellerkinder, Schwarzhändler, Benzinscheinbesitzer, Kohlenklaus, Bastler, Schrebergärtner und Häuslebauer schuld, eine schweigende Mehrheit, die darauf bestand, Deutschland wieder herzustellen" (Kursbuch 68, S. 62).

Die Bundesrepublik wurde von den kleinen Leuten aufgebaut, die eine Regierung wählten, die sie in Ruhe ließ. Westdeutschland ist, wie Hans Mayer bemerkte, ein kleinbürgerliches Land, aus dem die Nazis die Großbürger vertrieben hatten, ein Land, das nicht mehr sehr darauf drängte, „ein Volk der Dichter und Denker" zu sein. Das hat sich soweit fortgesetzt, daß die Bundesbürger 1983 eine konservativ-liberale Regierung wählten, deren Chef, der gute Mann aus Oggersheim, es den Bundesbürgern leicht macht, ihn zu karikieren: Westdeutschland schämt sich nicht mehr so sehr, sich von einem Kleinbürger vertreten zu lassen.

Das war Ende der 50er, Anfang der 60er Jahre anders. Da

waren die übergewichtigen Westdeutschen, in buntgedruckten Diolen-Hauskleidern die Frauen, mit Hosenträgern und Hut die Männer, die mit ihren Devisen ins Ausland einfielen, jene „Neckermänner", Anlaß für beißenden Spott und Verachtung. So wollte ich nicht sein. Und so sollte das westdeutsche Kino nicht sein. Ich glaube, die Leute von der FILMKRITIK empfanden ähnlich. Als Film-Fans unterwarfen sie sich dem strengen Gewissen eines Mannes, des nach Westdeutschland zurückgekehrten Großbürgers, der in den „Minima Moralia" schrieb: „Aus jedem Besuch des Kinos komme ich bei aller Wachsamkeit dümmer und schlechter wieder heraus" (S. 21) – Theodor Wiesengrund Adorno (8), der zusammen mit Max Horkheimer, die „Dialektik der Aufklärung" verfaßte – die Protest-Bibel der sechziger Jahre. Was tut man nicht alles, um respektiert zu werden. Die FILMKRITIK-Autoren bezogen aus dem ideologiekritischen Instrumentarium, welches Adorno und Horkheimer entwickelt hatten, ihre Legitimität. Das fand ich in Ordnung. Sie assimilierten Siegfried Kracauers Suche nach sozialen Klischees, welche die Filme verbreiteten wie Viren. In seinem methodologischen Pilot-Text „Die kleinen Ladenmädchen gehen ins Kino" hatte er den sorgenvollen Befund formuliert: Dort säßen die junge Frauen (für wie alt hält er sie wohl?) und bekämen glänzende Augen vom rührenden *happy ending* und hörten nicht auf mit dem Tagträumen vom eigenen Prinzen: „Es mag in Wirklichkeit nicht leicht geschehen, daß ein Scheuermädchen einen Rolls-Royce-Besitzer heiratet; indessen, ist es nicht der Traum der Rolls-Royce-Besitzer, daß die Scheuermädchen träumen, zu ihnen emporzusteigen? Die blödsinnigen und irrealen Filmphantasien sind die *Tagträume der Gesellschaft*, in denen ihre eigentliche Realität zum Vorschein kommt, ihre sonst unterdrückten Wünsche zu gestalten". Damals erschien mir das plausibel. Kracauer folgte einem inhaltsanalytischen Vorgehen. Heute denke ich, daß Kracauers Methode zu kurz griff: die Affektlage des Tagtraums, dessen aggressive oder erotischen Bilder sind wichtig. Entscheidend ist: In welche Gefühlsverfassung bringt der Kinofilm den Zuschauer? Und schließlich: wie ist es mit den eigenen Phantasien bestellt? Träumt nicht auch der Autor Siegfried Kracauer davon, daß die (angeblich) „kleinen Ladenmädchen" zu ihm aufschauen?

Adorno und Horkheimer hatten das Kino der „Kulturindustrie" subsumiert, welche mit der Manipulation der „Lebenslüge" ihre Konsumenten über die Herrschaftsverhältnisse hinwegtäusche. „Kunstwerke sind asketisch und schamlos, Kulturindustrie ist pornographisch und prüde", schrieben Adorno und Horkheimer. Die beiden Sozialwissenschaftler hatten in den USA die Radioprogramme, die Serien-Filmprodukte und das aufkommende kommerzielle Fernsehen studiert und waren entsetzt über die Standardisierung und Infantilisierung der Unterhaltungsware – sie hatten die dröhnende Nazi-Propaganda noch im Ohr. So machten sie in den Produkten der Kulturindustrie einen virtuellen Faschismus aus; einen Kontext, den Adorno schon früher, in seiner Arbeit über Jazz, formuliert hatte: „Jazz und Pogrom gehören zusammen". Es war, als hätten Adorno und Horkheimer von den TV-Serien „Dallas" und „Denver" auf die Qualität des Kinos geschlossen. Die Autoren der FILMKRITIK versäumten, Adornos und Horkheimers Überlegungen auf ihr Medium zu transponieren und deren Belang zu prüfen.

Das höchste Glück, schrieb Siegmund Freud, sei die Erfüllung eines Kinderwunsches. Das gilt auch für den erwachsenen Kino-Fan: die alten Film-Märchen bleiben die herrlichsten Vergnügen, trotz der ernsthaft (und mit Recht) verfochtenen Film-Kunst. Vor die Wahl gestellt, würde ich mir heute lieber Stanley Donens „Charade" (1963) mit Audrey Hepburn und Cary Grant anschauen als Michelangelo Antonionis „Die Nacht" (1960) mit der fragilen Monica Vitti und Marcello Mastroianni, lieber Vicente Minellis „Bandwagon" (Vorhang auf; 1953) mit Fred Astaire als Volker Schlöndorffs „Blechtrommel" (1979) mit Angela Winkler und Mario Adorf, lieber Bertrand Bliers „Péparez Vos Mouchoirs" (Frau zu verkaufen, 1978) als einen Rainer-Werner-Fassbinder-Film. „Es hat niemals aufgehört: Auch heute noch lese ich lieber Kriminalromane als Wittgenstein" schrieb Jean-Paul Sartre in seinen „Wörtern". Theodor W. Adorno ist zu selten ins Kino gegangen, vermute ich. Er, der die Katastrophe des Dritten Reiches erlebt hatte, vertraute einem spielerischen Umfang mit Phantasien nicht. Phantasien und Träume sind, so hat es Freud im Aufsatz „Der Dichter und das Phantasieren" beschrieben, ein Probehandeln. Ernst Kris' Wort von der „Regression im Dienste des Ich" trifft auch aufs Kino zu: Wir müssen, um die herbe Realität des Alltags ertragen zu können, im Kontakt zu unseren alten Phantasien bleiben. Das Kino vermag die kindliche Realität mit ihrer Faszination und ihren Schrecken zu beleben.

Die FILMKRITIK zerbrach in den 60er Jahren an der Schwierigkeit, das Kino mit den Mitteln der Ideologiekritik zu verstehen. Anfang der 60er Jahre waren die FILMKRITIK-Autoren meine Heroen. Obwohl mein geliebtes Hollywood-Kino, vermeintlicher Ort spätkapitalistischer Manipulation, von den strengen Auguren sein Fett abbekam. Enno Patalas erledigte mit einem Satz den Großwildjäger-Film „Hatari!" (Howard Hawks, 1962), den ich mit vor Kino-Glück wässrigen Augen beguckt hatte: „Für eine

Studie über die Zusammenhänge von Patriarchalismus, Patriotismus und Untertanentum bietet sich ‚Hatari!' als ideales Objekt an" (9).

Ich ging vor Patalas in die Knie und tat meine Rührung als spätpubertäre Zuckung ab, als Gefühlskitsch, der nicht zählt; schließlich war er (Jahrgang 1929) 16 Jahre älter als ich. Ich kannte damals Ludwig Marcuses Wort noch nicht, dieses humane Credo: „Jeder sollte frei sein, sich ins Herz treffen zu lassen oder keine Notiz von einem Meister zu nehmen" (10).

Die FILMKRITIK veränderte die filmpublizistische Landschaft in der Bundesrepublik. Enno Patalas holte von 1962 an nach, was seine ausländischen Kollegen ihm vorgemacht hatten: Er publizierte Drehbücher. Zwei große, schöne Suhrkamp-Bände, der Spectaculum-Reihe nachempfunden, gab er heraus. Das Kunst-Kino der Bunuel, Renais, Antonioni, Visconti, Bergman wurde salonfähig.

Das großbürgerliche Willi Fleckhaus-*cover flair* des Suhrkamp-Hauses desodorierte das derbe Kino-Vergnügen. Im Marion von Schröder-Verlag eröffnete Enno Patalas (im selben Jahr) mit einem Ingmar-Bergman-Drehbuch „Wie in einem Spiegel" (1961 entstanden) die Reihe „Cinemathek", worin die Wehmut bundesdeutscher Film-Fans jener Zeit anklang: In Paris gab es die von Henri Langlois geleitete „Cinémathèque", dieses im Palais de Chaillot (gegenüber dem Eiffelturm) untergebrachte Film-Museum, wohin die junge Kritiker-Garde der Zeitschrift „Cahiers du Cinéma" gepilgert war, bevor sie die Kamera in die Hand nahm und die „Nouvelle Vague" startete.

Enno Patalas: ein typischer Westdeutscher, der sehnsüchtig nach Frankreich, dem Kino-Paradies, blickte. Zusammen mit Ulrich Gregor, auch ein Mann von der

FILMKRITIK, schrieb Enno Patalas die erste solide westdeutsche Filmgeschichte. Ich fand es natürlich richtig, daß die beiden Autoren in ihrer gut 500 Seiten starken Arbeit ganze zwei Seiten für das westdeutsche Nachkriegskino reserviert hatten. Ich teilte ihr Fallbeil-Urteil im Kapitel „Film in der Ära Adenauer": „Die künstlerische Belanglosigkeit und Antiquiertheit auch des ambitionierten Teils der westdeutschen Produktion ist die unablösbare Kehrseite ihrer ideologischen Fixierung: Die rigorose Weigerung der Autoren und Regisseure, sich und ihr Publikum mit der Wahrheit über den herrschenden Zustand zu konfrontieren, produziert die Halbwahrheiten des Kabarettstils und des Momentrealimus" (11).

Ich kaufte und las, was die FILMKRITIK-Leute publizierten. Sie setzten filmkritische Standards mit sorgfältig geschriebenen Rezensionen. Sie machten mich, wofür ich dankbar bin, mit den wichtigen Werken der Filmgeschichte bekannt. Sie brachten mir den zeitgenössischen Film nahe: die französische Nouvelle Vague, das italienische Kino der Antonioni, Visconti, Fellini und Germi, das britische „Free Cinema" der Anderson, Reisz und Schlesinger. Mitte der sechziger Jahre kühlte meine Verehrung für die FILMKRITIK ab. Im September 1964 starb Wilfried Berghahn, 34jährig, Vater von zwei Kindern: der integrative Kopf der FILMKRITIK. Er, der über Robert Musil promoviert hatte, war für mich der Garant des FILMKRITIK-Konsensus gewesen; ein Mann, der nicht so sehr unter dem schlechten Gewissen seiner Zunft litt, mit dem Kino ein zweitklassiges Vergnügen zu pflegen. Nach seinem Tode erschütterte der Streit um den filmkritischen Konsensus die Zeitschrift: die Autoren fraktionierten sich, harte Bandagen wurden umgewickelt. Ich war irritiert: vor meinen Augen ließ die bewunderte FILMKRITIK Federn. Die

Autoren, als Freunde angetreten (so klangen für mich die redaktionellen Äußerungen), traten sich in der Öffentlichkeit vors Schienbein. Herbert Linder, ein Autor der zweiten FILMKRITIK-Generation, wartete mit einem vernünftigen Programm auf, das er mit einem pompösen Bild illustrierte: „Ein Film ist für mich ein Pflug, mit dem ich mich umgrabe – die Kritik das Protokoll der Begegnung" (12). Der Filmkritiker sollte nicht länger seine Subjektivität verheimlichen, sondern als Erkenntnisinstrument benutzen. Schön und gut. Neu war das nicht. Gute Kritiker haben schon immer die Verfassung beschrieben, in die sie ein Buch, ein Theaterstück oder eine Komposition brachte. Den Spaß am Kino auszusprechen erfordert Mut. Wer traut sich, etwas über die eigene Kindlichkeit im Vorführ-Saal zu sagen? Über seine vom Kino angeregten Phantasien und Wünsche? Von so komplizierten psychosomatischen Reaktionen wie Tränen, Schauder, Gänsehaut, Drüsen-Prickeln und Erektionen ganz zu schweigen. Die Psychoanalyse hat die Aufrichtigkeit zum Erkenntnisprinzip erhoben: Nur wenn wir unsere Innenwelt präzise beschreiben, können wir wirklich etwas über uns erfahren. Nur dann lassen sich die Wirkungen der Spielfilme auf uns feststellen – der „Heimatfilme", Musicals, Western, Thriller, Kriegsfilme und Schlachterfilme. Dann läßt sich auch besser entscheiden, was einen guten und was einen schlechten Film ausmacht.

Die FILMKRITIK-Leute waren nicht mutig. Sie paßten sich ein zweites Mal an. Kracauer und Adorno waren *out*, Claude Chabrol, Jean-Luc Godard, Jacques Rivette und François Truffaut *in*. Die vier französischen Filmkritiker, Mitarbeiter der französischen Zeitschrift *Cahiers du Cinéma*, hatten die „Theorie der Autoren" proklamiert: der Filmregisseur, ein Schreiber auf Zelluloid. Sie staffierten ihn mit dem Adel des Schriftstellers aus. Das Kino war kein Kirmes-Vergnügen mehr, sondern Kunst-Objekt. Die „Theorie der Autoren" rehabilitierte den Kinogänger und milderte dessen Schuldgefühle. Er konnte sich ins Tageslicht öffentlicher Diskussionen wagen. Kino-Autoren waren, im Verständnis der Pariser Vier, Howard Hawks, Alfred Hitchcock, Ingmar Bergman, Fritz Lang, Nicholas Ray, Jean Renoir – vor allem die Regisseure des amerikanischen *action*-Kinos. Die Theorie der Autoren, darauf wies Pauline Kael hin, hatte kunstfeindliche Wirkung: das Werk eines Regisseurs zählte, ein Meister inszenierte nur Meisterwerke. „Es ist, als ob man Kleider nach dem Hersteller-Etikett kauft: Ist es „Dior", ist es gut," schrieb Pauline Kael 1963 in ihrem Aufsatz „Circles and Squares" (13). Ich traute meinen Augen nicht: die FILMKRITIKer inaugurierten Howard Hawks als Filmkünstler. Damit war ich einverstanden. In Alfred Hitchcocks Fall: nicht. In der FILMKRITIK wurde Hitchcocks 1964 entstandener Thriller „Marnie" als aufregendes Spiel mit Hollywood Erzähl-Klischees gedeutet. Ich fand „Marnie" kitschig: Alfred Hitchcock hatte seine Vergewaltigungsfantasien aus „Vertigo", „Psycho" und „Die Vögel" weitergesponnen, mit Tippi Hedren als kleptomanischer, frigider Tochter einer bigotten Mutter und mit Sean Connery als einem Ehemann-Raubtier, das die Neurose dieser hübschen Frau zerfetzt, das Spektakel einer flotten Defloration. Kritiken wie diese entfernten mich von der FILMKRITIK. 1976 kündigte ich mein Abonnement. Heute denke ich, daß die Geschiche der FILMKRITIK die Geschichte der Protestbewegung der späten sechziger Jahre vorwegnahm; auch ihr Scheitern, das in der depressiven Verstimmung des „deutschen Herbstes" verklang.

Mein Interesse für die publizierte Filmkritik hatte

abgenommen. Seit 1964 studierte ich in Köln Psychologie – bei einem Kino-Fan: Wilhelm Salber. Er ließ seine Studenten ihre Erlebensverläufe bei Kinofilmen beschreiben. Über diesen Umweg – die Psychologie – lernte ich, der Kinogänger, meine „inneren Filme" neu zu betrachten.

LITERATUR

1 Jean-Paul Sartre: Die Wörter, Reinbek bei Hamburg: Rowohlt 1965
2 Pauline Kael: When The Lights Go Down. London: Marion Boyars Publishers Ltd., 1980
3 Bruno Bettelheim: Kinder brauchen Märchen. Stuttgart: Deutsche Verlagsanstalt 1977
4 Harvey Greenberg: The Movies on Your Mind. New York: Saturday Review Press 1975
5 Siegmund Freud: Das Unheimliche. Gesammelte Werke. Bd. XII. Frankfurt: S. Fischer 1966
6 Pauline Kael: Fantasies of the Art-House Audience. In: I Lost It At The Movies. Boston Little, Brown and Company o.J.
7 Karl Jaspers: Wohin treibt die Bundesrepublik? München: Piper 1966
8 Theodor Wiesengrund Adorno: Minima Moralia. Frankfurt: Suhrkamp 1964
9 Enno Patalas: Hatari! FILMKRITIK 1/1963
10 Ludwig Marcuse (Hrsg.): Ein Panorama des europäischen Geistes. Zürich: Diogenes 1984
11 Ulrich Gregor und Enno Patalas: Geschichte des Films. Gütersloh: Mohn 1962
12 Herbert Linder, FILMKRITIK 4/1967
13 Pauline Kael: Circles and Squares. In: I Lost It At The Movies. Boston: Little, Brown and Company o.J.

SONJA ZIEMANN · RUDOLF PRACK

Grün ist die Heide

MARIA HOLST · WILLY FRITSCH · HANS STÜWE
HANS RICHTER · OTTO GEBÜHR · OSCAR SIMA · REGIE: HANS DEPPE
EIN FARBFILM DER BEROLINA IM VERLEIH VON R.C.S. FILM UND SCHRÖDER FILM

Grüne Heide und Silberwald: Wird alles wieder gut?
„Grün ist die Heide" (1951),
„Der Förster vom Silberwald" (1954)

Am 12.9.1980, gegen 20.20 Uhr, geschah etwas Erstaunliches: Die ARD, unser „Erstes", das seit kurzem seinen Status des Erstgeborenen in der Konkurrenz mit dem Mainzer Zweiten Deutschen Fernsehen hervorkehrt, die ARD startete eine Reihe „Heimatfilme".

Als Pilot-Film fungierte der Hans-Deppe-Streifen „Grün ist die Heide". Wer rieb sich nicht die Augen: eine uralte Schmonzette aus den Anfangsjahren unserer Republik, ein Tränendrücker Freitag abends zur besten Sendezeit? Besaßen die ARD-Redakteure ein neues Selbstverständnis ihrer Arbeit: daß sie diesen Film nicht länger versteckten ins Nachmittagsprogramm, zur Kaffee-und-Kuchen-Zeit, wie lästige Mischpoke?

Ganz wohl muß den ARD-Leuten nicht gewesen sein; denn sie ließen Beate Menner ein filmhistorisches Dokument ansagen: „... den größten deutschen Kinoerfolg der fünfziger Jahre. Der Film entstand 1951 unter der Regie von Hans Deppe und wurde später bis zum Überdruß nachgeahmt, so sehr, daß der Titel „Grün ist die Heide" zum Inbegriff für Film-Kitsch geworden ist.

Der Film selbst ist Zuschauern, die ihn in den fünfziger Jahren nicht sehen konnten, unbekannt geblieben. Sehen Sie nun den großen deutschen Film des einstigen Traumpaares Sonja Ziemann und Rudolf Prack zum ersten Mal im Fernsehen."

Eine vorsichtige Ansage, die einen „großen deutschen

Film" ankündigt. „Grün ist die Heide" feierte Premiere auf Westdeutschlands Mattscheiben. Mit dem Heide-Film hat es seine besondere Bewandnis. Hans Deppe, der bundesdeutsche Regie-Routinier, in Berlin 1897 geboren und dort 1969 gestorben, kreierte mit „Grün ist die Heide" jenes westdeutsche Film-Genre, das für den anspruchsvollen Kinogänger zum Alptraum wurde: das der, wie es DER SPIEGEL nannte, „tränenfeuchten Heimatfilme" (3.9.1951).

Bis 1960 stellte Hans Deppe knapp 20 Filme dieser Machart fertig – 1960 brachte er „Wenn die Heide blüht" in die Kinos –, danach arbeitete er für das Fernsehen. 1951 kam „Grün ist die Heide" in die Kinotheater und machte große Kasse. Willi Höfig, Autor der umfangreichen Studie über „Heimatfilme 1947–1960" (1), illustriert am Beispiel der Stadt Eschwege, wie es 1951 zuging mit dem Hans-Deppe-Film: „Die «Zentral-Lichtspiele" in Eschwege (320 Plätze) berichteten, daß nach zehntägiger Laufzeit 12 088 Besucher gezählt worden seien; Eschwege hatte 1951 ca. 24 000 Einwohner". Es läßt sich leicht überschlagen: fast jede Vorstellung muß ausverkauft gewesen sein. Bis 1959 sahen 19 Millionen Kinobesucher den Heide-Film. Er trug kräftig dazu bei, daß die Bruttoeinnahmen an den Kino-Kassen von 417 Millionen (1949) auf 516 Millionen DM (1951) anstiegen (DER SPIEGEL, 4.6.1952, S. 29). Die fünfziger Jahre waren auch die Zeit häufigen Kinobesuchs. Dazu einige Daten.

Die Besucher-Zahlen stiegen in der Bundesrepublik von 555 Millionen (1951) auf 817 Millionen (1957); von da ab gingen sie zurück. 1983 wurden in der Bundesrepublik 127 Millionen Kino-Besucher gezählt. In den USA dagegen waren es 1983: 1 173 000 000 Zuschauer (Cahiers du Cinéma, April 1984).

Erfolgreiche Kinofilme treffen häufig einen Nerv: eine Zeitstimmung, eine kollektive Verfassung. Bei der TV-Ausstrahlung am 12.9. 1980 betrug die Quote der eingeschalteten Fernsehgeräte stattliche 47 Prozent: 15 Millionen Zuschauer verfolgten das 30 Jahre alte Kino-Drama „Grün ist die Heide".

Einschaltquoten geben Aufschluß über die Zuschauer-Erwartungen an einen Spielfilm; über dessen Rezeption besagen sie nichts.

Aber man kann fragen, in welchem Kontext die Ausstrahlung eines Nachkriegsfilms erfolgte. Zwischen den Nachrichten der „Tagesschau" und dem Streifen „Grün ist die Heide" sendete die ARD den Werbespot der Unionsparteien zur Bundestagswahl im Oktober 1980. Der Kanzler-Kandidat der Union war der bayrische Ministerpräsident Franz Josef Strauß, der sein bundespolitisches *come-back* versuchte – Ol' blue eyes was back.

Man könnte auch sagen: Franz Josef Strauß, unser kleinbürgerlicher Großbürger, ein sozialer Aufsteiger wie die Bundesrepublik Deutschland, unser politisches Stehauf-Männchen und unser Polit-Clown, der sich von Affäre zu Affäre hangelte, beklatscht und bekämpft, ließ sich in den von der Öffentlichkeit präparierten Boxring schieben, wo der „leitende Angestellte der Bundesrepublik" auf ihn wartete, der amtierende *champion*, Helmut Schmidt aus Hamburg.

Politische Auseinandersetzungen, in denen die sogenannten Sachfragen verhandelt werden, schieben, auf einer verborgenen Ebene, die kollektiven Phantasien und Ängste hin und her. 1980 war das Jahr der Vorfreude auf einen *fight*, in dem zwei Faustkämpfer der obersten Gewichtsklasse sich gegenseitig tüchtige Blessuren zufügen sollten – das ließ sich ablesen an der Sprache des damaligen Wahlkampfes, aber auch an den *cartoons* der gedruckten Medien.

Was bedeutete es für das Grundgefühl der Westdeutschen, wenn ein Wahlkampf zum blutrünstigen *fight* ausphantasiert wird? Womit waren die Westdeutschen nicht einverstanden? Worüber beunruhigt?

Der Wahlspot der Union ist aufschlußreich. Ein etwa zehnjähriger Junge wirft eine Papierschwalbe in die Luft, die Kamera verfolgt sie wie 1963 der Kameramann Robert Burks jenen Raben, der sich hinter Tippi Hedrens Rücken zu seinen Artgenossen auf ein Klettergestell gesellte in Alfred Hitchcocks „Die Vögel": Der Papierflieger landet in den Absperrungen der ostdeutschen Republik.

Wir befinden uns in Berlin. Der Zehnjährige kann seinem Flieger nur nachschauen, aufheben kann er ihn nicht. Die deutsche Teilung zerstört sein Spiel; er nimmt es hin, ohne zu versuchen, sein Spielzeug zu erreichen – während wir doch, Anfang der Fünfziger, über Mauern und Zäune kletterten, um unseren Fußball zurückzuholen, gleichgültig, wem das betroffene Grundstück gehörte.

Erstaunlich ist das Gefühl eines apathischen Aufgebens, welches der Werbestreifen der Union verbreitet. Glauben die Unionspolitiker – oder deren Werbeleute –, daß sich die Westdeutschen 1980 so gelähmt, so mutlos fühlen? „Die größte Gefahr für unsere Freiheit", sagt der unsichtbare Sprecher des Werbestreifens, „ist die Gewöhnung an die Unfreiheit vor unseren Augen". Was empfiehlt der Sprecher? Er plädiert: „Für ein starkes westliches Bündnis. Nur wer stark ist, kann erfolgreich verhandeln. Für uns sind Frieden und Freiheit unteilbar. Für Frieden und Freiheit!" Deutschlands Teilung schmerzt noch immer. Offenbar hat die Ostpolitik der sozialliberalen Regierung der siebziger Jahre eine tiefe Beunruhigung ausgelöst: denn der Sprecher, der ein „starkes westliches Bündnis" erhofft, unterstellt das Gegenteil, nämlich eine aufgelockerte Allianz der westlichen Partner, von denen die Bundesrepublik sich abgesetzt hat in den Siebzigern. Hat Westdeutschland sich zu weit über die deutsch-deutsche Grenze vorgewagt in feindliches Terrain? Wie jene Papierschwalbe, die in Ostberlin landete? Haben sich westdeutsche Politiker zu sehr ihren ostdeutschen Kollegen genähert, indem sie den Status quo der Teilung Deutschlands zur Grundlage ihrer Politik machten? „Die Gewöhnung an die Unfreiheit vor unseren Augen", hieß es im Werbespot der Union. Haben sozialliberale Politiker die Spaltung Deutschlands einfach hingenommen? Ein Vorwurf artikuliert sich, ein Ärger. Worüber?

Die Bundesrepublik war 1949 als ein provisorischer Staat etabliert worden, für den keine Verfassung, sondern nur ein „Grundgesetz" formuliert wurde. Die Vokabel „Grundgesetz" war Max Brauers Wortschöpfung, des ersten Nachkriegsbürgermeisters von Hamburg, worauf sich die Ministerpräsidenten auf ihrer Konferenz geeinigt hatten, als sie die alliierte Offerte einer Staatsgründung berieten. Eine „Verfassung" zu formulieren hätte für sie bedeutet, zu „Erfüllungsgehilfen für politische Absichten fremder Staaten (zu geraten), die vielleicht ein Interesse daran hatten, Deutschland in zwei Teile zu spalten" (2). Eine Option auf Deutschland wollten die Ministerpräsidenten behalten; sie schrieben in die Präambel des Grundgesetzes hinein: „Das ganze deutsche Volk bleibt aufgefordert, in freier Selbstbestimmung die Einheit und Freiheit Deutschlands zu vollenden". Das war staatspolitische Zukunftsmusik. Das kleine Adoptivkind verkündet, was es bei seiner Volljährigkeit zu tun gedenkt.

Die Präambel war und ist unsere staatspolitische Hypothek: der sprichwörtliche Klotz am Bein. In den siebziger Jahren versuchte die sozial-liberale Regierung, die Erstarrung der Ostpolitik aufzulockern; das tat sie, indem sie die Existenz *zweier* deutscher Staaten akzeptierte, mit dem Risiko, daß die sozial-liberale Ostpolitik den Auftrag der Präambel des „Grundgesetzes" verletzte. Die Regierung unter Willy Brandt behalf sich mit einem zum Moskauer Vertrag (in Moskau) hinterlegten „Brief zur deutschen Einheit", dem Zugeständnis ans „Grundgesetz".

Aber die Präambel, so nobel sie gedacht war als eine Art Opposition gegen die alliierten Aufteilungspläne Deutschlands, enthielt auch eine psychosoziale Hypothek: Westdeutschland soll einen unmöglichen Auftrag erfüllen – als ob ein Leichtathlet, dessen Spikes am Boden verschraubt wurden, aufgefordert würde, möglichst weit zu springen.

Die Präambel unseres „Grundgesetzes", das ja am 23.5.1949 vom parlamentarischen Rat in Bonn verkündet wurde, enthielt eine seltsame Realitätsferne. Sicher, die Verfasser der Präambel sahen 1949 die künftige Balance der Macht-Blöcke nicht voraus; sie wußten auch nicht, daß die Frage der Wiedervereinigung Deutschlands längst entschieden war: Die Alliierten, so sehr ihre Konzepte dazu auch divergierten, hatten sich über die Aufteilung Deutschlands verständigt. Aber die Währungsreform, am Samstag, dem 19. Juni 1948 ausgerufen und mit dem in Washington gedruckten Geld (das die alte Reichsmark ablöste) ermöglicht, band die drei Westzonen, die künftige Bundesrepublik, fest ins westliche Bündnis. Und einige Tage nach der Gründung der Bundesrepublik trat am 21.9.1949 das „Besatzungsstatut" in Kraft – Westdeutschland wuchs unter der Hoheit der Besatzungsmächte auf, die sich eine Reihe von „Vorbehaltsgebieten" gesichert hatten: nämlich die „Außenbeziehungen, die Überwachung des deutschen Außenhandels, die Kontrolle über Reparationen, den Stand der Industrie, Dekartellisierung, Abrüstung, Entmilitarisierung und bestimmte Bereiche wissenschaftlicher Forschung" (3).

Eine stattliche Liste politischer Abhängigkeiten. Die junge Republik wurde fürs erste an die Kandare genommen: daran hat sich, prinzipiell bis heute, wenig geändert; wir sind relativ souverän geworden, aber weit springen können wir noch immer nicht.

You can't eat the cake and have it, lautet ein englisches Sprichwort: man kann den Kuchen nicht aufessen und gleichzeitig behalten. Die Bundesrepublik prosperierte, weil sie sich einfügte ins westliche Bündnis. Der Preis, den wir dafür bezahlten, besteht in unserer Abhängigkeit vom Status quo, den zu verrücken wir nicht imstande sind. Deutschlands Teilung ist die Grundlage unserer relativen bundesdeutschen Souveränität.

Dennoch haben wir, mit Hilfe der Präambel, nicht aufgehört, politisch tagzuträumen. Auch 1980 nicht. Der Werbestreifen der Unionspartei tut zweierlei: er fügt der ostdeutschen Republik die alte Kränkung mit jener Formel von der „Gewöhnung an die Unfreiheit vor unseren Augen" zu, wie schon Ausgang der fünfziger Jahre, als die Nachrichten Tag für Tag die Zahl der DDR-Flüchtlinge vermeldeten, bis der Bau der Grenz-Mauer am 13. August 1961 diese „Abstimmung mit den Füßen", wie es schadenfroh hieß, stoppte. Zum anderen wird die politische Rhetorik der fünfziger Jahre wiederholt: daß nur ein starkes atlantisches Bündnis, dessen Partner wir sind (in „nahtloser Geschlossenheit", wie es 1980 bei Franz Josef Strauß hieß), die Staaten des Ostblocks zu einer Wiedervereinigung Deutschlands bewegen könne – unsere Anpassung sei unsere Stärke. Das war und ist der alte Kuhhandel, den Eltern mit ihrem Kind probieren: wenn du den Lebertran brav schluckst, wirst du so groß wie Vati werden. Das eine hat mit dem anderen wenig zu tun. Das widerspenstige Kind soll nur überredet werden.

Mußten die Westdeutschen überredet werden? Müssen sie heute überredet werden? Knirschen sie noch immer sehr mit den Zähnen? Können oder wollen wir nicht jene kleinen Brötchen backen, die wir nach 1945 backen mußten? Was war und was ist los in der Bundesrepublik Deutschland? Schauen wir uns den 1980 ausgestrahlten, 1951 von Hans Deppe inszenierten Streifen an, „Grün ist die Heide":

Ein strahlend blauer Himmel, eine satte Baumkrone, eine Landschaft und ihr Horizont kommen ins Bild: Die Lüneburger Heide. Drei Musikanten nähern sich. Während sie eine Herde Heidschnucken passieren, eine reetgedeckte Scheune, singen sie dieses Hermann Löns-Lied:

> „*Auf der Lüneburger Heide,*
> *in dem wunderschönen Land,*
> *ging ich auf und ging ich unter,*
> *allerlei am Weg ich fand,*
> *vallerie, vallera, und juchheirassa,*
> *bester Schatz, bester Schatz,*
> *denn du weißt es, weißt es ja*".

Wir werden eingestimmt auf einen friedlichen Flecken Bundesrepublik: ein westdeutsches Refugium, von den Folgen des zerschlagenen Dritten Reiches nicht gezeichnet. Sechs Jahre nach dem Ende des zweiten Weltkrieges kontrastiert die Lüneburger Heide mit dem Städte-Schutt, das Braun-Grün dieser Landschaft mit dem Grau der Trümmer; und der blaue Himmel ist frei von den dröhnenden Maschinen, vor deren Bomben-Ladungen sich die Deutschen in den Bunkern verkrochen hatten. Heute, in den achtziger Jahren, wirkt die niedersächsische Heide wie ein touristisches Paradies, ökologisch unversehrt (die ARD sendete am 19.7.1984 die Produktion „Auf der Lüneburger Heide" mit Hermann-Löns-Liedern, Regie: Jörn Karpinski; und die ADAC-Motorwelt empfiehlt in ihrem September-Heft '84 „Urlaub bei Erika", die keine Dame, sondern die Pflanze Erica Texalis ist, die in der Lüneburger Heide blüht).

Der saure Regen, diese lautlose Bedrohung und der Preis für die westdeutsche ökonomische Explosion, hat hier noch keinen Schaden angerichtet. Hier war die Bundesrepublik noch intakt: ein gut bewohnbares Stück Heimat. Die Scheune mit dem Reetdach, das Fachwerkhaus des Oberförsters (den wir gleich kennenlernen werden), die Butzenscheiben, einst als spießige Idylle verschrien, sind heute begehrt: als die anheimelnden Immobilien der gut verdienenden, akademischen Mittelklasse von Vierzigjährigen, die, unzufrieden mit der eckigen Wohlstandsarchitektur, ihren Volvo vor der Tür (statt eines Mercedes), ihren Burberry im Schrank und ihre Antiquitäten im Wohnzimmer haben. Die sogenannten Heimatfilme (deren Geschichten innerhalb unserer Landesgrenzen erzählt werden) sind heute auch ein Dokument: so *sah* die Bundesrepublik einmal aus. Westdeutschlands Landschaften, in denen es sich leben läßt, werden spät entdeckt. Die Bundesrepublik, so läßt sich die ARD-Ausstrahlung des Hans-Deppe-Films auch verstehen, wird als *unsere Heimat* beguckt. Die Westdeutschen beginnen, sich in ihrem Land umzuschauen – und entdecken, wie sehr ihre Heimat bedroht ist. Das Interesse am „Heimatfilm" gehört in den bundesdeutschen Kontext der Renaissance des Substantivs

„Heimat", diesem unübersetzbaren Wort einer deutschen (unerfüllten) Sehnsucht. Im Herbst 1984 zeigt die ARD die 13teilige Familienchronik „Heimat" aus dem fiktiven Hunsrück-Dorf Schabbach, inszeniert von Edgar Reitz. Zur selben Zeit diskutiert die Öffentlichkeit der Bundesrepublik den Versuch der Regierung, einen Weg zu finden, den Ausstoß der giftigen Abgase unserer Fahrzeuge zu verringern, weil sie beteiligt sind an der unglaublichen Zerstörung unserer Landschaften. Westdeutschland bleibt gefährdet: ein Land, in dem sich einzurichten schwerfällt.

Zurück zu den drei musizierenden *tramps*, Hannes (Hans Richter), Nachtigall (Kurt Reimann) und Tünn (Ludwig Schmitz). Sie erreichen das Forsthaus. Aus dem Vorhaus tritt der Oberförster (Josef Sieber) heraus, ein Herr in seinen Fünfzigern, eine Zigarre rauchend; er wartet das Ende des Heide-Ständchens der drei ab. Ein jüngerer Herr, der Förster Walter Rainer (Rudolf Prack) folgt ihm; er hat schnell seinen Jägerhut aufgesetzt wie ein Polizeibeamter, der, bevor er einen Autofahrer kontrolliert, seine Tellermütze geraderückt.

Hannes beginnt das Gespräch mit der Höflichkeit des Angestellten, den seine Herrschaften zum „Personal" zählen: „Wie ist das werte Befinden?"

Der Oberförster antwortet mit krächzendem Organ und westfälischem Tonfall: „Danke, gut". Hannes, in Walter Rainers Richtung sprechend, stupst den Oberförster: „Ist ja ein neues Gesicht im Forsthaus".

„Ja", meint der Revierbeamte, „mit dem müßt ihr euch gut stellen, das ist mein Nachfolger".

Hannes reagiert mit einem Kalauer, die Bemerkung des Oberförsters ganz wörtlich auslegend: er stellt sich und seine Kameraden vor. Walter Rainer gibt höflich zurück:

„Sehr erfreut, *meine Herren*". Geschliffene sprachliche Umgangsformen im Nachkriegs-Westdeutschland. Aber seinen Hut zieht Walter Rainer nicht. Hannes, Nachtigall und Tünn sind auf ihrem Rundgang des Nassauerns. Der Oberförster erinnert das für die drei bereitliegende Paket Butterbrote; er geht es holen. Hannes (dessen Nachnamen wie die seiner Kameraden wir nicht erfahren) erläutert Walter Rainer ihre Lage: „Wir kommen jeden Dienstag hier her, nur mit dem Rauchen war es bisher schlecht". Der Beamte versteht, er lacht und rückt drei Zigarren heraus, die Hannes kassiert. Tünn, ein rechter Kölner, protestiert auf gut kölsch. Hannes: „Du darfst nicht rauchen. Du hast ein schwaches Herz". Tünn, empört: „Isch hätt'n schwatzes Hätz?" Hannes korrigiert ihn: „Ein schwaches Herz". Die drei Freiluft-Musikanten pflegen eine Hackordnung. Der Oberförster bringt das Paket mit den Brotschnitten: „So bitte, meine Herren". Hannes steckt sie ein. Nächsten Dienstag wollen die drei „Herren" wiederkommen.

Die Nachkriegsstimmung wird angedeutet: das Hungern, die Wohnungsknappheit, die Hoffnung auf tröstende Solidarität. Hannes, Nachtigall und Tünn machen aus ihrer Not eine Clownerie: sie betteln in aller Öffentlichkeit, als würde es ihnen nichts ausmachen, zu den Habenichtsen zu gehören; aber untereinander herrscht ein gereizter Ton.

Nachtigall hatte dem Revierbeamten Walter Rainer ihre Lebensverhältnisse erläutert: „Wir schlafen im Moos und decken uns mit dem Himmel zu". Das klingt gut. Die drei Naturburschen strotzen vor Gesundheit.

Der Mangel eines Heims wird als Pfadfinder-Spaß weggewitzelt. Westdeutschlands Spielfilme sagen ihre bitteren Wahrheiten selten direkt. Ein Jahr zuvor war Hans Richter, der hier den Hannes spielt, im Film „Schwarzwaldmädel", den Hans Deppe ebenfalls inszenierte, vom

Bürgermeister eines Schwarzwald-Städtchens in die Vorratskammer (seiner Gastwirtschaft) eingesperrt worden; dort verputzte er die luftgetrockneten Würste und löffelte die Kirschen aus dem Einmachglas – vom Bürgermeister unbemerkt, stillt er seinen Heißhunger, in vergnüglicher Komplizenschaft mit dem Zuschauer. In „Grün ist die Heide" leben Hannes, Nachtigall und Tünn von der Freigiebigkeit derer, die genug zum Essen haben. Die damalige Wirklichkeit des „Hamsterns" ist ausgespart: jene demütigende Aktivität, beim Bauern die eigenen Wertsachen gegen Lebensmittel einzutauschen und, vor dem Blick der Nachbarn geschützt, in bauchigen Taschen heimzutragen. Der Futter-Neid war groß. Der Film belebt die tröstliche Phantasie einer solidarischen Gemeinde in der Lüneburger Heide: das Wunsch-Bild einer humanen Republik. Phantasien, schrieb Sigmund Freud (4), werden von unbefriedigten Wünschen gespeist, „und jede einzelne Phantasie ist eine Wunscherfüllung, eine Korrektur der unbefriedigenden Wirklichkeit". Die Kino-Phantasien sagen auch, was man entbehrt.

Wie sah die „unbefriedigende Wirklichkeit" der Nachkriegszeit aus? Die Verheißung der Nationalsozialisten, das wilhelminische Deutschland des Duckens und Hackenknallens, das die Weimarer Republik überlebte, in eine als „klassenlos" propagierte „Volksgemeinschaft" zu verwandeln, entpuppte sich als Rache-Orgie; das Dritte Reich wurde zur deutschen Katastrophe. Nach 1945 standen die Deutschen auf der Straße: ausgebombt, evakuiert und auf der Flucht suchten sie ein Heim. Viele teilten das Schicksal der drei Heide-Vagabunden, deren fröhliche Unbeschwertheit das Gegenbild zur Verzweiflung der West- und Ostdeutschen für zwei Kino-Stunden abgibt. Aber die gestelzte Höflichkeit, mit der Hannes, Nachtigall und

Tünn bedacht werden, ihre ironische Unterwürfigkeit den beiden Forstbeamten gegenüber, Walter Rainers Skepsis – er traut ihnen das Wildern zu – signalisieren: das Bild der solidarischen Heide-Gemeinde weist Risse auf. Die drei Vagabunden, als „Herren" angesprochen, werden nicht wie Herren behandelt. Die gefällige Anrede, das Schulterklopfen der Bessergestellten, betont die soziale Differenz.

Das Nachkriegsversprechen einer sozial befriedeten Republik, deren Bürger gleich wenig besitzen, ist nicht eingelöst worden – so muß man diese Szene verstehen.

Mit der Währungsreform Juni 1948 war eine soziale Phantasie verbunden worden: daß an diesem Datum sich die Westdeutschen in einer Reihe an der Start-Linie zum ökonomischen Langstreckenlauf aufstellten, jeder mit zunächst 40,00 DM (im August 1948 wurden weitere 20,00 DM bewilligt) ausgestattet. Aber einige, das war die Wirklichkeit, besaßen Start-Vorgaben. Theodor Eschenburg beschreibt die handfesten Folgen der Währungsreform:

„Bank- und Sparguthaben wurden auf 6,5 Prozent des Wertes, Verbindlichkeiten auf 10 Prozent reduziert, wobei zunächst die freie Verfügung über Guthaben beschränkt wurde. Löhne und Gehälter, Renten und Mieten mußten im Verhältnis 1 : 1 bei nächster Fälligkeit bezahlt werden. Am härtesten waren die Inhaber von Sparguthaben betroffen. Geschont, ja begünstigt waren die Eigentümer von Sachwerten: Grund und Boden, Häuser, Produktionsstätten und -lagern. Diese Bevorzugung wurde mit der Illiquidität der Unternehmungen begründet, deren Produktion man antreiben wollte" (5).

Zudem hatte die Währungsreform einen Kaufkraftüberhang von 39 Milliarden Reichsmark (die mit dem Datum der Währungsreform ungültig wurden) eingezogen. Das soziale Versprechen wurde damals und später, verständlicherweise, mehrfach gebrochen. Es wurde in dem vom ersten Wirtschaftsminister unserer Republik, von Ludwig Erhard, geprägten Wort der „sozialen Marktwirtschaft" am Leben gehalten: im treuherzigen Bild des großmütigen Kapitalisten, der eher seinen Profit verteilt als ihn ausgibt... Westdeutschland tagträumte antikapitalistisch, aber funktionierte kapitalistisch.

Das Adjektiv „sozial" fungierte in Westdeutschlands politischer Rhetorik als ein beschwichtigendes Verdeck-Wort. Der „soziale Friede", unsere Formel für tarifpolitische Harmonie nach dem Muster ängstlicher Familien, die jeden Streit vermeiden, gehört hierzu.

Zurück zur Anfangsphase des Films. Walter Rainer, der seit drei Wochen seinen Revierdienst in der Lüneburger Heide versieht, ist auf der Suche nach einem Wilderer, der die prächtigsten Tiere wegschießt; sein von Rheuma geplagter Vorgesetzter kann ihn nicht begleiten. Bilder vom Heide-Wald im abendlichen Dunst. Ein stattlicher Herr in seinen Fünfzigern, im Jäger-Dress mit einer Flinte, die er durch die rechte Armbeuge geschoben hat, geht über eine Lichtung. Er beobachtet die grasenden Rehe. Einstellungswechsel: der Mann, offenbar der gesuchte Wilddieb, nimmt sein Gewehr hoch und zielt auf eines der Tiere. Sein Schuß verscheucht die Rehe. Walter Rainer ist in der Nähe, als der Schuß fällt. Sofort schultert er sein Gewehr und verfolgt den Wilddieb, der, von der Präsenz des Försters überrascht, das geschossene Tier liegen läßt und flüchtet. Der Wilddieb entkommt. Walter Rainers Aufforderungen, stehen zu bleiben, verhallen; die Tatwaffe versteckt er, in ein Tuch gewickelt, in einem Busch nahe des Hünengrabes, welches Hannes, Nachtigall und Tünn als Schlafstätte dient. Tünn erkennt im vorbeispurtenden Wilddieb den

Herrn Lüder Lüdersen (Hans Stüwe). Hannes verordnet dem Tünn, der seine Verblüffung hinausposaunt in die Heide, *Stillschweigen*, klaubt die Flinte aus dem Busch heraus und versteckt sie in ihrer Unterkunft, welche wenig später Walter Rainer ahnungslos passiert. Lüder Lüdersen ist inzwischen über einen kleinen See gerudert, die Stufen zu einem Wasserschloß hinaufgelaufen, wo er offenbar wohnt.

Walter Rainer verfolgt den Wilddieb weiter. Sein Hund Cäsar führt ihn geradewegs zum Wasserschloß. Entschlossen betritt er den Innenhof. Das große Holztor knarrt tüchtig. Die Wachhunde schlagen an, Cäsar lärmt mit. Walter Rainer platzt in die abendliche Stille hinein. Ans offene Fenster (im ersten Stock) tritt Gottfried Lüdersen (Otto Gebühr), weißharrig, in seinen Sechzigern, und schimpft hinunter, ein rechter Gutsherr: „Wer ist denn da, jetzt mitten in der Nacht?" Walter Rainer, der sich nicht um den Ärger schert, den er sich einhandelt, antwortet keß: „Ich bin es". Gottfried Lüdersen faucht zurück: „Wer ist: ‚Ich'?" Walter Rainer: „Förster Rainer". Gottfried Lüdersen kanzelt den lästigen Forstbeamten ab: „Wenn Sie wegen der Holzgeschäfte kommen, dann suchen Sie sich *gefälligst* den Vormittag aus! Aber doch nicht mitten in der Nacht!" Der alte Herr kujoniert einen Dienstboten; die Uniform des Beamten bremst ihn nicht. – Von einem anderen Zimmer aus, sehen wir, beobachtet der Wilddieb Lüder Lüdersen, der seine Jagd-Kluft hastig auszieht, den ermittelnden Förster.

Aus dem offenen Haus-Eingang tritt eine bildhübsche, dunkelhaarige junge Frau (Mitte zwanzig) im lilafarbenen, gepunkteten Kleid heraus, eine Augenweide (Sonja Ziemann). Glück muß man bei seinen Ermittlungen haben. Den rechten Arm angewinkelt, ein wenig linkisch, eine zerbrechliche Prinzessin, geht sie auf Walter Rainer zu: „Was ist denn?" Die junge Dame schaut nach dem Rechten und inspiziert den Belästiger. Etwas lahm erklärt sich Walter Rainer: „Verzeihen Sie die Störung, aber ich bin jemandem auf der Spur, der hier reingelaufen ist. Einem Wilderer."

Diese plumpe Ausrede für das nächtliche Eindringen läßt die junge Frau nicht gelten, aufgebracht richtet sie sich auf ihren Zehenspitzen auf: „Ein Wilderer? Ausgerechnet hier im Schloß? Hier ist niemand reingelaufen". Walter Rainer läßt sich nicht abwimmeln: „Ich irre mich bestimmt nicht. Mein Hund hat auch die Fährte aufgenommen". Wie gut, wenn man einen Kronzeugen für die eigenen lauteren Absichten aufbieten kann. Vom ersten Stock aus interveniert Gottfried Lüdersen: „Hört der Lärm noch immer nicht auf!" Walter Rainer fragt nach dem Herrn im Fenster. Die junge Dame gibt reserviert Auskunft. „Das ist mein Onkel. Bei dem wohnen wir, mein Vater und ich". Bestürzt zählen wir eins und eins zusammen: diese junge Frau, die offenbar nichts ahnt, ist die Tochter des Wilddiebs Lüder Lüdersen, der ausgerechnet Witwer ist; denn Witwer, vermuten wir, sind schwierige Väter.

Jetzt beschwert sich eine andere Dame aus einem anderen Fenster: „Ist denn noch immer keine Ruhe da unten!" Die Dame, erfährt Walter Rainer, ist die Tante der jungen Frau (Margarete Haagen). Der Onkel meldet sich erneut energisch: „Helga, mach jetzt Schluß!" *Helga* heißt die Heide-Prinzessin. Wie Eltern, die ihre attraktive Tochter beim Telefonieren scharf bewachen und im ungünstigsten Augenblick ins Telefonat hineinreden, verkürzen Onkel und Tante Lüdersen den Dialog zwischen Helga Lüdersen und Walter Rainer, die langsam zum Eingangstor gehen. Der Forstbeamte wendet sich an Helga Lüdersen mit einer tückischen Frage: „Ihr Vater – entschuldigen Sie bitte: ist der zu Hause?" Diese Frage hätte er besser nicht gestellt. Scharf fragt Helga Lüdersen zurück, ihren Vater läßt sie von diesem Forst-Fritzen nicht verdächtigen: „Was wollen Sie damit sagen?" Empört verschränkt sie die Arme unter ihrer Brust. Die gute Tochter verteidigt ihren Vater. Walter Rainer stolpert ein „Verzeihung – aber" heraus, schuldbewußt wie ein Verkehrspolizist, der bei einer hübschen Autofahrerin das Ausschreiben eines Strafzettels mit einer Einladung zum Abendessen zu verbinden probierte.

Helga Lüdersen fährt ihm über den Mund: „Aber wenn Sie ‚es' ganz genau wissen wollen: mein Vater ist zum Stammtisch, im ‚Friedrich August'!" Walter Rainer, seinerseits verletzt, memoriert den Namen der Dorfkneipe, tippt zum Abschiedsgruß an seinen Hut und geht.

Soweit die ersten Minuten des Hans-Deppe-Streifens. Den Kern des Heide-Dramas haben wir vor uns. Das ist der Forstbeamte Walter Rainer, der die Lösung des alten pubertären Tagtraums gefunden zu haben scheint: Wie lerne ich eine wunderschöne Frau kennen? Der im Innenhof des Lüdersenschen Wasserschlosses ermittelnde Walter Rainer hat die perfekte Ausrede fürs Eindringen bei der bildhübschen Helga Lüdersen.

Das Vergnügen dieser Szene besteht in deren Doppelbedeutung: Fahndungsarbeit und Liebeswerben vermischen sich. Der gehemmte Verliebte benötigt einen komplizierten Anlauf. Wir befinden uns in den Anfangsjahren der Bundesrepublik, in jener Zeit der verstohlenen *dates*, die wie zufällige Begegnungen aussahen, aber durch geduldiges Abwarten oder durch stundenlanges Auf- und Abgehen einer bestimmten Straße zustande kamen, bedroht von den wachsamen Eltern, die ihre Kinder mit der inquisitorischen Frage zu behelligen pflegten: „Wo warst du so lange?"

Aber Helga Lüdersen läßt Walter Rainer abblitzen. Die Rhetorik des jugendlichen Verliebten, der, indem er die Eltern seiner Freundin entwertet, sich ihr aufdrängt, verfängt hier nicht. So leicht ist Helga nicht zu gewinnen. Walter muß sich gehörig anstrengen. Wieso? Hans Deppe verwickelt uns in eine westdeutsche Familien-Geschichte. Helga Lüdersen ist die Tochter des einstigen schlesischen Gutsbesitzers Lüder Lüdersen, der auf dem Gut seines Vetters Gottfried Lüdersen wohnt; dessen Ländereien bewirtschaftet er mit Erfolg. Lüder Lüdersen, der im Heide-Wald wildert, ist Witwer, und Helga seine ergebene Tochter. Über Lüder Lüdersens Witwerschaft erfahren wir nichts – wie in so vielen westdeutschen Streifen, in denen sich partnerlose Mütter oder Väter auf (zumeist) glückliche Weise durch die Kino-*plots* beißen. Der Krieg, darf man vermuten, ist für die Restfamilie Lüdersen, die Vater und Tochter bilden, verantwortlich.

Die Katastrophe des Dritten Reiches hat die Funktionsfähigkeit westdeutscher Familien erschüttert. Die Väter waren in den Jahren des Krieges häufig abwesend und kehrten spät, oft zu spät, in ihre Familien zurück. Die partnerlosen Mütter, bemerkt der Heidelberger Familientherapeut Helm Stierlin, rekrutierten in ihrer Not ihre Kinder oft – „offen oder verdeckt als Vertraute, und, soweit es sich um Buben handelte, als Quasi-Liebhaber und Ersatzehemänner" (6). Rekrutierte Kinder aber sind an ihre Eltern sehr gebundene Kinder: Für sie wird das Drama der Ablösung von den Eltern, die sie nicht aus den Augen zu lassen wagen, enorm dramatisch. Westdeutschlands Kinder litten unter dieser Bürde. Wie sehr, läßt sich dem Film „Grün ist die Heide" entnehmen.

Spielfilme versetzen den Zuschauer in eine bestimmte Gefühlsverfassung. „Grün ist die Heide" verbreitet eine merkwürdige Schwermut; der Film hat etwas Bleiernes, Lähmendes. Es sind die familiären Zentner-Gewichte, die so drücken. Helga ist ebenfalls eine, allerdings von ihrem Vater, rekrutierte Tochter, die sich ihm, der krank ist, verpflichtet fühlt – einen schwerkranken Vater oder eine schwerkranke Mutter läßt man nicht im Stich.

Der Schlüssel zum Verständnis des Familien-Dramas liegt in Lüder Lüdersens Wildern. Was treibt ihn in die Wälder? Er wildert, heißt es im Film, nicht, weil er hungert. Nein, er lebt gut bei seinen Verwandten. Aber er fühlt sich bei ihnen nicht wohl. Er, der ehemalige ostdeutsche Gutsbesitzer mit der norddeutschen Namensbildung, ist ein großbürgerlicher Vertriebener, ein Herr – keiner dieser ärmlichen Flüchtlinge, deren Kinder in den Schulklassen unter ihrer Herkunft zu leiden hatten, die wir in Köln in schadenfroher Verachtung „Pimmocks" schimpften. Lüder Lüdersen grämt sich, in Westdeutschland zu sein: er fühlt sich als Gast – als ein Entwurzelter, der sich weigert, heimisch zu werden.

Lüder Lüdersen ist gekränkt und verbittert. Er hat den Verlust seines großbürgerlichen Status nicht verwunden: der privilegierte Herr wurde mit der Niederlage und Aufteilung Deutschlands entmachtet. Seine mittellose Lage vermag er nicht als das schmerzliche Resultat des verlorenen Krieges, für dessen Folgen er als Deutscher wohl oder übel mit aufkommen muß, hinzunehmen. Er hadert mit seinem Schicksal. Er ist, geht man von der psychoanalytischen Krankheitslehre aus, an einer Melancholie erkrankt. Dem Verlust seiner psychosozialen Identität entspricht seine Ich-Verarmung: er fühlt sich entwertet, und er wütet gegen diese Wunde in seinem Stolz. Buchstäblich; denn sein Wildern ist die Externalisierung seiner Verletzung. Der einstige Gutsbesitzer ist in Westdeutschland ein armer Verwandter mit einem heftigen Groll. Auf neidische Gäste muß man achtgeben: sie zerdeppern einem leicht diese oder jene Tasse vom guten Geschirr. Im Neid, diesem Gekränktsein der Ausgeschlossenen, rumort der gewalttätige Wunsch nach ausgleichender Gerechtigkeit: Was ich nicht besitze, soll dem anderen auch nicht gehören. Mit seinem Wildern, so läßt sich das unbewußte Motiv übersetzen, rächt sich Lüder Lüdersen für sein Flüchtlingsschicksal.

Das ist das konfliktreiche Material am Ausgangspunkt des Films. Der Forstbeamte Walter Rainer umwirbt die ehemalige Gutsbesitzerstochter Helga Lüdersen, die ihn abweist und ihrem Vater treu bleibt. Die westdeutsche Geschichte einer entstehenden Verliebtheit verkompliziert sich durch das deutsche Trauma. Denn Helga Lüdersen hat einen *bedürftigen Vater*. Bedürftige, gebrochene, entwertete, hilflose Väter, die Verlierer des zweiten Weltkrieges, die Beteiligten an der Nazi-Katastrophe: sie sind das wiederkehrende Thema westdeutscher Nachkriegsfilme. Deutsche Väter waren nie sonderlich präsentable Väter: von kleinbürgerlicher Ängstlichkeit und Verletzlichkeit, waren sie politisch mutlos und unterwerfungsbereit. Nach 1945 waren die deutschen Väter erneut nicht präsentabel. Diskreditiert, kehrten sie in ihre Familien zurück, in denen sie nur sehr wenig zu melden (wie das deutsche Macht-Verbum lautet) hatten. Deutsche Väter hatten sich schuldig gemacht. Die Scham darüber saß tief.

Helga Lüdersen hat erfahren, daß ihr Vater der gesuchte Wilderer ist; die drei Vagabunden haben ihr das Gewehr ihres Vaters zurückgebracht und zugleich versprochen, darüber nichts zu sagen. Helga ist bestürzt; sie paßt ihren Vater, der vom Stammtisch in der Dorfkneipe zurückkommt, ab und besteht auf Rechenschaft. Eine bewegende Szene über die Verzweiflung von Vater und Tochter findet statt. Helga exploriert ihren Vater: „Warum tust Du das?" Lüder Lüdersen: „Ach, das verstehst Du nicht". Helga: „Laß Dich doch einladen zum Jagen, aber –". Ihr Vater, verbittert, unterbricht sie höhnisch: „Einladen? Um dann mal einen kümmerlichen Bock schießen zu dürfen? Vielleicht einmal im Jahr!" Helga, erschrocken über den Ausbruch ihres Vaters: „Vater, bedenke doch, wir sind hier *nur* zu *Gast*! Es geht uns doch gut. Wenn das rauskommt".

Lüder Lüdersen: „Gut geht es uns hier? *Geduldet* sind wir gerade". Helga: „Aber Onkel und Tante tun doch, was sie können". Lüder Lüdersen: „Natürlich tun sie, was sie können. Warum darf man *kein Mensch* mehr sein, nur weil man *alles* verloren hat. Nur wenn ich draußen bin im Wald, in der Natur, dann vergesse ich wenigstens alles Elend. Dann habe ich das Gefühl, es ist mein Wald, es sind meine Tiere. Es ist nicht nur das Jagdfieber, glaube mir Helga, aber – ach, das verstehst Du nicht". Helga, kleinlaut und mit gesenktem Blick: „Doch, doch, ich verstehe schon. Aber es ist doch ein Unterschied, ob man im eigenen Wald jagt oder in einem fremden. Willst du denn ins Gefängnis, Vater? Das wäre das Ende."

Helga faßt ihren Vater an den Schultern und nimmt ihm das Versprechen ab, daß er das Wildern aufgibt. Zum Trost streichelt sie ihm über's Haar: wie eine Mutter, die ihren Sohn zu beruhigen sucht. Sie schließt das Gewehr ihres Vaters in den Kleiderschrank ein und steckt den Schrankschlüssel in die Tasche ihres Kleides. Die Tochter nimmt dem Vater seine, die Melancholie mildernde Droge weg.

Diese Szene aus der ersten Viertelstunde ist bemerkenswert. So gereizt, so bockig klangen in den Anfangsjahren der Bundesrepublik viele. Der Hans-Deppe-Film gibt in der Figur des Lüder Lüdersen das nationale Gemisch aus Wut und Verbitterung erstaunlich genau wieder. Lüder Lüdersens großprotzige Empörung, *"nur ein Gast* zu sein" (aber nicht der Gastgeber); sein Verdacht, *"nur geduldet"* (aber nicht generös behandelt) zu werden; seine megalomane Verzerrung, *"alles verloren"* zu haben (aber das eigene Leben für wertlos zu halten) und „kein Mensch mehr zu sein" (weil man nur noch besitzt, was man mit den eigenen Händen über die Grenze tragen konnte): vertraute Töne. „Das Flüchtlingsproblem", notierte der Historiker Hans-Peter Schwarz, „tickte wie eine Zeitbombe im Gebälk des jungen Staates".

In der psychischen Not vieler Westdeutscher, die ihre Identität, ihren Besitz und ihr Heim verloren hatten, steckte die für die Bundesrepublik Deutschland bedrohliche Dynamik. Flüchtlinge und Vertriebene, wie die ostdeutschen Bürger sich nannten (oder genannt wurden), besaßen, was sie auf dem Leibe trugen. Eine unglaubliche ethnische Durchmischung fand in den fünfziger Jahren statt: „In das Gebiet der Bundesrepublik strömten nämlich allein bis 1950 acht Millionen Vertriebene und 1,6 Millionen Flüchtlinge. Ihr Anteil machte danach 20 Prozent der westdeutschen Bevölkerung aus und stieg bis 1960 auf nahezu ein Viertel" (7).

Die passivische Verbform „vertrieben" ist interessant: sie signalisiert eine Empörung und eine Anklage – Mitteldeutsche sind das Opfer der Niederlage Deutschlands; wehrlos, weil die alliierten Siegermächte es so bestimmten, werden sie in den westdeutschen Pferch getrieben, den zu bewohnen sie sich glücklich fühlen sollen. Im Substantiv „Vertriebener" haben sich ostdeutsches Schicksal und ostdeutsche Bitterkeit in einer Anklage-Vokabel verdichtet, die, in welchem Kontext auch immer sie auftauchte, die tiefe Ambivalenz belebte, welche der Bundesrepublik Deutschland entgegengebracht wurde und wird. Die Wunde ist noch nicht vernarbt.

Damals, in den ersten Jahren unserer Republik, tauchten die Vertriebenen und Flüchtlinge wie unerwartete Gäste auf, die sich mit den eingeladenen Gästen das scharf kalkulierte Menü teilen mußten. Verwandte weist man an der Tür nicht ab. Es wurde eng in der jungen Republik. Und die Enge, welche das riesige Problem des nationalen Zusammenwachsens komplizierte, verstärkte die Aufgeregtheit im Lande.

Der Hans-Deppe-Film offeriert den beruhigenden Kontrast: in der Lüneburger Heide ist viel Platz.

Westdeutschlands Kinofilme beschreiben ihren historischen Kontext ungenau. Die Vergangenheit schmerzt, sie wird nicht genau beguckt; man muß sie, wie eben geschehen, erschließen. Betrachten wir die Gegenwart des Heidefilms. Was wird aus dem melancholischen Vater Lüder Lüdersen? Was aus seiner Tochter? Und was aus dem Forstbeamten Walter Rainer, der wie ein glückloser Prinz das Geheimnis seiner verwunschenen Prinzessin nicht entschlüsseln kann? Lüder Lüdersen bricht sein Versprechen: er wildert wieder. In panischer Aufregung sucht Helga Lüdersen ihren Vater im Heide-Wald. Sie trifft Walter Rainer auf dessen Rundgang, weiterhin auf der Suche nach dem Wilddieb, der Lüder Lüdersen heißt.

Die beiden jungen Leute haben sich inzwischen angefreundet, trotz der holprigen ersten Begegnung, und Walter Rainer glaubt, Helga sei seinetwegen in den Wald gegangen. Er gesteht ihr seine Zuneigung; sie hört nur halbherzig hin, weil sie absorbiert ist von der bangen Erwartung auf den Schuß, den ihr Vater abfeuern könnte. Der Schuß fällt, als Walter Rainer Helga Lüdersen zu küssen versucht: Der Vater drängt sich dazwischen. Walter Rainer geht dem Schuß nach, dieses Mal verfolgt er den Wilderer erfolgreich: er zielt mit seiner Waffe auf den für ihn noch immer unbekannten Wilddieb – da greift ihm Helga in den Arm und drückt das Gewehr nach unten. Die treue Tochter hat ihren Vater gerettet, aber für ihn ihre Zuneigung *geopfert*, und Walter Rainer fühlt sich von Helga Lüdersen *betrogen*. Das ödipale Dreieck – Vater, Tochter, Förster – ist komplett und mächtig aufgeheizt: die Szene enthüllt eine heftige Rivalität zwischen Lüder Lüdersen und Walter Rainer, verpackt in den *plot* Forstmann-jagt-Wilddieb.

Die Rivalität ist die Folge der kettenartigen Bindung der Tochter an den Vater: der ausgeschlossene Walter Rainer möchte mit brachialer Wut dazwischenfahren angesichts der Enttäuschung, die Geliebte an deren Vater zu verlieren. Und die Bindung der Tochter an den Vater wiederum ist die Folge von Lüder Lüdersens Bedürftigkeit. Die nationale Tragödie forciert das familiäre Drama.

Der Wunsch nach Aussöhnung ist größer als der Wunsch nach Abrechnung mit dem gebrochenen, kranken Vater Lüdersen. Das Thema der ödipalen Rivalität trägt nicht weit. Der Film ist aus Helga Lüdersens Sicht erzählt. Hans Deppe provoziert in uns, die zu Helga eine Zuneigung gefaßt haben und ihre Verpflichtung ihrem Vater gegenüber teilen, die Gewissenskonflikte, welche das Drama der Ablösung vom Vater auslöst. Lüder Lüdersen wollen wir, wie Helga, nicht im Stich lassen. Wie Kinder ihre alkoholsüchtigen Väter, die zuschlagen im Suff, auf verzweifelte Weise lieben, so bleibt Helga ihrem Vater loyal ergeben. Und wir werden gequält von den Schuld- und Schamgefühlen, die Helga mit ihrem kriminellen Vater erlebt.

Das Familiendrama der Lüdersens wird erst in den

letzten Film-Minuten entwirrt. Der *plot* des Heide-Films geht nervige Umwege. Sicher, die Besetzung „Zieprack", wie die beiden Stars Sonja Ziemann und Rudolf Prack zu einem Markennamen zusammengezogen wurden – Devise der Fans: „So sind wir immer im Takt mit Sonja Ziemann und Rudolf Prack" –, verheißt das *happy ending*. Aber es stellt sich erst in der letzten Minute ein, durch eine glückliche Fügung.

Helga Lüdersen hat sich entschlossen, mit ihrem Vater in die Stadt zu ziehen – Walter Rainer, der gegen Lüder Lüdersen *keine* Anzeige erstattet hat, soll keine weiteren Schwierigkeiten mit dem wildernden Ex-Gutsbesitzer bekommen. Zum letzten Mal sind Helga und Walter zusammen. Ein Schützenfest findet statt; die beiden tanzen zum Abschied, den Walter Rainer nicht einsehen will, aber er fügt sich in Helgas Entschluß. Was beide nicht wissen: Lüder Lüdersen ist durch eine dramaturgische Blitzheilung nicht länger melancholisch; sein Zwang zu wildern wird schneller kuriert als jene Alkoholsucht, die den Hilfssheriff Dude (Dean Martin) im Entwöhnungswestern „Rio Bravo" (Howard Hawks, 1959) plagte. Noch einmal geht Lüder Lüdersen in den Heide-Wald. Dort halten sich Polizei-Mannschaften versteckt, die den Tierwärter Ristek (Carl Finkenzeller), vermutlicher Mörder eines Polizeibeamten, und der Fleisch für die Zirkus-Tiere wilderte, abzufangen hoffen. Der ahnungslose Lüder Lüdersen trifft auf den Tierwärter, überrascht ihn beim Wildern und stellt ihn: mit dem Spazierstock geht er auf Ristek los, endlich ein kämpfender Vater, packt ihn an dessen Blouson; aber Ristek reißt sich los, zieht seinen Revolver und schießt Lüder Lüdersen nieder.

Der schwache Vater ist rehabilitiert. Der Gutsbesitzer, der seine linke Hand auf die rechte Brustseite drückt, offenbar kein Schuß in die Herzgegend, fällt vornüber. Wie schwer ist er verletzt?

Knapp zwei Minuten werden wir im Ungewissen gelassen. So lange müssen wir uns, zum letzten Mal, mit unseren ambivalenten Gefühlen Helgas Vater gegenüber herumschlagen: schwankend zwischen dem Wunsch, diesen lästigen, bislang kranken Vater, der Helga so vereinnahmt hat, loszuwerden und dem Wunsch, ihn hinzunehmen. Was tut man nicht alles für die bildhübsche Helga Lüdersen!

Lüder Lüdersen überlebt. Vom behandelnden Arzt, der Helga Lüdersen davon abhält, ihren Vater am Krankenbett aufzusuchen, erfahren wir, daß Lüder Lüdersen nicht schwer verletzt ist. Er wird durchkommen. Aber wir sehen ihn nicht mehr. Das *happy ending* findet draußen auf dem Flur, ohne den Vater statt, vor der geschlossenen Tür des Zimmers, in dem Lüder Lüdersen liegt: Walter Rainer kann seine Prinzessin endlich an die Hand nehmen, seinem künftigen Schwiegervater begegnet er nicht mehr. Seltsam, auch dieses Thema kehrt in den Nachkriegsfilmen wieder: westdeutsche Väter und westdeutsche Söhne gehen sich aus dem Weg. Offenbar, muß man vermuten, ist das Konfliktpotential zwischen ihnen so groß, daß sie sich besser erst gar nicht begegnen.

Helga Lüdersen, die gute Tochter, vermittelte und schlichtete. Ist dies eine Aufgabe westdeutscher Töchter in den Nachkriegsjahren gewesen?

Die wichtigste Sequenz im Hans-Deppe-Film handelt von dem Schützenfest, auf dem die Niedersachsen und die Mitteldeutschen sich mischen. Deutschlands Tragödie und Westdeutschlands Gegenwart werden ausgebreitet. Die Handlungsstränge des Films werden hier verknüpft. Lüder Lüdersen hält vor seinen Stammtisch-Brüdern, zu denen der Oberförster und der Apotheker (Ernst Waldow) gehören, eine Rede, in der er ihnen dankt für die Aufnahme, dafür, daß die Heide ihm zur „zweiten Heimat" wurde. Die drei Heide-Vagabunden, Hannes, Nachtigall und Tünn, stiften mit ihren Streichen einige Unruhe. Helga und Walter tanzen zum Abschied miteinander. Und der Amtsrichter (Willy Fritsch) hat für die aus Schlesien stammenden Bundesbürger eine Überraschung vorbereitet: er läßt Nachtigall V. Hampels Lied vom „Riesengebirge" singen. Eine bewegende und wärmende Szene läuft ab. An vielen Tischen sitzen die Mitteldeutschen in ihren Trachten, vor sich die Bierkrüge. Hinter den Tischen stehen weitere Mitteldeutsche in mehreren Reihen.

> *„Blaue Berge, grüne Täler,*
> *mitten drin ein Häuschen klein.*
> *Herrlich ist dies Stückchen Erde*
> *und ich bin ja dort daheim.*
> *Als ich einst durchs Land gezogen*
> *waren die Berge mir nachgesehn*
> *mit der Kindheit, mit der Jugend*
> *weiß selbst nicht, wie mir geschehn.*
>
> *Oh, mein liebes Riesengebirge,*
> *wo die Elbe so heimlich rinnt,*
> *wo der Rübezahl mit seinen Zwergen*
> *heute noch Sagen und Märchen stimmt.*
> *Riesengebirge, deutsches Gebirge,*
> *meine liebe Heimat du".*

In einer für westdeutsche Kino-Verhältnisse aufwendigen, filmischen Inszenierung fährt die Kamera die „schlesischen Landsleute", wie der Amtsrichter sie nennt, ab. Nach und nach fallen sie in die Strophen des Liedes ein, das Nachtigall singt, von einer Gitarre und einer Zither begleitet. Allmählich schwillt der Chor an. Ein Bild der Versöhnung entsteht, die Phantasie der nationalen Verschmelzung kommt auf: die Westdeutschen nehmen sich in der Heide an die Hand.

Westdeutschlands Nachkriegsfilme sind Harmoniesehnsüchtig und Trost-süchtig. Die Szene des gemeinsamen Singens besitzt nicht die Fröhlichkeit des Unterhakens und Schunkelns zu Zeiten des Karnevals. Die schwermütige Stimmung des Heide-Films findet ihren Ausdruck. Auf diesem niedersächsischen Flecken betrauern Westdeutschlands Bürger, die sich hier eingefunden haben auf einem Freiluft-Bahnhof, einige Kino-Minuten lang den Verlust ihres Biotops. Das Lied hat etwas vom einlullenden Trost einer schaukelnden Wiege. Und die Zeile „Riesengebirge, deutsches Gebirge, meine liebe Heimat du" hat emotionale Wucht: Das Adjektiv „deutsch", in dem das großartige Versprechen der Nationalsozialisten steckt, bleibt eine Sehnsucht, eine unerfüllte Verheißung.

„Deutschland" ist nach 1945: eine Illusion. Man kann sie nur noch besingen; man kann davon tagträumen. Das „deutsche Gebirge" existiert nicht mehr; es liegt in Polen und in der Tschechoslowakei. Das Lied vom „Riesengebirge" wurde in den sogenannten Wunschkonzerten der fünfziger Jahre im Hörfunk häufig gesendet. Und noch heute kehrt es wieder: am 13.10.1984 in der Fernseh-Serie des ZDF „Mensch Bachmann" (Regie: Wolfgang Becker; Buch: Herbert Reinecker) finden sich der Ein-Mann-Spediteur Rudolf Bachmann (Rolf Schimpf) und Melinda Degenhard (Eda Seippel) vorm Plattenspieler zusammen, um sich zu erinnern an vergangene Spaziergänge übers Riesengebirge. Rudolf Bachmann zwinkert dabei dem TV-Gucker zu; aber die ironisierte Szene verdeckt ihren Kern nicht: die traumatische Aufteilung Deutschlands.

Es ist nicht schwer, in dieser Szene das politische Vorbild wiederzuerkennen: das Treffen der sudetendeutschen Landsmannschaften, die 1950 gegründet wurden und seither alljährlich zu Pfingsten stattfinden. Im Frühjahr 1950 organisierten sich die *Vertriebenen* und *Flüchtlinge* in der politischen Partei des BHE, des „Bundesverbandes der Heimatlosen und Entrechteten". Der Name klingt wie ein Kampf-Bund und evoziert das Bild der erhobenen Faust. „Politisch", schrieb der Historiker Hans-Peter Schwarz, „hielten die Vertriebenenorganisationen an der Forderung «Recht auf Heimat» fest, aber sie haben verantwortungsvoll darauf verzichtet, zum Revanchismus aufzurufen" (8). Es gehört zur westdeutschen Unaufgeklärtheit zu glauben, daß das Dementi eines Wunsches diesen aufheben würde. Der Wunsch, sich zu rächen, maskierte sich beispielsweise im Kino-Motiv des Wilderns.

Er wirkt sich auch politisch aus. Seit 35 Jahren wird auf den Pfingsttreffen der sudetendeutschen Landsmannschaften die Rhetorik der versteckten Anklage gepflegt, verbunden mit dem Bekenntnis zur Bundesrepublik Deutschland und einer Erinnerung an die vergangenen Zeiten, die in den verlorenen Landschaften gelebt wurden. Die *Süddeutsche Zeitung* nannte das „die rituelle Beschwörung der verlorenen Heimat" (12.6.1984). Juni 1984: zum ersten Mal besuchte ein Präsident unserer Republik ein Pfingsttreffen: Karl Carstens sprach über die Leistungen der Sudetendeutschen beim Wiederaufbau und beim Bewahren ihres kulturellen Erbes. Diese Pfingsttreffen waren stets heikle Veranstaltungen gewesen. Auch dieses Mal: „Die Prager Regierung zog demonstrativ", berichtete die *Süddeutsche Zeitung* (12.6.1984), „ihren Bonner Botschafter über Pfingsten ab und ließ ihre Propagandamaschine volle Breitseiten gegen die Rede des Bundespräsidenten abfeuern, noch ehe die Rede gehalten worden war". Westdeutsche Kontinuität: nicht nur die aus Ostdeutschland stammenden Bürger Westdeutschlands haben ihre Schmerzen und Kränkungen konserviert; deren politische Formel vom „Recht auf Heimat" (ein ohnmächtiger Imperialismus) korrespondierte mit dem Konzept von der „Wiedervereinigung Deutschlands", dem Zugeständnis an den Auftrag des Grundgesetzes, und der „deutschen Frage" (die mehr ein Pochen als ein Fragen ist).

Die politische Phantasie von der Einheit „Deutschlands" enthält das hartnäckige Sträuben, die europäische Wirklichkeit wahrzunehmen: Deutschland wurde nach dem verlorenen Krieg aufgeteilt und den alliierten Siegermächten unterstellt. Deutschlands Staaten sind eingebunden ins östliche und westliche Bündnis; auf paradoxe Weise garantiert der Status quo der Teilung die europäische Macht-Balance. Deutschlands Wiedervereinigung, schrieb Robert Leicht in der *Süddeutschen Zeitung* (29./30. 9. 1984), setze aber den dramatischen Konflikt im östlichen und westlichen Bündnissystem voraus – was niemand wünschen könne. Politisches Tagträumen gehört zur bundesdeutschen Realität. Der Schmerz über ein gestutztes und halbiertes Deutschland hält an. Das läßt sich ablesen an unserem Verhältnis zur Deutschen Demokratischen Republik.

Sie wurde, Opfer unserer Kränkung, von uns mit einer unversöhnlichen Politik traktiert: In den fünfziger und sechziger Jahren trumpfte die Bundesrepublik als Deutschland (mit dem Karten-Bild der Grenzen von 1937 vor Augen) auf, „Alleinvertretungsanspruch" hieß die Formel. Die sogenannte Hallstein-Doktrin wurde installiert, jene außenpolitische Automatik (eine Art sanfter Apartheid), welche unsere Beziehungen zu demjenigen Land kappte, das zur ostdeutschen Republik diplomatische Beziehungen aufnahm.

So prinzipientreu kann nur sein, wer sehr reich ist; das blieben wir nicht lange. Damals wurde Mitteldeutschland, das Land unserer (vermeintlich) armen Verwandten, als „Ostzone" bespöttelt, bevor es von einer bestimmten Presse-Rechtsschreibung in Anführungszeichen gesetzt und (noch einmal) gedemütigt wurde. Langsam veränderte sich der zu unseren Gunsten kopflastige Sprachgebrauch: Nicht nur die Bundesrepublik Deutschland, auch die Deutsche Demokratische Republik wird zunehmend mit ihrem vollen Namen korrekt genannt.

Ende der sechziger Jahre steckten wir, die schambereiten Westdeutschen, uns den Mitscherlich-*button* an: jene zum Ohrwurm gewordene „Unfähigkeit zu trauern". Alexander und Margarete Mitscherlich schrieben von einer „erfolgreichen Abwehr der Melancholie der Massen": „Der kollektiven Verleugnung der Vergangenheit ist es zuzuschreiben, daß wenig Anzeichen von Melancholie oder auch von großer Trauer in der großen Masse der Bevölkerung zu bemerken waren" (9). „Erfolgreich" war die „Abwehr der Melancholie" nicht; das Trauma der Nazi-Katastrophe zerrt an der Ambivalenz unserer Ostpolitik. Und für viele Westdeutsche war die nationalsozialistische Zerstörungswut ein Schock: Westdeutschland ist ein von Scham und Schuld erfülltes Land, bereit, wie es Thomas Schmid nannte, sich selbst zu bezichtigen (10). Aus gutem Grund: Daß Deutsche systematisch morden, daß Deutsche sich nicht wehren gegen den tagtäglichen Nazi-Terror, sondern sich fügten, ist unerträglich. Aber der Erfolg des Mitscherlich-Buches belegt auch: wie dankbar wir waren für eine Erklärung unseres Selbsthasses – die Deutschen sind unverbesserlich. Melancholikern hilft man psychotherapeutisch, indem man die Reste ihres Stolzes aufsucht und ihre Kränkungen durchgeht. Die Formel von der „Unfähigkeit zu trauern" machte es, ein weiteres Mal, unmöglich, über die deutschen Verletzungen genau zu sprechen. Und der Hohn über die Kino-Schmonzette, als „Heimatfilm" verlacht, verhinderte das enorme Bedürfnis wahrzunehmen, zumindest für ein paar Film-Minuten sich auszusöhnen und sich zu trösten mit der Phantasie einer bundesdeutschen Geburt.

Es bleibt noch zu klären, was am Hans-Deppe-Film „Grün ist die Heide" heimatfilmisch ist.

Zur Schützenfest-Szene „Grün ist die Heide" gibt es ein amerikanisches Gegenstück. Der Film spielt im Jahre 1931. Im Biergarten des Gasthauses „Waldesruh" in der Nähe von Berlin. Brian Roberts (Michael York) und Maximilian von Heune (Helmut Griem) sind hierhergefahren. Sie machen Zukunftspläne. Ein Bursche in der Uniform der Hitler-Jugend, so blond wie aus dem Bilderbuch der Nazis, steht auf und beginnt zu singen:

> *„The sun on the meadows is summerly warm*
> *the stag in den forest runs free"*

(Die Sonne ist auf den Wiesen sommerlich warm – der Hirsch läuft im Wald frei herum). Der Junge singt mit deutschem Akzent:

> *„The morning will come when the world is mine"*

(Der Morgen bricht an, wenn die Welt mir gehört).

Das Lied heißt: „Tomorrow belongs to me" (Morgen gehört mir). Fred Ebb und John Kander schrieben diesen enormen Song einer nationalsozialistischen Verheißung für Bob Fosses „Cabaret" (1972). Die Biergarten-Sequenz ist eindrucksvoll, sie löst den sprichwörtlichen Schauer im

Rücken aus. Nach und nach stehen die Gäste auf, in Großaufnahmen werden sie ein wenig von unten gefilmt, so daß wir aufschauen; sie folgen, während sie mitsingen, dem Marschtempo einer Rache-Phantasie: die Choreographie des Aufruhrs. Ein alter Arbeiter (mit einer Ballonmütze) schaut irritiert zu. Brian Roberts und Maximilian von Heune steigen in dessen zweifarbigen Sedanca de Ville.

Brian Roberts bemerkt: „You think there's something that can control them?" (Glaubst du, es gibt etwas, was die bremst?)

Maximilian zuckt mit den Achseln. In einer langsamen Bewegung, der dröhnende Nazi-Song verklingt, von Heunes schwerer Wagen rollt davon, fährt die Kamera in die Totale: Wir schauen auf eine Hügellandschaft, in die sich das Gasthaus „Waldesruh" einpaßt und über die sich ein blauer, wolkenarmer Himmel wölbt – die typische Einstellung, mit der ein westdeutscher Heimatfilm beginnt oder endet.

Ein Heimatfilm, sagt der Duden (Deutsches Universalwörterbuch, S. 556), ist ein „im ländlichen Milieu spielender Film, in dem die Verwurzelung der handelnden Personen in der engeren Heimat gezeigt wird". Eine kosmopolitische Definition.

Sie trifft auf Akira Kurosawas „Sieben Samurai" (1954) ebenso zu wie auf Ingmar Bergmans „Wie in einem Spiegel" (1961) und Don Siegels „Coogan's Bluff", in dem der *deputy sheriff* aus Arizona (Clint Eastwood) durch New York City stiefelt (1968). Ein definitorischer Kraftakt zudem: die Scham und die Verachtung, der Hohn und der Spott, der Dünkel und die Ergriffenheit – die tiefe Ambivalenz, die diesem westdeutschen Kino-Genre (die österreichischen und schweizerischen Co-Produktionen eingeschlossen) entgegenschlug, aber auch die sehnsuchtsvollen

Konnotationen des Wortes „Heimat" hat die Duden-Redaktion ausgespart.

„Heimat" tippt ein deutsches Leiden an: die Sehnsucht nach dem Unerreichbaren und Verlorenen. „Heimat als das Übergoldete", schrieb Christian Graf von Krockow (DIE ZEIT, 5.10.1984, S. 73), „ist nicht bloß Lüge, Kitsch und Sentimentalität. Sie ist nicht die Erfindung, sondern die Entdeckung der Romantik: das verlorene Paradies. Sie birgt, schützt, wärmt, gibt Sicherheit. Sie verbindet die Generationen; sie schafft Nachbarn. Sie glänzt aus der Kindheit herauf bis ins Alter – oder gerade ins Alter. Wir träumen von ihr. – Heimat riecht: nach Herz und Heu, nach Kartoffelfeuern, Leder, Kuchenbacken, gebrannten Mandeln, nach fangfrischen Räucherflundern und pommerscher Spick-Gans". Wir befinden uns in Mutters Küche. „Heimat": das ist auch die verklärte Erinnerung an eine Super-Mutti. „Wenn Sie eine Linie von Paris nach Berlin ziehen, geht sie duch Schabbach. Wenn Sie eine Linie vom Nordpol zum Südpol ziehen, geht sie durch Schabbach. Schabbach ist das Zentrum der Welt". Alois Wiegand, der Bürgermeister des fiktiven Ortes Schabbach im Hunsrück aus der Edgar-Reitz-Familien-Serie „Heimat", formuliert diese auf den ersten Blick abstrusen Sätze (TIME Magazine, 5.11.1984). Sie werden sinnvoll, wenn man sich erinnert an die Perspektive des kleinen Kindes: die eigene Mutter ist das Zentrum der Welt. „Heimat": enthält auch ein deutsches Beziehungsmuster – die intensive Bindung an die Mutter.

Wie die Millionen deutscher Kinderstuben, in denen unsere Ur- und Großeltern, unsere Eltern und wir sozialisiert wurden, eine politische Wirkung erzeugen, ist ein komplizierter Prozeß. „Heimat" war, für die Nationalsozialisten des Dritten Reiches, auch ein politisches Programm: „Deutsche Natur", „Deutscher Wald", „Deutsche Volksgesundheit" waren die Chiffren einer Mutter-Verehrung, mit der die gemütlichen Seiten des Faschismus, die anheimelnde „Volksgemeinschaft", propagiert wurden.

Sie war für Deutschland, dieses arme Land, das eine demokratische Revolution nicht zu Wege brachte, Revolutionsersatz. Erik Homburger Erikson, Psychoanalytiker und Psychohistoriker, versteht die deutsche Idealisierung von Mutter-Bildern im Kontext einer alten deutschen Pubertät. Deutsche Heranwachsende, so Erikson, verzweifelten an ihren harten, aber autoritätslosen Vätern, die sie nicht respektierten. Erikson illustriert dies an den Konnotationen des deutschen Wortes „Bürger", was er für seine angelsächsischen Leser als schwierig zu verstehen empfindet: denn der deutsche „Bürger" meint keinen würdigen „Citizen" oder „Citoyen", der stolz ist auf seine demokratischen Rechte eines freien Mannes, sondern „eine Art Erwachsener, der Jugend und Idealismus verraten und Zuflucht gesucht hat in einem kleinlichen und servilen Konservatismus" (11 – Eigenübersetzung).

Es ist die alte Geschichte einer patriarchalisch bestimmten Kinderstube mit dem Terror des Schnauztons: wenn der Vater von der Arbeit nach Hause kommt, „nehmen sich die Wände zusammen", beschreibt Erikson, nicht nur die Kinder und die Mutter, die hinter dem Rücken ihres Mannes nur zu oft ihren Söhnen und Töchtern signalisierte, wie wenig sie ihn schätzte, aber vor ihm kuschte und ihm die Kinder, wenn sie es für richtig hielt, zu Bestrafungsaktionen überließ. So funktionierten viele reichsdeutsche Kindheiten mit ihren Mutter-Bindungen und Autoritätsproblemen angesichts von Vater-Figuren. Auf die Ablehnung der individuellen Väter, argumentiert Erikson, folgte das Festhalten an einer „mystisch-romantischen Entität:

Natur, Vaterland, Kunst, Sein etc., die Super-Bilder einer reinen Mutter waren, einer Mutter, die den rebellischen Jungen nicht an das Monster, den Vater, verraten würde".

Die Nazis schallten Deutschland platt mit ihrer Rhetorik der Abrechnung mit den verhaßten Vätern; sie versprachen wüste Schlachtfeste, die auch im Kino des Dritten Reiches stattfanden. Prägnantes Beispiel ist der Hans Steinhoff-Film „Der alte und der junge König" (1935): darin wird Friedrich Wilhelm der Erste (Emil Jannings) von seinem Sohn (Werner Hinz), dem späteren Friedrich dem Großen, öffentlich demontiert: der Triumph der Entmachtung eines lauten Vaters. Aus dem aufsässigen Jungen wird fortan „ein der Mutter Preußen ergebener König". Im Hans-Deppe-Film „Grün ist die Heide" wird Lüder Lüdersen zwar blessiert, aber der Kinogänger kann seinen Frieden mit ihm machen: Dieser deutsche Vater wird rehabilitiert, allerdings nur halbherzig. Denn er wird, am Ende des Films, verstecktgehalten: ein Vater, für den man sich schämen muß, eine familiäre Hypothek.

Schauen wir nochmal in die letzte Szene hinein. Der Arzt hat Helga Lüdersen beruhigt, ihr aber empfohlen, ihren Vater nicht am Krankenbett zu besuchen. Helga schwankt, sie möchte ihn sehen – da zieht Walter Rainer Helga Lüdersen von der Tür des Zimmers, in dem ihr Vater liegt, weg und zu sich heran mit den Worten: „Komm, Helga, komm. Es wird alles wieder gut". Verwirrt, wie aus dem Gleichgewicht geraten, schaut Helga zu Walter hoch; ihr Nicken, daß sie an Walters Versprechen glaubt, besiegelt das *happy ending*. Was bedeutet dieses Ende? Walter Rainer, der Helga Lüdersen davon abhält, ins Krankenzimmer zu gehen, beendet Helgas Loyalitätskonflikt zu seinen Gunsten: er schließt Lüder Lüdersen aus. Und Lüder

Lüdersen erhält von Bobby E. Lüthge, dem Drehbuchautor (von über 200 Filmskripten, von „Fridricus Rex" bis zum „Schwarzwaldmädel"), keine Chance, sich auszusöhnen mit Helga und vor allem mit Walter Rainer.

Dieser Vater wird geschnitten. Wie so viele Väter vor 1945 und nach 1945: die gefürchteten und verachteten Eindringlinge in die Koalition zwischen der Mutter und den Kindern sollen ausgeschlossen bleiben. Die psychohistorische Rechnung mit den deutschen Vätern ist 1951, als „Grün ist die Heide" entstand, noch offen.

Ein Paar, das sich zum gemeinsamen Leben entschließt, hat eine komplizierte familiensystemische Aufgabe zu leisten: Jeder Partner muß die Beziehungen zu den eigenen Eltern verändern, er oder sie ist nicht länger nur das Kind, sondern ein Erwachsener mit einem ähnlichen Status wie die Eltern. Das ist unproblematisch, wenn die Eltern ein intaktes Paar sind, das die Kinder nicht für die Lösung der eigenen Not verpflichtete. Das kann schwierig sein, wenn die Elternfunktionen nur von einer Mutter oder einem Vater geleistet wurden und das Kind in die Rolle des Ersatzpartners gedrängt wurde; dann besteht eine schwer aufzulösende Bindung: In Helga Lüdersens Fall: ein Loyalitätskonflikt zwischen ihrem Vater und Walter Rainer. Zugleich muß jeder Partner sich auf die Eltern des anderen Partners einstellen, eine Beziehungsform finden, die niemanden entfremdet oder die Familie aufspaltet. Es ist ein Zeichen für Erwachsenheit, wenn diese Aufgabe gelingt und die Eltern- und Kinder-Generationen miteinander auskommen.

Einen versöhnlichen Ausgleich suchten Hans Deppe und Bobby E. Lüthge in „Grün ist die Heide" nicht. Von Anfang an ist Lüder Lüdersen der Eindringling. Er stört die forstliche Harmonie zwischen dem Heide-Wald und seinem Forstbeamten – eine Beziehung, so muß man den Kino-*plot* übersetzen, welche die Gefühlsqualitäten einer Mutter-Sohn-Koalition aufweist.

Auf den ersten Bildern wirkt Lüder Lüdersen wie ein seriöser Jäger, der den Wald inspiziert, aber Sekunden später, als er auf die grasenden Tiere zielt, wie ein gemeiner Störenfried. King Kong trampelt durchs Unterholz. Das Bild vom väterlichen Monster klingt an. Lüder Lüdersen poltert in die Stille hinein. Der Konflikt ist programmiert. Das Forst-Drama ist ein sehr individuelles Drama. Walter Rainer verhält sich nämlich nicht wie ein erwachsener Beamter, der seine Fahndungsarbeit erledigt, sondern wie ein gebundener Sohn, der gewohnt ist, in die von seiner Mutter angestifteten Koalitionen des Schweigens („aber sag Vater nichts davon!") einzustimmen: Er verschwieg seinem Vorgesetzten Lüder Lüdersens Wilderei. Er fühlte sich schuldig wie jene Kinder, die auf die heimliche Koalition mit der Mutter gegen den Vater einschwenken, so sehr, daß er bereit war, seine Zuneigung zu Helga zu opfern. Vor 1945 trug der Kampf gegen die Väter mörderische Züge. Nach 1945 puffert die mütterliche „Heimat" die Konflikte ab.

Gut drei Jahre nach „Grün ist die Heide" kam der in Österreich entstandene, von Alfons Stummer inszenierte „Der Förster vom Silberwald" in die westdeutschen Kinos. Franz Mayr-Melnhof, der Initiator, hielt ihn für einen *flop*, der die Produktionskosten nicht einspielen würde (12), der westdeutsche Film-Verleih, der ihn preiswert erwarb, rechnete mit mageren Besucher-Zahlen.

Bis 1958 sahen im deutschsprachigen Raum den „Förster"-Streifen 22 Millionen Kinogänger. „Der Förster vom Silberwald" wurde zum Auftakt-Film für eine Reihe

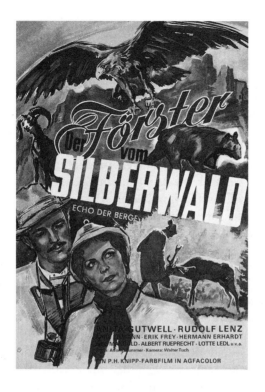

ähnlicher Filme. Er war als ein Dokumentarfilm konzipiert worden, um Österreichs Landschaften (die im Vorspann unter den Darstellern aufgelistet wurden) als ein vor der kapitalistischen Industrialisierung zu schützendes Biotop zu präsentieren; eine Spielfilm-Handlung sollte die Naturaufnahmen zu einer unterhaltsamen Geschichte bündeln. So weit, so gut. Unsere Verehrung der schönen Natur wird nicht nur von lauteren Absichten gespeist; eine heimatfilmische Idylle, wissen wir, ist gar nicht so friedlich. Unter der trauten Oberfläche lauern die finsteren Absichten. Unsere Schwierigkeiten mit dem mörderischen Faschismus der Nazis hängen mit der Scheu zusammen, die sadistischen Seiten des Menschen wahrzunehmen. Sigmund Freuds Theorie eines Destruktionstriebes erschreckt: Sollte der Forstmann etwa gern schießen? Alfons Stummer offeriert mit seinem „Förster im Silberwald" ein touristisches Bild: Ein weites Tal in der Steiermark, verschneite Berge und Wälder, ein knallblauer Himmel. Gelegenheit zum Durchatmen: hier ist die Luft sicherlich gut und kalt. Die Kamera schwenkt auf zwei Forstleute, die Futterkörbe für das Wild an Holzstangen aufhängen.

Schnitt, Einstellungswechsel: Drei, vier Rehe ziehen gravitätisch durch eine Waldlichtung, offenbar auf der Futter-Suche.

Schnitt: die beiden Männer befestigen weitere Futter-Körbe. Schnitt: ein Rudel Hirsche und Rehe, mit einer starken Tele-Optik fotografiert, kommen ins Bild; wie absichtslos laufen sie durcheinander, schöne Tiere mit grazilen Bewegungen.

Inzwischen haben der Forstmann, es ist der Jagdpächter Hubert Gerold (Rudolf Lenz), und sein etwa 14jähriger Begleiter eine Hütte erreicht. Auf einer Bank ruhen sie sich aus. Hubert Gerold nimmt sein Fernglas und beobachtet die Tiere, ein Gucker wie wir, die der erotischen Faszination des Zuguckens wegen ins Kino gehen, die aber auch (wie alle Gucker) ohnmächtig Ausgeschlossene sind.

Unser Zugucken hat viele Qualitäten: die des Teilnehmens, des Verfolgens, des Eindringens, des Überwältigens. Hubert Gerold, der besorgte Jagdpächter, ist auch ein lautloser Eindringling in diese Wild-Herde, wie ein Fotograf, der sich, aus sicherer Distanz, mittels seines Tele-Objektivs des Menschen-Objekts bemächtigt und dessen Antlitz, ohne gebeten worden zu sein, zu enträtseln versucht. Die Aggressivität des fotografischen Zugriffs ist in der Wortbildung „Schnappschuß" formuliert: ein unblutiges Schießen.

In seiner Arbeit „Zur Einführung in den Narzißmus" hat Sigmund Freud über den Reiz des Kindes, gewisser Tiere (Katzen und Raubtiere) und (mancher) schönen Frau bemerkt, daß deren „Selbstgenügsamkeit und Unzugänglichkeit" fasziniere: „Es ist so, als beneideten wir sie um die Erhaltung eines seligen psychischen Zustandes, einer unangreifbaren Libidoposition, die wir selbst seither aufgegeben haben" (13). Die wollen von uns nichts wissen, die brauchen uns nicht: das nährt den Wunsch, auf sich aufmerksam zu machen – mit robusten Mitteln. Alfred Hitchcocks Thriller „Die Vögel" (1963) handelt vom Ausgeschlossensein des Mannes (der auch Alfred Hitchcock heißt) und dessen Rache-Wunsch: Melanie Daniels (Tippi Hedren), die Tochter eines Zeitungsverlegers, sehr blond, sehr hübsch und sehr gepflegt, stöckelt in einem engen Kostüm, das ihr nur kleine Schritte gestattet, über eine Straße in San Francisco, aufreizend aber unnahbar… wenn man ihr jetzt die hohen Absätze wegtreten könnte: herrlich, sie stürzen zu sehen (wie die vielen Stars der fünfziger Jahre, die in die *swimming pools* gestoßen wurden und klatschnaß aus dem Becken kletterten, eine Art plastisches Röntgen). Das besorgen „die Vögel": die zerren die schöne Kino-Göttin vom Podest und zerzausen sie mächtig. Alfred Hitchcocks ausgleichende (sadistische) Gerechtigkeit für männliche Kinogänger.

Der „Förster vom Silberwald" beobachtet nur. Das sadistische Motiv, die Idylle aufzustören, wird auf einige Mitglieder der Gemeinde Hochmoos verschoben, die die Tannen des Silberwaldes des Profits wegen zu fällen beginnen. Während Hubert Gerold dem Wild per Fernglas zuschaut, dröhnt der Lärm von schlagenden Äxten herauf.

Wir sehen, in mehreren Einstellungen, die groben Burschen, erbarmungslose Holzfäller, die ihre Äxte in die Stämme hineinwuchten wie Schlachter und die Rinde mit langen Messern abheben. Hubert Gerold ist (wie wir) empört: „Ihr vergrämt ja das Wild!" Am Silberwald wird gefrevelt.

Ein ähnlicher Beginn: vertrieb der wildernde Lüder Lüdersen die Rehe des Heide-Waldes, so verscheuchen hier die Holzfäller das Wild des Silberwaldes. In dem österreichischen Film sind die Positionen, die wir aus „Grün ist die Heide" kennen, variiert: Hubert Gerold, seit 1946 lebt er in dieser Gegend, hat seinen Vater und den Gutsbesitz verloren, offenbar ist er ein *Vertriebener;* von seiner Mutter erfahren wir nichts. In einer Dialog-Zeile ist seine Biographie verdichtet. Er lebt zurückgezogen, beteiligt sich selten an den dörflichen Geselligkeiten, spielt lieber Kompositionen von Johann Sebastian Bach auf der Kirchen-Orgel im Ort und verfolgt Hörfunk-Übertragungen sinfonischer Musik. Hubert Gerold: ein steierischer Anachoret, eher Muttis 11jähriger Liebling als ein erwachsener Jägersmann; er leidet auf eine stille Weise an seiner Lebenssituation.

„Der Förster vom Silberwald" ist ebenfalls ein schwermütiger Film. Und wie Lüder Lüdersen macht Hubert Gerold sich schuldig: er vertuscht (wie Walter Rainer) das Wildern eines Rivalen. Der Wiener Max Freiberg (Erik Frey), ein abstrakter Künstler, knattert in seinem offenen roten Sportwagen nach Hochmoos, um nach Liesel (Anita Gutwell), der Enkelin des ortsansässigen Hofrats (Karl Ehmann), seiner Freundin und Kollegin, zu schauen. Liesel war bei ihrem Großvater länger als ausgemacht geblieben; sie hat sich in Hubert Gerold verliebt; und sie hat Gefallen an der steierischen Landschaft mit deren Auerhähnen, Adlern, Gänsen, Hirschen und Rehen gefunden – eine bekehrte Großstädterin, die der männlichen Metropole den Rücken zugewandt hat. In der Konkurrenz um Liesel ist Hubert Gerold seltsam zurückhaltend; er traut sich nicht richtig, Liesel seine Zuneigung zu offenbaren und den Rivalen aus Wien zu vertreiben. Ist er bereits gebunden? Das muß man schließen aus der Art, wie er seine Sympathie für Liesel opfert und Schuld auf sich lädt.

Hubert Gerold erwischt Max Freiberg, der einen stattlichen Hirsch gewildert hat. Er zeigt ihn aber nicht an, weil er annimmt, daß Liesel Max Freiberg das Gewehr besorgt hat; und der Wiener Wilddieb läßt ihn in dem Glauben.

Er meint Liesel (wie Walter Rainer seine Helga Lüdersen) schützen zu müssen. Sein Irrtum entstammt der alten ödipalen Enttäuschung über den Verrat der Mutter, die seinen Vater ihm vorzog: Wenn die erste Frau, seine Mutter, ihn betrog, dann müssen es die späteren Freundinnen auch tun. Hubert Gerold, darf man vermuten, ist seiner Mutter treu geblieben. Das macht seine Einsamkeit und seine Gebremstheit bei Liesel verständlich. Und seine Ersatz-Geliebte ist, das besagt der Filmtitel, dieser Panegyrikus forstlicher Einsiedelei, der „Silberwald": in ihm hat Hubert Gerold die Liebe zu seiner Mutter konserviert. Und übersetzt man Hubert Gerolds Engagement in den Kontext der fünfziger Jahre, dann ist dieser Forstmann der brave Junge, der zu Hause blieb und seiner einsamen Mutter Gesellschaft leistet. Die „Heimat" der Steiermark kompensiert den Defekt einer vaterlosen Familie.

Hubert Gerold, der bei Liesels Großvater den Dienst quittierte, weil er des Wieners Straftat unterschlug, kehrt zu seiner alten Arbeit als Jagdpächter zurück; das Mißverständnis zwischen ihm und Liesel wird ausgeräumt. Das *happy ending* ereignet sich nur im gegenseitigen Anblicken der beiden jungen Leute in der letzten Sequenz: Ein Paar, das sich aus der Entfernung liebt, Heranwachsenden gleich, die die familiären vier Wände nicht zu verlassen wagen.

LITERATUR

1 Willi Höfig: Der deutsche Heimatfilm 1947–1960. Stuttgart: Enke 1973
2 Theodor Eschenburg: Jahre der Besatzung 1945–1949. Geschichte der Bundesrepublik in fünf Bänden. Band 1. Wiesbaden: Brockhaus 1983
3 wie unter 2
4 Sigmund Freud: Der Dichter und das Phantasieren. Gesammelte Werke Band VII. Frankfurt/M.: S. Fischer 1966
5 wie unter 2
6 Helm Stierlin: Der Dialog zwischen den Generationen über die Nazi-Zeit. *Familiendynamik* 1/82
7 Eberhard Jäckel in: wie unter 2
8 Hans-Peter Schwarz: Ära Adenauer 1949–1957. Geschichte der Bundesrepublik in fünf Bänden. Band 2. Wiesbaden: Brockhaus 1981
9 Alexander und Margarete Mitscherlich: Die Unfähigkeit zu trauern. München: Piper 1967
10 H. Brüggemann, u.a.: Über den Mangel an politischer Kultur in Deutschland. Berlin: Wagenbach 1978
11 Erik H. Erikson: Childhood and Society. New York: W. W. Norton 1963; deutsch: Kindheit und Gesellschaft. Stuttgart: Klett-Cotta 1974
12 wie unter 1
13 Sigmund Freud: Zur Einführung in den Narzißmus. Gesammelte Werke Band X. Frankfurt/M.: S. Fischer 1967

HANS DEPPES FILME:
Der Schimmelreiter. D: 1934
Schloß Hubertus. D: 1934
Herr Kobin geht auf Abenteuer. D: 1934
Ferien vom Ich. D: 1934
Nacht der Verwandlung. D: 1935
Die Heilige und ihr Narr. D: 1935
Der mutige Seefahrer. D: 1935

Der Außenseiter. D: 1935
Die Drei um Christine. D: 1936
Straßenmusik. D: 1936
Drei tolle Tage. D: 1936
Der Jäger von Fall. D: 1936
Das schöne Fräulein Schragg. D: 1936/37
Meiseken. D: 1937
Das Schweigen im Walde. D: 1937
Zweimal zwei im Himmelbett. D: 1937
Gewitter im Mai. D: 1937
Narren im Schnee. D: 1938
Scheidungsreise. D: 1938
Die kluge Schwiegermutter. D: 1939
Das Ekel. D: 1939
Verwandte sind auch Menschen. D: 1939
Der Sündenbock. D: 1940
Der laufende Berg. D: 1940/41
Heimaterde. D: 1941
Der Ochsenkrieg. D: 1942
Der kleine Grenzverkehr. D: 1943
Gefährlicher Frühling. D: 1943
Der Majoratsherr. D: 1944
Ein Mann wie Maximilian. D: 1944
Wie sagen wir es unseren Kindern? D: 1944/45
Kein Platz für Liebe. DDR: 1946/47
Die Kuckucks. DDR: 1948
Die Freunde meiner Frau. BRD: 1949
Man spielt nicht mit der Liebe. BRD: 1949
Eine Nacht im Séparée. BRD: 1949
Schwarzwaldmädel. BRD: 1950
Es geht nicht ohne Gisela. BRD: 1951
Grün ist die Heide. BRD: 1951
Der Fürst von Pappenheim. BRD: 1952
Das Land des Lächelns (Regie mit Erik Ode) BRD: 1952
Ferien vom Ich. BRD: 1952
Heimlich, still und leise. BRD: 1953
Wenn der weiße Flieder wieder blüht. BRD: 1953
Die tolle Lola. BRD: 1953/54
Die sieben Kleider der Karin. BRD: 1954

Heideschulmeister Uwe Karsten. BRD: 1954
Der Pfarrer vom Kirchfeld. BRD: 1955
Die Frau des Botschafters. BRD: 1955
Wenn die Alpenrosen blüh'n. BRD: 1955
Sohn ohne Heimat. BRD: 1955
Ihr Leibregiment. BRD: 1955
Der Bauer vom Brucknerhof/Mein Bruder Josua. BRD: 1956
Solange noch die Rosen blüh'n. BRD: 1956
Der Fremdenführer von Lissabon. BRD: 1956
Unter Palmen am blauen Meer. BRD: 1957
Alle Wege führen heim. BRD: 1957
Immer die Radfahrer. Ö: 1958
Dreizehn kleine Esel und der Sonnenhof/Dreizehn alte Esel.
Der Haustyrann. BRD: 1958
So angelt man keinen Mann. BRD: 1959
Mandolinen und Mondschein. BRD: 1959
Kein Mann zum Heiraten. Ö: 1959
Gitarren klingen leise durch die Nacht. Ö: 1959
Wenn die Heide blüht. BRD: 1960
Robert und Bertram. BRD: 1961
Muß i denn zum Städele hinaus. BRD: 1962

Ferdinand macht's
„Sauerbruch. Das war mein Leben" (1953/54)

Das erste Bild dieses Schwarz-Weiß-Films: eine junge Birke auf einem Hügel wird von einem kräftigen Wind zersaust; ein grauer, wolkenreicher Himmel bildet den Hintergrund. Ein Kamera-Schwenk transportiert uns in eine *Großstadt*: eine riesige Baustelle, Gerüste, auf denen Handwerker mauern, zimmern und schleppen; die Kamera-Bewegung hebt uns hoch, als säßen wir in der Kabine eines Riesenrades: im Nachkriegsdeutschland geht es aufwärts. Mark Lothars wuchtige symphonische Musik mit ihren Fanfaren und ihrem stampfenden Rhythmus, die an Hollywoods historische Streifen erinnern, an „Quo Vadis", „Die Zehn Gebote" und „Ben Hur", verleiht diesem Panorama deutscher Emsigkeit einen *drive*, der die Ägypter in Howard Hawks „Land der Pharaonen" (1955) bewegte, als sie die riesigen Stein-Quader für den Pyramiden-Bau heranschleppten und aufschichteten. Die Angaben des Vorspanns laufen ab. Wir werden eingestimmt auf einen westdeutschen Monumentalfilm. „Sauerbruch. Das war mein Leben". Es ist August 1948. Wir sind in Berlin.

Den folgenden Film-Bildern sind leise Töne unterlegt. Wir schauen eine Geschäftsstraße hinunter. Eine Straßenbahn biegt ein. In der Mitte des Bildes wartet eine Frau im hellen Popeline-Mantel; sie kehrt uns den Rücken zu. Als die Bahn näher kommt, rennt die Frau los und stürzt unter den ersten Wagen. Notbremsung. Das vor den Rädern

befestigte Schutzgitter (Prinzip Schneepflug) schiebt sie etwas vorwärts. Eingeklemmt bleibt sie liegen. Passanten schreien auf. Von oben (Höhe: erster Stock) schauen wir auf die Straßenbahn und die aufgeregten Leute, die sich um die Unfallstelle scharen. Der Fahrer und der Schaffner ziehen die junge Frau unter dem Triebwagen hervor. Die Leute rätseln über den Hergang des Unfalls: War das ein Selbstmord-Versuch? Ein Polizeibeamter (in der alten dunklen Uniform mit Tschako und Koppel) kniet neben der Frau. Die Passanten-Gruppe öffnet sich und läßt einen älteren Herrn im hellen Regenmantel in die Mitte; er tippt dem Polizisten auf die Schulter: er soll ihm Platz machen. „Sind Sie Arzt?" fragt ihn der Beamte. „Ja, ja", antwortet der Mann kaum hörbar, unwillig wie jemand, der etwas Selbstverständliches gefragt wurde, und bedeutet dem Beamten mit einer Handbewegung, daß er nicht gestört zu werden wünscht. Es ist still, feierlich still, während er die Gliedmaße und Gelenke der bewußtlosen Frau untersucht. Sie kommt zu sich und schaut den fremden Samariter mit dem großen Schädel und den dunklen Augen an; das Kassengestell aus dunklem Horn wirkt klein in dessen Gesicht.

Einer der Passanten erkennt den Herrn: „Das ist Sauerbruch!" Der Name löst ein Raunen aus. Ein Star wird erkannt. Der berühmte Chirurg aus der Berliner Charité hilft auf offener Straße; der Zufall meint es gut mit der jungen Frau: sie ist in den besten Händen. Sie heißt Olga Ahrends (wie wir später erfahren), dargestellt von der attraktiven Österreicherin Heidemarie Hatheyer (Jahrgang 1919), und sieht aus wie Angie Dickinsons ältere Schwester. Ferdinand Sauerbruch (Ewald Balser, Jahrgang 1898) ordnet den Transport der Verunglückten in seine chirurgische Abteilung an. Er stellt sich dem Polizeibeamten nicht vor. Stars erwarten, daß man sie erkennt. Der Beamte, eingeschüchtert und verlegen, nimmt den Auftrag dieses ihm unbekannten Vorgesetzten entgegen, aber er weiß nicht, mit welchem Dienstgrad er ihn anzusprechen hat, er stockt... einer flüstert ihm vor: „Herr Geheimrat –". Es geht zu wie in der Schulklasse, wenn der neue Schüler dadurch auffällt, daß er den Namen des strengen Klassenlehrers nicht weiß. Betreten steht der Polizeibeamte da. Der Herr Geheimrat Professor Doktor Sauerbruch läßt sich nichts anmerken.

Er verläßt den Unfallort, überquert gelassen die Straße, ohne sich umzuschauen, offenbar erwartet er auch Zurückhaltung von den Autolenkern, sein aufgeknöpfter Regenmantel flattert, und er zieht, während er auf seinen Mercedes 260 zugeht, eine Zeitung aus der Jackettasche. Ferdinand Sauerbruch ist dramatische Situationen gewöhnt. Der Chauffeur öffnet ihm die Wagentür. Sauerbruch richtet sich auf dem Beifahrersitz ein und liest seine Zeitung, deren Format dem Fahrer die Sicht nimmt. „Na, worauf wartest du, wir können fahren". Der Herr Professor verlangt Unmögliches. „Nee", kontert der Chauffeur, „wir können nich, Herr Geheimrat. Entweder Sie lesen die Zeitung oder ick fahre". Seufzend faltet der prominente Chirurg seine großformatige Lektüre zusammen: „Ach, daß du immer recht haben mußt, Ellwein". Die beiden pflegen einen kumpelhaften Ton. Der Star ist gar nicht hochnäsig.

In der Aufnahme der Berliner Charité. Der Fahrer des Krankenwagens meldet: „Selbstmörderin, hat sich vor eine Straßenbahn geworfen". Der Mann vom Aufnahme-Dienst antwortet, ohne von seinen Schreibarbeiten aufzusehen, routiniert: „Psychiatrische". Gemeint ist die psychiatrische Klinik der Charité. Der Fahrer wirft ein: „Aber sie hat auch einen Beinbruch, und der Wachtmeister sagte, sie soll in die Chirurgische". „Seit wann bestimmt das der Wachtmeister? In die Psychiatrische", bestimmt der Mann, „der Beinbruch kann auch da mitgemacht werden". Der Mann telefoniert mit der psychiatrischen Klinik: „Neuer Zugang 26. Selbstmörderin". Der Verteilungsapparat der Charité ist mächtiger als ihr prominenter Chirurg.

Ins große Wartezimmer (das in einen Hörsaal mündet) stürmt der Professor Ferdinand Sauerbruch, der rechte Teil der Schwingtür wird ihm aufgehalten, gefolgt von seinen Mitarbeitern, den Oberärzten und Assistenzärzten, der Stationsschwester (Lina Carstens) und dem Faktotum Kratzer (Otto Gebühr). Sauerbruch hält Visite und Vorlesung. Jovialer Dialog mit seinem alten Assistenzarzt Dr. Winters (Rolf Henninger). „Du bist dünn geworden". „Die Lager in Afrika sind kein Sanatorium, Herr Geheimrat". „Berlin, och nicht, mein Lieber". Ferdinand Sauerbruch provoziert einige chefgefällige Lacher. „Willst du denn wieder bei mir anfangen?" „Wenn ich darf, Herr Geheimrat". Der junge Arzt kriegt vom gutgelaunten Monarchen einen Klaps auf den Oberarm: „Natürlich darfst du. Leute, die was können, dürfen immer". Der Star der Charité ist auch ein unkonventioneller Arbeitgeber.

Zwischen Visite und Vorlesung prüft der Professor noch zum Staatsexamen. Er fackelt nicht lange; er hat auch keinen Protokollanten, der ihn mit einem Examensritual bremsen könnte. Wir erleben eine ad hoc-Prüfung. „Kommt mal her, ihr beiden Figuren. Wer bist du?" Der Student (Hans Quest) absolviert einen militärischen Rapport: „Cand. med. Berthold, Herr Geheimrat, zur chirurgischen Prüfung". „Gut, dann werden wir uns mal gegenseitig auf den Zahn fühlen". Der Professor kündigt einen Wettbewerb, keine Prüfung an: Der Universitätslehrer rivalisiert mit seinen Schülern vor großem Publikum – wie ein Sportlehrer, der einen Abiturienten gegen sich und nicht gegen die Stoppuhr laufen läßt. „Na, und der schöne Mann hier. Was ist mit dir, mein Sohn? Wir kennen uns doch". Der „Sohn" (Ferdinand Anton) ist ein aufgeregter Kandidat, der seinen Rapport herausholpert: „Cand. med. Schneider, Herr Geheimrat, zur Wiederholungsprüfung". Ein leichter Gegner für den Berliner Professor, ein ausgemachter Verlierer: *„Sehr schön.* Na, kannste denn jetzt was?" „Ich hoffe, Herr Geheimrat". „Ich auch". Das medizinische Staatsexamen: eine Zirkusnummer, bei welcher der Dompteur mit spaßigen Tricks triumphiert.

In den Hörsaal, der wie eine Arena mit steilen Sitz-Rängen gebaut ist (Obensitzende müssen schwindelfrei sein), ist ein Krankenbett geschoben, der darin ächzende Patient heißt Morwald (Ernst Waldow). Ferdinand Sauerbruch, ein Ausbund an Aufgeräumtheit, begrüßt ihn mit lauter Fröhlichkeit: „Morwald, alter Knabe, wie gehts denn?" Der stöhnt. Sauerbruch mustert die Röntgen-Aufnahmen und beruhigt den Patienten, und während er die Bilder gegen das Licht hält, schickt er die Oberschwester los, nach Olga Ahrends, die er die „Frau von der Straßenbahn" nennt, zu suchen. Schließlich widmet er sich seiner Aufgabe als Universitätslehrer: „Ja, und du mein Sohn, komm mal her". Der „Sohn" schaut sich irritiert um, ob er gemeint ist. Sauerbruch, mit der wenig ermutigenden Art eines bulldozernden Prüfers: „Na, der schneidige Kandidat da. Ich schiele doch nicht, Mensch". Lachen im Publikum über den linkischen Studenten, dem man nicht ansieht, daß er sich bis zum Staatsexamen vorstudiert hat.

Der Prüfling Schneider hat die Thorax-Aufnahmen des Patienten Morwald zu kommentieren. Er macht seine

Sache schlecht; er geht in die Knie, ein ausgeknockter Junge, der darum bittet, nicht länger gedemütigt zu werden: „Herr Geheimrat, ich habe mich diesmal mehr auf die Gelenke und die Extremitäten spezialisiert. Im Innenraum, das gebe ich zu, bin ich aber noch nicht so zu Hause". „Mußt du aber, Mensch!" lautet des Professors öffentlicher Anpfiff. „Wenn du nun Landarzt bist da draußen, irgendwo, und es kommt einer mit einer Blinddarm-Entzündung, ja, dann kannst du doch nicht Hände und Füße abschneiden, bloß weil du im Innenraum nicht zu Hause bist! Nee, nee, mein Lieber, so kann ich dich nicht auf die Menschheit loslassen. Ganz gleich, worauf einer spezialisiert ist, ein Röntgen-Bild muß er lesen können". Der Prüfungskandidat, der zum kleinen Jungen wird, weil er noch nicht einmal das Einmaleins beherrscht, ist durchgefallen. Bislang hat er sich mit dem Verkauf von Zigaretten, unserer Nachkriegswährung vor der Währungsreform, seinen Lebensunterhalt verdient; die soll er weiterverkaufen, rät ihm der polternde Professor, und in drei Monaten, gut vorbereitet, wiederkommen. Seine *show*-Lesung beendet Ferdinand Sauerbruch mit diesem Credo, vom obersten Rang schauen wir auf ihn hinunter: „Meine Herrschaften, es geht das Gerücht um, daß ich ein Feind des Röntgen-Bildes bin. Das bin ich keineswegs. Ich bin aber der Meinung, daß ein Arzt zunächst mal seinen Augen, seinen Händen, seinem Geschmack, seinem Geruch, überhaupt allen seinen Sinnen vertrauen muß, bevor er das Röntgen-Bild als letzte Klärung zu Rate zieht. Er muß es lesen können bis in alle Feinheiten, aber er darf sich die Diagnose nicht vom Röntgenbild abnehmen lassen". Dieser Chirurg läßt sich nichts einreden.

Ferdinand Sauerbruch hat den anderen Kandidaten, der beim Patienten Morwald eine Zyste diagnostizierte, die auf dessen Herzmuskel drückte, bestehen lassen; die Operation der Zyste will er am nächsten Tag vornehmen.

Olga Ahrends ist in der psychiatrischen Klinik aufgenommen worden; sie liegt in einem Einzelzimmer. Der Oberarzt (Charles Regnier) exploriert sie: „Wollen Sie uns wenigstens nicht Ihren Namen sagen?" Er umfaßt ihren Unterarm, eine zudringliche Geste, die Olga Ahrends nicht zum Sprechen bewegt. Er zieht seine Hand abrupt zurück, ein Arzt, der sich wenig Zeit nimmt, das Zutrauen seiner Patienten zu gewinnen: „Na schön. Ich komme noch einmal wieder, vielleicht haben *wir* es uns dann anders überlegt". Er verläßt das Zimmer. Die ihn begleitende Oberschwester (Hilde Körber), eine furchteinflößende Frau, bleibt für einen Augenblick und droht Olga Ahrends an, daß, wenn sie nicht sprechen wolle, sie Mittel wüßten, sie zum Sprechen zu bringen. Alleingelassen, schluchzt Olga Ahrends in ihre Bettdecke hinein. Sie ist in eine Terror-Herrschaft geraten.

Ferdinand Sauerbruch untersucht, weiterhin in Gegenwart seiner studentischen Zuhörerschaft, einen etwa dreißigjährigen Mann (Hans-Christian Blech). Sein gerade eingestellter Assistenzarzt Dr. Winters berät ihn: Er diagnostiziert ein Sarkom. Der Professor gibt die Diagnose an seine Zuhörer weiter: „Ein Sarkom, meine Herrschaften. Bitte Sie sich das Röntgenbild nachher zu betrachten". Eine schwulstige Empfehlung, die Ferndinand Sauerbruch ausspricht, ein Kontrast zu seinem üblichen robusten Umgangston. Er fordert Dr. Winters auf: „Sag unserem jungen Freund, was los ist. Unter einem Sarkom kann *er* sich nichts vorstellen. Sag *ihm* die Wahrheit. *Er* muß es ja wissen". Der Dialog zwischen den beiden Ärzten zerrt die zweite Leidensgeschichte in die Öffentlichkeit der Vorlesung, in welcher der Patient wie ein Gegenstand behandelt und über ihn wie einen Abwesenden gesprochen wird: der Patient als (taktlose) Illustration. Der Mann (dessen Namen wir nicht kennen) erfährt, daß sein Oberschenkelknochen von einer bösartigen Geschwulst zerstört ist: sein Bein muß amputiert werden. Er ist verzweifelt; als Metallarbeiter müsse er seine Arbeit stehend verrichten; den Krieg habe er heil überstanden, aber jetzt verliere er sein Bein. Sauerbruchs Kommentar: „Das haben Tausende im Krieg durchgemacht, mein Junge, und sie leben doch und arbeiten".

Die Oberschwester hat Olga Ahrends nicht gefunden. Ferdinand Sauerbruch blafft sie an. Das Mißverständnis klärt sich: Jene „Frau von der Straßenbahn", die Sauerbruch zu suchen aufgab, ist mit der „Selbstmörderin" identisch, die in die psychiatrische Klinik eingewiesen wurde. Damit ist Sauerbruch überhaupt nicht einverstanden – wütend stürmt er los, seinen Kittel, den er im Laufschritt auszieht, fängt ein Assistenzarzt auf: „Was – in die Psychiatrische? Die sind wohl wahnsinnig! Die sollen die Frau sofort rausgeben!" Der Professor macht sich auf, seine Patientin aus dem psychiatrischen Verließ zu befreien.

Die Klinikchefs, der Chirurg und der Psychiater, treffen sich mit ihrem Gefolge, in einer riesigen Halle der Charité: wie die zwei Rivalen zum *showdown* in dem Historien-Western „Der Untergang des römischen Reiches" (Anthony Mann, 1964). Der Psychiater (gespielt von Erich Ponto, dem trotteligen Lehrer in der 1944 entstandenen „Feuerzangenbowle") holt aus: „Chirurgen sind unfehlbar. Die wundern sich nur, wieviel man von einem Menschen wegschneiden kann, ohne ihn umzubringen". Der Chirurg kontert: „Der Mensch erträgt viel: Chirurgen, Erdbeben und Kriege. Aber die Psychiatrie wird ihn umbringen. Ich habe beobachtet, je mehr Psychiater es gibt, desto mehr Verrückte findet man. – Jetzt will ich die Patientin sehen!" Aber zuerst muß Ferdinand Sauerbruch den Bericht des Oberarztes (Charles Regnier) anhören, der Olga Ahrends psychischen Befund referiert mit der psychiatrischen Diagnose: endogene Depression, und ihren Oberschenkelbruch als leichte Fraktur diagnostiziert. Daß ein Psychiater sich in seine Belange einmischt, versteht der prominente Chirurg als Sakrileg: er putzt den Oberarzt der psychiatrischen Klinik herunter. Schließlich spricht Ferdinand Sauerbruch mit Olga Ahrends, die ihm erleichtert und bereitwillig die Geschichte ihrer häufigen leichten Unfälle, die schwere Knochenbrüche verursachten, erzählt. Behutsam tastet er ihren, nur dem Kamerablick freigegebenen Oberschenkel ab: Eine schamhafte Szene mit einem gschamigen Chirurgen, der sich nicht traut, die Bettdecke zurückzuschlagen – offenbar wollen der Schauspieler Ewald Balser und der Regisseur Rolf Hansen den Eindruck vermeiden, der Herr Geheimrat könnte an Heidemarie Hatheyers Beinen interessiert sein und Olga Ahrends vergessen. So ängstlich war das Kino der fünfziger Jahre bei uns.

Die Auffassung des Psychiaters, daß Olga Ahrends an einer neurotischen Fallsucht leide, läßt Ferdinand Sauerbruch nicht gelten; er vermutet eine Stoffwechselstörung. Aber zuerst bleibt Sauerbruch mit seiner Diagnose allein: die Untersuchung des Gewebestücks, aus Olga Ahrends Oberschenkel entnommen, ergibt den gleichen Befund wie bei dem dreißigjährigen Metallarbeiter – ein Sarkom. Das ist auch die Meinung seiner chirurgischen Kollegen. Ferdinand Sauerbruch behält recht. Erst die zweite Untersuchung im pathologischen Labor der Charité bestätigt Sauerbruchs intuitive Diagnose einer Ostitis fibrosa (die vom Straßburger Pathologen F.D. von Recklinghausen,

1833–1910, zuerst beschrieben wurde), einer Systemerkrankung auf Grund einer endokrinen Störung des Mineralstoffwechsels: die Ursache der Knochenzysten bei Olga Ahrends. Verursacher ist die Nebenschilddrüse, welche der jungen Frau herausoperiert werden muß. Ihr Bein muß nicht, wie im Fall des Metallarbeiters, amputiert werden. Ferdinand Sauerbruch rettet die hübsche Olga Ahrends ein zweites Mal. Triumphierend tanzt er mit seiner Sekretärin durch sein Arbeitszimmer. „*Wir* wissen es besser als *alle* Mikroskope!" ruft er aus. „*Wir* haben recht! *Wir* haben recht!"

Daß ein Wissenschaftler die Bestätigung seiner Hypothese feiert, ist verständlich. Daß ein Wissenschaftler seine Entdeckung als einen Sieg über seine Kollegen versteht, die er, so muß man vermuten, für seine Gegner hält, ist bemerkenswert. So klingt ein Junge (im vorpubertären Alter), der seine Unterlegenheit in seinen Tagträumen wegphantasiert, kein Erwachsener. Sauerbruch schlägt jene Ärzte, die mit optischen Geräten die Entwicklung des medizinischen Fachs vorantreiben. David schlägt Goliath. Ferdinand Sauerbruch, von seiner korrekten Diagnose beschwipst, feiert, vor seiner Sekretärin und vor seinen Assistenzärzten, seine wahr gewordene Größenphantasie: Ferdinand ist der Beste. So triumphiert jemand, der lange Zeit nichts zu triumphieren hatte. Ähnlich triumphierte übrigens Westdeutschland, als Helmut Rahn, der „Boß", unser Rechtsaußen in der bundesdeutschen Elf, in der 84. Minute des Endspiels zur Fußball-Weltmeisterschaft im schweizerischen Bern sich zum ungarischen Tor-Raum durchdribbelte und den entscheidenden Treffer markierte. Der Jubel über die gewonnene Weltmeisterschaft war gewaltig; er ist noch immer zu vernehmen. Er übertönt die Freude über die zwanzig Jahre später noch einmal gewonnene Fußball-Weltmeisterschaft. Westdeutschland war (und wird vielleicht wieder, so der Teamchef Franz Beckenbauer kann) fußballerisch Erster: besser als alle anderen Konkurrenten.

Das Endspiel zur Fußball-Weltmeisterschaft fand am 4. Juli 1954 statt. Der Rolf-Hansen-Film „Sauerbruch. Das war mein Leben" wurde am 13. August 1954 in West-Berlin uraufgeführt. Zum sportlichen *champion* gesellte sich in Westdeutschlands Kinos der medizinische *champion*. Zwei Jahre zuvor hatte der mitteldeutsche Gutsbesitzer Lüder Lüdersen darüber gewütet, „alles verloren" zu haben; sein Leben zählte er nicht mit. Im Sommer 1954 frohlockte Ferdinand Sauerbruch, es besser zu wissen als „alle Mikroskope".. Der bundesdeutsche *unterdog* reckt nach der Niederlage und Aufteilung Deutschlands seinen Kopf; der Verlierer macht einen Punkt. Es ist nicht nur das Vergnügen des Gewinners, welches Ferdinand Sauerbruch jauchzen läßt – sein Jubel enthält eine Technik-Aversion, einen Trotz. Er hat mit einer deutschen Tradition, mit dem großartigen Bild vom deutschen Volk der Dichter und Denker (nicht der Naturwissenschaftler), aber vor allem mit dem *plot* des Films zu tun: der Rolf-Hansen-Streifen lebt von einer dramatischen Rettungsphantasie. Die Vergangenheitsform im Titel „Sauerbruch. Das war mein Leben" signalisiert eine Dringlichkeit: dieser Arzt zieht zum Endspurt an. Es geht um die hübsche, zum Selbstmord-Versuch verzweifelte Olga Ahrends. Zuerst sorgt Ferdinand Sauerbruch für deren Einweisung in seine Abteilung, dann befreit er sie aus den schmutzigen Händen der Psychiater, kämpft gegen die falsche Sarkom-Diagnose, welche die Amputation bedeutet hätte, und operiert das krankhafte Epithelkörperchen der Nebenschilddrüse heraus: Olga Ahrends, Mutter von zwei Kindern, kehrt geheilt zu ihrem Mann (Wolfgang Borchert), der sie aufgegeben hatte, zurück.

Die Geschichte der Rettung Olga Ahrends, als eine Episode im Anhang von Ferdinand Sauerbruchs Autobiographie (die vom *ghostwriter* Albert Schwertfeger aufbereitet wurde) abgedruckt, hat der Drehbuchautor Felix Lützkendorf zur wichtigsten Geschichte erweitert; sie ist das spannende Zentrum des Films. Ferdinand Sauerbruch (Jahrgang 1875) ist (im Film) 73 Jahre und Heidemarie Hatheyer (im Film) 33 Jahre alt. Ferdinand Sauerbruch, das legen die ersten Bilder von der Begegnung am Unfallort nahe, mag Olga Ahrends sofort; eine milde Verliebtheit wird angedeutet. Wieso auch nicht. Außerdem gehen wir ja deswegen ins Kino. Sauerbruch vergißt Olga nicht, während er seinen Aufgaben bei der Visite, der Vorlesung und den Examensprüfungen nachgeht; mehrmals beauftragt er die Oberschwester, sie in der Charité ausfindig zu machen – wie ein Mann, der seine verlorene Geliebte sucht. Ferdinand Sauerbruchs erotische Interessen sind im *plot* weggefiltert; aber sie beflügeln ihn zu der fixen Diagnose der (schwer zu erkennenden) Ostitis fibrosa: Diese hübsche Frau, bewußtlos vom Sturz unter die Berliner Tram, ein attraktives Opfer (das in einem Alfred Hitchcock-Thriller nicht so vorsichtig-scheu geborgen worden wäre), sie muß ihre Beine behalten, darin stimmen wir (die des Chirurgen Zuneigung teilen) Ferdinand Sauerbruch zu. Heidemarie Hatheyer bleibt unversehrt. Das Kino ist voll von aufopferungsvollen Rettungsgeschichten. In Alfred Hitchcocks „North by Northwest" (1959) mausert sich Roger Thornhill (Cary Grant) zum Befreier der knallblonden US-Agentin Eve Kendall (Eva-Maria Saint) aus den Klauen der Spionage-Organisation des sinistren Philipp Vandam (James Mason). Sigmund Freud hat das Bemühen um Rettung als eine ödipale Phantasie verstanden, in der der Wunsch steckt, mit der erlösten Geliebten die an den Vater verlorene Mutter zurückzuerobern. Die Mutter läßt sich nicht gewinnen, wohl deren Ersatz. Roger Thornhill bewahrte Eve Kendall vorm Absturz von den Felsen von Mount Ruhsmore, diesem Prinzen, Mutters Liebling, gelang es. Was ist mit Ferdinand Sauerbruch?

Der Herr Geheimrat arbeitet mit seinen Mitteln. Mikroskopische Untersuchungen bremsen seinen Rettungselan nur. Der Chirurg hat es eilig mit der Diagnose. Er will Olga Ahrends schnell helfen, weil er, wie wir in einer rührenden Szene erfahren, eine ödipale Mission zu erfüllen hat. Bei einer Visite bemerkt Olga Ahrends zu ihm: „Sie sind reich. Sie haben keine Sorgen". Sie lebt in bescheidenen Nachkriegsverhältnissen. Ferdinand Sauerbruch verteidigt sich dieser 33jährigen Frau gegenüber, die zur überlegenen Gesprächspartnerin wird: „Ich habe auch schwer arbeiten müssen. Mein Vater ist früh gestorben. Ich wuchs bei meinem Großvater auf, der war Schuhmacher. Und da in dem Laden kniete meine Mutter und schnürte den Leuten die Schuhe auf, tagaus, tagein". Olga Ahrends lächelte ihn an, erstaunt und liebevoll zugleich bemerkt sie: „Hat Ihre Mutter noch erlebt, was aus Ihnen geworden ist?" Ferdinand Sauerbruch lächelt, er nickt und brummt: ein zufriedener, ein guter Junge, wie stolze Mütter ihre folgsamen Söhne zu preisen pflegen, einer, der nicht richtig erwachsen wurde.

Die Szene beschreibt das problematische Glück des 73jährigen Jungen: Vaterlos aufgewachsen, ist er der Delegierte seiner Mutter, dazu beauftragt, sie mit ihrem kleinbürgerlichen Status zu versöhnen. Das Thema westdeutscher Nachkriegsfilme, die Rekrutierung der Kinder aus elterlicher Not und Einsamkeit, haben wir hier wieder vor uns. Wir lernen Ferdinand Sauerbruchs Mutter nicht kennen, aber aus der Qualität seiner Beziehungen, welche der Film schildert, läßt sich dessen tiefe Bindung erschließen. Sie ist verantwortlich für Ferdinand Sauerbruchs jugendhaftes Entwicklungsniveau. Sauerbruch, dieser polternde, schnauzende und robustfreundliche Geheimrat führt sich wie ein verwöhnter, aufsässiger Bengel auf, der Mutters Zustimmung gewiß, seinen Launen und Vorlieben nachgibt und seine Umgebung terrorisiert. Männlich wirkt Ferdinand Sauerbruch nicht. Margot Sauerbruch (Maria Wimmer), seine um Jahrzehnte jüngere Frau, behandelt er wie eine gute Schwester. Er ist seiner Mutter treu geblieben.

Die folgende Szene illustriert Ferdinand Sauerbruchs psychische Bindung. Am frühen Abend eines langen Arbeitstages: Sauerbruch ist mit seiner Frau verabredet; ihren zehnten Hochzeitstag wollen sie feiern. Er ist zufrieden, weil er zeitig fertig wurde. Er sitzt in seiner Chauffeur-gesteuerten Limousine, der Portier öffnet das Gittertor der Charité – da stoppt ein älterer Mann, der einen Korb unter den Arm geklemmt hat, den Mercedes: Der Herr Geheimrat müsse sofort helfen oder es habe „alles keinen Zweck mehr". Ferdinand ist dazu erzogen worden, schwierige Aufträge zu erfüllen. Sauerbruch, vom dringlichen Ansinnen gepackt, verlangt von seinen Chauffeur zu halten. „Was hat keinen Zweck mehr?" fragt er interessiert. Er schwankt zwischen seiner Absicht, pünktlich seine Frau zu begrüßen, und seinem Wunsch, (für seine Mutter) großartig zu sein. Der Mann trägt in dem Korb einen Siam-Kater. Sauerbruch lacht; er empfiehlt einen Tierarzt. Davon will der Mann aber nichts wissen: nur der Herr Geheimrat könne seinem Kater helfen, ein Tierarzt würde ihn umbringen. Als Allround-Chirurg komplimentiert zu werden – dieser Rettungsmission kann Ferdinand Sauerbruch nicht widerstehen. Natürlich hat er sofort diagnostiziert, was den Kater plagt: „Ein Bauchbruch, stark verklemmt. Der geht *uns* wirklich noch heute drauf, wenn *wir* nicht gleich –" „Bitte", drängt ihn der Katzen-Besitzer. Selig lächelnd steigt Ferdinand Sauerbruch aus seinem Wagen: „Ja, da *muß* ich wohl – da kommen Sie mal mit, Sie oller Katzen-Vater".

Der gute Junge *muß* sich anstrengen: delegierende Mütter sind nicht zufriedenzustellen. Der Portier meldet die Rückkehr des Chefs. Dessen Mannschaft (die sich auf einen frühen Feierabend freute) erwartet eine komplizierte Operation und präpariert sich entsprechend. Blutkonserven werden bereitgestellt. Die Ernüchterung ist groß, als eine Katze im Körbchen entdeckt wird. Ferdinand Sauerbruch, die Überraschung seiner Mitarbeiter nutzend: „Macht doch die Augen auf! Das ist ein Kater!" Der Oberarzt ist auch ein Profi: „Ein eingeklemmter Bruch", ertastet er, „Donnerwetter!" Dem Siam-Kater wird schnell geholfen. Kein Problem für das Team der Berliner Charité. Der Katzen-Züchter ist überglücklich.

Ferdinand Sauerbruch wünscht sich von ihm, anstelle eines Honorars: „Eine schöne Siamesin aus der nächsten Produktion. Jetzt kann er wieder…"

Diese Szene findet in der Mitte des Films statt. Auch sie hat eine wärmende, bewegende Qualität. Ferdinand Sauerbruch erfüllt die mütterliche Mission. Es tut gut, wenn man seine Eltern mit sich einverstanden weiß. Die Erledigung des elterlichen Auftrags ist der Moment einer Versöhnung, einer späten Umarmung. Sauerbruchs Mutter ist seit vielen Jahren tot (sie starb, was im Film nicht erwähnt wird, 1920, achtzigjährig); mit der Arbeit in der Berliner Charité hält er die Beziehung zu ihr am Leben. Die Charité ist sein

Mutter-Ersatz; für sie läßt er seine Frau Margot warten. Die Charité ist seine – *Heimat*. Heimat: ist in Westdeutschlands Kinofilmen nicht nur der landschaftliche Raum (das natürlich auch), sondern das Drama einer familiären Bindung, die aufzulösen den Leinwand-Protagonisten schwerfällt. Im Hans Deppe-Film „Grün ist die Heide" sorgt sich der Förster Walter Rainer um den Heide-Wald, dieses niedersächsische Bild einer Mutter-Bindung, aus der ihn Helga Lüdersen befreit, und im Alfons Stummer-Film ist es der steierische Silberwald, welcher die Mutter-Metapher abgibt. In den *Heimat*filmen sind die guten Söhne versammelt, die Väter haben ausgedient. Ob die Väter eine Chance bekommen in den Kinostreifen der fünfziger Jahre?

Die Szene von der Rettung des Siam-Katers ist noch in anderer Hinsicht bedeutsam. Die Phantasie einer sozialen Harmonie, die wir aus „Grün ist die Heide" (und der politischen Rhetorik der „sozialen Marktwirtschaft") kennen, kehrt hier wieder, ruppig variiert. Der „kleine Mann", unsere Vokabel für das kränkende soziale Stigma, wird vom Herrn Geheimrat mit schnoddrigem Siezen respektiert. Ferdinand Sauerbruch, bedeutet der Rolf-Hansen-Film, der Chirurg mit dem großbürgerlichen Lebensrahmen, ist ein Kleinbürger geblieben; ein Berliner Robin Hood, der sich nichts sagen läßt und der mit seinem duzenden Umgangston vor allem den Status seiner akademischen Kollegen verhöhnt. Die Diva der Charité ist ein sozialer Rache-Engel; im habilitierten Akademiker steckt ein Steine-werfender Schlingel, der ebenso verwandt ist mit dem Kino-Friedrich I. von Preußen (Emil Jannings in Hans Steinhoffs „Der alte und der junge König"), der in seiner Kameraden-Runde fröhlich rülpst, wie mit dem Wienerischen Erzherzog (Paul Hörbiger in Wolfgang Liebeneiners „Sebastian Kneipp – Ein großes Leben", 1958), der sich im

Biergarten auf eine Schweinshaxe (vergeblich) stürzt. Die hohen Herren sind robuste Burschen, die sich das Speisefett mit dem Handrücken, nicht mit der Serviette von den Lippen wischen: ein deutscher Traum, der, das ist schon gesagt worden, nicht nur in den Filmtheatern geträumt wurde, von der Verwandlung der Mächtigen. Ferdinand Sauerbruch verbreitet auf seinen Visiten, bei seiner Vorlesung und den Examina das Vergnügen, das in westdeutschen Kino-Klamotten genossen wurde: Den Spaß daran, daß die sozialen Gefüge unserer Republik für neunzig Minuten kräftig durchgeschüttelt wurden – Westdeutschlands Herren kriegen so ihr Fett weg (Siehe „Natürlich die Autofahrer!" S. 239). Aber nur auf eine augenzwinkernde Weise: denn der in diesem Kino-Traum enthaltene Protest hat das Niveau jugendlicher Streiche, dieser Form pubertärer Auflehnung, zu der die anschließende Unterwerfung gehört: ein folgenloser Protest. Das westdeutsche Kino der fünfziger Jahre ist auch ein depressives Kino, es war aggressiv gehemmt. Es paßte zu einem verängstigten, verschämten Land.

Die Phantasie der sozialen Harmonie soll näher betrachtet werden. Ferdinand Sauerbruch, der in den zwanziger und dreißiger Jahren (auch dies bleibt unerwähnt) wohlhabend wurde, ist ein sozialer Aufsteiger. Wie die Bundesrepublik, die Mitte der fünfziger Jahre enorm zu prosperieren begann und *success stories* produzierte: Max Grundig, Carl Borgward, Rudolf August Oetker und Josef Neckermann sind die Namen, welche Westdeutschlands plötzlichen Reichtum illustrieren. Der durchschnittliche Bundesbürger lebte in dieser Zeit bescheiden, aber verglichen mit seinen europäischen, vor allem mit seinen mitteldeutschen Nachbarn ging es ihm gut. Oder etwa nicht? Etwas in der

Figur des Ferdinand Sauerbruch behauptet etwas anderes.

Zur Operation von Olga Ahrends muß auch ihr Mann zustimmen. Sauerbruch hatte ihn angeschrieben, er war in die Charité gekommen, aber gegangen, bevor der Chirurg ihn sprechen konnte. Ferdinand Sauerbruch sucht Herrn Ahrends in dessen Wohnung auf und läßt sich von ihm die für die Operation notwendige Erklärung unterschreiben. Herrn Ahrends Einwand, daß er die Operation nicht bezahlen könne, wischt Ferdinand Sauerbruch mit dem Argument beiseite, daß er sich sein Honorar bei einem wohlhabenden Patienten schon holen werde. Diese Episode (wie die mit dem Katzen-Züchter) enthält die Sehnsucht nach einer solidarischen Gemeinschaft. Sehnsüchte wirken, weil sie aus frühen Kinderjahren stammen, oft naiv, für einen Erwachsenen unpassend. Dennoch sind sie wirksam. Man sollte sie nicht geringschätzen; sie halten einen am Leben. In seinen „Papieren eines bejahrten Philosophie-Studenten" schrieb Ludwig Marcuse, daß es reaktionär sei, die einfachen Bedürfnisse reaktionär zu nennen. Es sei daran erinnert, daß die Nachkriegszeit, die Jahre zwischen 1945 und 1948, *etwas* von einer Trost-Gemeinde hatte, für welche die Großfamilie das Vorbild war: die eine Generation hilft der anderen aus. Die Währungsreform war eine für die Bundesrepublik Deutschland folgenreiche Zäsur: Von Juni 1948 an ging es ökonomisch aufwärts – mit den psychosozialen Komplikationen, die Neureiche durchmachen. Man muß den Rolf-Hansen-Film „Sauerbruch. Das war mein Leben" als ein Dokument dieses Unbehagens ansehen. Ferdinand Sauerbruch, mit dem herrschaftlichen Lebensrahmen, den Dienstboten und dem Chauffeur eines schweren Mercedes, hat sich weit entfernt von der großväterlichen Schuhmacher-Werkstatt. In seinen Beziehungsformen aber, und daraus bezieht der Film seine Spannung und seinen Spaß, ist er seiner Herkunft treu geblieben: den Psychiater-Kollegen schurigelt er, den „ollen Katzen-Vater" mag er. Aufsteiger sitzen zwischen den Stühlen: die Familienwohnküchen ihrer Eltern sind nicht salonfähig, aber in ihren Salons fühlen sie sich auch nicht wohl, weil sie ihren Schlips nicht abzulegen wagen.

Ein Jahr nach dem „Sauerbruch"-Film kamen Kurt Hoffmans „Drei Männer im Schnee", zu dem Erich Kästner das (gute) Drehbuch (zu seinem 1934 geschriebenen Roman) beisteuerte, in die Lichtspieltheater. Der Herr Geheimrat Dr. Dr. Eduard Schlüter (Paul Dahlke), ein Großindustrieller vom Format eines Friedrich Flick, gewinnt den zweiten Preis im hauseigenen Preisausschreiben: eine zehntägige Reise in die Alpen, die Unterkunft ist ein piekfeines Hotel. Der Millionär Schlüter stapft mit Pudelmütze, altmodischen Ohrenschützern und einem abgetragenen Koffer vor die Rezeption und muß sich für die Zeit seines Aufenthalts von der Hotelleitung, seiner vermeintlichen Armut wegen, kujonieren lassen. Den ersten Preis gewinnt ein arbeitsloser Werbefachmann, der Doktor Fritz Hagedorn (Claus Biederstaedt), der bei seiner verwitweten Mutter lebt und der im Hotel für einen Millionär gehalten und hofiert wird. Versehentlich; denn der Hoteldirektor hatte den Anruf der Angehörigen des Doktor Schlüter (die ihrem Herrn Geheimrat das Schicksal eines armen Mannes ersparen wollten) mißverstanden und mit Fritz Hagedorn in Verbindung gebracht. Der Dritte im Bunde ist der Diener des Großindustriellen, Johann Kesselhut (Günther Lüders), eine Not-Eskorte, als reicher Unternehmer getarnt. Die drei freunden sich an. Die sozialen Rollen sind vergnüglich vertauscht. Der Spaß des Films, auch von einer Rache-Phantasie unterfüttert, besteht in der Demontage des aufgeblasenen Hoteldirektors (Hans Olden), des Repräsentanten eines inhumanen Reichtums. „Armut ist doch eine Schande", heißt es an einer Stelle. Man kann sie nur ertragen, muß man dieses Zitat übersetzen, wenn man reich ist. Eine bittere Kino-Bilanz für die Bundesrepublik Deutschland. Der Film tröstet diesen Eindruck mit einem *happy ending* weg: Fritz Hagedorn kriegt Eduard Schlüter, der ihm beim nächtlichen Schneemann-Bau das Du anbot, zum Schwiegervater. Und wie so viele westdeutsche Kino-Märchen enthält auch der Hoffmann-Kästner-Film die Klage: über den die Bundesrepublik entfremdenden Reichtum. Sie ist das Thema des Jean-Marie-Staub-Film „Nicht versöhnt" (1965), kein Kino-Märchen, der Verfilmung des Heinrich-Böll-Romans „Billard um halbzehn" (1959): die Korruption der Bundesdeutschen, die ihre Vergangenheit abstreifen wie ein abgewetztes Jackett und sich den Manieren der Oberkellner anpassen, die auch die Manieren des Hoteldirektors sind, welche das Männer-Trio 1955 unterlief. Westdeutschlands Filme träumen hier und da, das Tempo des sogenannten Wirtschaftswunders – auch eine Scham-Vokabel: als sei der wirtschaftliche Erfolg unserer Republik ein unverdientes Glück – abzubremsen. Es blieb zumeist beim Träumen.

Schauen wir ein letztes Mal in den Rolf-Hansen-Film hinein. Betrachten wir noch einmal die den Film tragende Rettungsphantasie. Wir kehren zu der Szene zurück, in der Ferdinand Sauerbruch der Patientin Olga Ahrends von seiner Herkunft erzählte; von der Schuhmacher-Werkstatt, in der seine Mutter arbeitete, von seiner Vaterlosigkeit. In dieser Szene versucht ein 73jähriger Bub, eine 33jährige Frau zu trösten; man kann sich vorstellen, daß Ferdinand Sauerbruch so seine Mutter zu trösten suchte. Olga Ahrends hatte zu ihm gesagt: „Sie sind reich. Sie haben keine Sorgen". Ihr Neid auf den begüterten Arzt ist unüberhörbar. Sauerbruchs Geschichte seines mühsamen Aufstiegs kommentiert sie, unzufrieden und aufreizend fatalistisch: „Sehen Sie – bei Ihnen ist es *immer* vorwärts gegangen, bei mir geht's *nur* runter". Wir kennen diese untergründig wütenden Töne, welche in diesen hermetischen Adverbien „immer" und „nur" anklingen (für Argumente unzugänglich): So klagte Lüder Lüdersen, daß er „kein Mensch mehr" sei, weil er kein Gutsbesitzer mehr war. Er war an einer Melancholie erkrankt, die ihn zum Wildern trieb; so rächte er sich für die Kränkung, ein *Vertriebener* zu sein. Das Gefühl des Gekränktseins und die damit verbundene stille Wut beherrschen die Stimmungslage des Rolf-Hansen-Films. Eine Kränkung, bemerkte Sigmund Freud, sei ein stilles Leiden: Ohnmächtig müsse man eine psychische Verletzung hinunterschlukken. Und eine Kränkung, schrieb Heinz Kohut (1), nähre den Wunsch nach Vergeltung. Lüder Lüdersen zog mit seinem Gewehr in den Heide-Wald. Ferdinand Sauerbruch feiert Triumphe der Schadenfreude. Und Olga Ahrends? Sie ist so wütend, aber so depressiv-gehemmt, daß sie sich antut, was sie anderen zufügen möchte: sich auf mörderische Weise zu rächen. Dreimal, heißt es ihm Film, habe sie sich umzubringen versucht.

Was könnte Olga Ahrends so aufgebracht haben? Ist es die Ostitis fibrosa, diese geheimnisvolle Krankheit, die (vor Ferdinand Sauerbruch) niemand erkannt hatte? Aber der Metallarbeiter, dessen Bein amputiert wird, reagiert anders: dessen Verzweiflung weist keine (selbst-)mörderischen Züge auf. Eine psychoanalytische Regel lautet: An ihren Tonlagen sollt ihr sie erkennen. Olga Ahrends hört sich an wie Lüder Lüdersen. Hat sie, durch Deutschlands Katastrophe, auch einen verletzenden Status-Verlust zu beklagen? Man muß es vermuten; denn ihre Enttäuschung über ihre jetzige ärmliche Lebenssituation besagt, daß sie vor dem Krieg, als sie heiratete, in guten sozialen Verhältnissen lebte. „Bei Ihnen ist es *immer* vorwärts gegangen, bei mir geht's ja *nur* runter": Olga Ahrends stand früher auf der sozialen Leiter weiter oben, als es ihre heutige Wohnung in Berlin-Wedding, keine für Klassen-Empfindliche präsentable Adresse, andeutet. Vielleicht erging es Olga Ahrends wie vielen jungen Frauen im Dritten Reich: die sich in schmucke Männer verguckten, die Nazi-Versprechen für eine Zukunft hielten und nach dem Krieg entdeckten, daß die Uniformen ihrer Männer im Nachkriegsdeutschland nichts wert waren – ein Schock. Olga Ahrends, Mutter zweier Kinder, Fritz, der etwa zehn, und Renate, die etwa sieben Jahre alt ist, diese attraktive Frau, sitzt heute in einer Arbeiter-Wohnung wie ein Aschenputtel ohne Hoffnung.

Nicht ganz, zeigt der Rolf-Hansen-Film. Denn ein psychisch junger, aber physisch im Pensionsalter befindliche Prinz macht sich auf, Olga Ahrends von ihrem Kino-Schicksal zu erlösen. Es geht um Trost und Beruhigung und um Versöhnung mit der westdeutschen Gegenwart. Wir erkennen das Muster: Helga, die Prinzessin aus „Grün ist die Heide", bewahrt ihren Vater vor einem kriminellen Lebenslauf; Ferdinand, Mutters Prinz, seit Kinderzeiten für sie im Einsatz, bewahrt Olga Ahrends vor der vierten Verzweiflungstat. Und er befreit sie aus der psychiatrischen Abteilung der Charité, die, mit dem kühleleganten Charles Regnier als Oberarzt und der unheimlichen Hilde Körber als Oberschwester, wie ein Mini-KZ ausschaut. Über die psychische Robustheit der Westdeutschen, die nach 1945 angeblich zur Tagesordnung des Wiederaufbaus übergingen, hatten sich Alexander und

Margarete Mitscherlich gewundert. Aber die Westdeutschen waren in großer Not. Peter Rubeau und Wolfgang Westermann vermuten zu Recht, daß nach 1945 „die kollektiven und persönlichen Schuldgefühle ungeheuer belastend gewesen sein müssen" (2). Die Angst, im psychiatrischen KZ zu verschwinden, ohnmächtig verfrachtet (aus der der Film in der ersten Hälfte seine starke Spannung bezieht), läßt sich als projizierte Angst verstehen, welche den alliierten Siegern entgegengebracht wurde: daß sie sich rächen könnten an den deutschen Überlebenden der nationalsozialistischen Katastrophe. Es ist erstaunlich, wie ein Nachkriegsfilm diese Ängste und Phantasien in einem Kino-*plot* ausbreitet; die *dramatis personae* sind die Verkörperung des inneren Dramas.

Eine Abschweifung. Westdeutschland war, und „Sauerbruch" gewährt einen guten Einblick, in der ersten Hälfte der fünfziger Jahre in einer aufgestörten Verfassung. Am 25. Juni 1950 begann der Korea-Krieg, und bundesdeutsche Familien legten Lebensmittel-Vorräte an. Als die nordkoreanischen Truppen in Südkorea einmarschierten, wurde diese Konstellation auf das Verhältnis der beiden entstehenden deutschen Republiken bezogen: Sollte etwa die mitteldeutsche Bürgerkriegsarmee (53 000 Mann kasernierte Verbände) in Westdeutschland eindringen? lautete die öffentliche Frage, welche nur die tiefe Beunruhigung der westdeutschen Republik ausdrückte. Die Wiederaufrüstung, wie die Frage eines bundesdeutschen Heeres genannt wurde, war brandaktuell. Der Korea-Krieg dauerte bis zum 27. Juli 1953, dem Datum der Unterzeichnung des Waffenstillstandes. Wenige Tage zuvor, am 17. Juni 1953, revoltierten die ostdeutschen Arbeiter; ihr Protest gegen die schlechten Arbeitsbedingungen wurde erbarmungslos niedergewalzt. Westdeutsche saßen erschüttert vor ihren Radio-Empfängern. Die Bundesrepublik Deutschland: eine sich bedroht fühlende Republik; zur inneren Not kam die außenpolitische Labilität. Wie lebt es sich in einem Land mit einem Besatzungsstatut und reduzierter Souveränität, abhängig von seinen Verbündeten, die das Format übermächtiger Eltern besaßen?

Man sehnt sich nach einem Flecken zum Luftholen und Ausruhen. Es war der erste Kanzler unserer Republik, der greisenhafte Konrad Adenauer (5. 1. 1876 – 19. 4. 1967), der die psychosoziale Lage Westdeutschlands verstanden hatte – zumindest die Notwendigkeit einer Beruhigung. Konrad Adenauer, sein eigener Außenminister (bis Heinrich von Bretano für sechs Jahre dieses Amt 1955 übernahm), verfolgte von 1949 an eine Politik der Anlehnung an die alliierten Westmächte mit der Absicht, daß um den Preis einer schnellen Integration (man könnte auch von einem Kotau sprechen) die Bundesrepublik Deutschland einen selbständigen Status gewinnt.

Der Preis bestand im Angebot eines, wie es im politischen Jargon so euphemistisch heißt, „Wehrbeitrages", welcher die Bundesrepublik (endgültig) festzurrte ans alliierte Bündnis und damit, als Folgekosten, die Frage eines deutschen Friedensvertrages und einer Wiedervereinigung Deutschlands ablegte als Wiedervorlage in sehr fernen Zeiten (seit einem Jahr ist die Akte wieder aufgeschlagen). Die „deutsche Frage" blieb buchstäblich offen – um der Bundesrepublik Deutschland willen. Es ist fraglich, ob unsere Republik eine Wahl hatte. Der Vorwurf einer deutschen „Unfähigkeit zu trauern" impliziert die Lebenssituation eines Erwachsenen, der ein Dach überm Kopf hat und einer geregelten Arbeit nachgeht. Ging es bei uns (vergleichsweise) so einfach zu Anfang der fünfziger Jahre?

Vom 24. September 1951 bis zum 26. Mai 1952 trafen sich die Außenminister der drei westalliierten Staaten, Dean Acheson, Anthony Eden und Robert Schumann, und der Bundesrepublik, Konrad Adenauer, um einen Deutschland-Vertrag (ein stolzes Wort) zu verhandeln. Konrad Adenauers Konzept war: eine Sicherheitsgarantie der Schutzmächte zu erhalten, dafür die künftige Bundeswehr anzubieten und die Aufgabe des Besatzungsstatus zu erreichen. Die Idee der Wiedervereinigung Deutschlands ließ der Vertrag theoretisch zu, schloß sie aber faktisch aus – in der sogenannten „Bindungsklausel" ist das bundesrepublikanische Dilemma enthalten... frei bewegen konnten sich westdeutsche Politiker nicht:

„Die Bundesrepublik und die Drei Mächte sind darin einig, daß ein wiedervereinigtes Deutschland durch die Verpflichtungen der Bundesrepublik nach diesem Vertrag, den Zusatzverträgen und den Verträgen über die Bildung einer integrierten europäischen Gemeinschaft – in einer gemäß ihren Bestimmungen oder durch Vereinbarung der beteiligten Parteien angepaßten Fassung – gebunden sein wird, und daß dem wiedervereinigten Deutschland in gleicher Weise die Rechte der Bundesrepublik aus diesen Vereinbarungen zustehen werden" (3).

Der Deutschland-Vertrag wurde am 26. Mai 1952 in Bonn von jenen vier Außenministern unterschrieben. Er mußte noch von den einzelnen Parteien ratifiziert werden. In der Bundesrepublik war dieser Ratifizierungsprozeß turbulent, der Außenminister-Kanzler kungelte tüchtig; im Frühjahr 1953 war der Deutschland-Vertrag von den parlamentarischen Instanzen genehmigt. In Frankreich fand sich keine Mehrheit für ihn. Ende 1955 wurde neu verhandelt. Das wird später besprochen (im folgenden „Sissi"-Kapitel).

Am 10. März 1952 erreichte die westlichen Regierungen die Note der russischen Regierung: ein Angebot über die Wiedervereinigungs-Regelung zu dem Preis einer Neutralisierung Deutschlands. Ihr Angebot wurde mit für die Russen unerfüllbaren Bedingungen gekontert: die Alliierten hatten interveniert. Westdeutschlands Öffentlichkeit war gespalten. Es wurde nicht aufgegriffen. Das Jahr 1952 gilt manchen als das Jahr der verpaßten Gelegenheiten. Es war ein hektisches Jahr. Konrad Adenauer hatte unsere Nationalhymne, mit der dritten Strophe des „Deutschlandliedes", gegen den Wunsch des Bundespräsidenten Theodor Heuss, der für den Text von Rudolf Alexander Schröder votiert hatte, durchgeboxt. Sie wurde bei der Unterzeichnung des Deutschland-Vertrages in Bonn gespielt, und die Hörfunk-Sender beschlossen ihr Programm mit ihr. Auf die Frage einer demoskopischen Studie, „was den Befragten wichtiger sei, Sicherheit vor den Russen oder die Einheit Deutschlands, nannten im Juli 1952 über die Hälfte die Sicherheit und nur ein Drittel die Einheit" (4). Konrad Adenauer vertrat die Mehrheit der Westdeutschen: am 6. September 1953, dem Tag der zweiten Bundestagswahl, gewann die Union 45.2 Prozent der Stimmen, die SPD 28.8 Prozent und die FDP/DVP 9.5 Prozent der Stimmen. Können wir das Kapitel der Nachkriegsjahre abschließen?

Das beunruhigende Ende kommt noch. Ferdinand Sauerbruch war 1948 ein kranker, von einer Altersklerose schwer behinderter Mann, kein vitaler Chirurg. Phasen von Klarheit wechselten mit dramatischen Einbrüchen seiner Kompetenz. 1948 operierte er oft in einer somnambulen Verfassung, ohne Selbstkontrolle. Seine Mitarbeiter kompensierten oder vertuschten seine operativen Fehler. Sauerbruch wollte das Skalpell nicht aus der Hand geben; sein Stolz hing an der Arbeit in der Charité, diese Bindung war zu mächtig. Die ostdeutsche Behörde, welche die Aufsicht über die Berliner Klinik hatte – die in Ost-Berlin liegt und zu der Sauerbruch von seiner Wohnung in West-Berlin aus fuhr (Fakten, die der Film unterschlägt) – hoffte, vom Image des renommierten Chirurgen zu profitieren. Sie ließ ihn gewähren, zu lange. Ferdinand Sauerbruchs letzte Jahre sind die Tragödie eines Mannes, der an seiner Mission scheitert. Der Film zeichnet ein Phantasie-Bild; nur das Tempo, das Ferdinand Sauerbruch vorlegt, deutet an, daß hier ein Mann um seinen Lebensentwurf und um sein Leben ringt. Der Retter hält auf den letzten Metern durch. Die tröstliche Hoffnung darf nicht erschüttert werden.

Die letzte Szene des Films. Es ist Sonntagmorgen, Ferdinand Sauerbruch hat seine Operationen gut hinter sich gebracht, und seine Frau Margot holt ihn zu einem Kirchen-Konzert ab. Gespielt wird Johann Sebastian Bachs Kantate Nr. 26 „Ach so nichtig, ach so flüchtig". Mark Lothar (geboren am 23. Mai 1902 in Berlin und gestorben am 6. April 1985) hat den Kantaten-Text leicht verändert und ihm eine andere Musik unterlegt. Der Chor singt eine Bach-fremde Zeile: „Unser Leben ist ein Schatten". Ferdinand Sauerbruch, von seiner Frau gefragt, ob er der gleichen, Bachs Meinung (suggeriert der Film) sei, widerspricht: unser Leben enthalte „ebensoviel Licht". Der prominente Chirurg widerspricht dem Kultur-Monument Johann Sebastian Bach: die Bundesrepublik wird leben, und ihr Kanzler, im Jahre 1954 achtundsiebzigjährig, wird durchhalten. Die Birke, die wir im ersten Bild des Films sahen, wird wachsen.

LITERATUR

1 Heinz Kohut: Überlegungen zum Narzißmus und zur narzißtischen Wut. *Psyche 6/73*
2 Peter Rubeau und Wolfgang Westermann: Asche auf unser Haupt. In: *psychologie heute 2/84*
3 Hans-Peter Schwarz: Die Ära Adenauer 1949–1957. Geschichte der Bundesrepublik in fünf Bänden. Band 2. Wiesbaden: Brockhaus 1981.
4 wie unter 3

ROLF HANSENS FILME:

Eine Frau für's Leben. D: 1938
Der Weg ins Freie. D: 1941
Damals. D: 1943
Mein Herz gehört dir. D: 1945
Föhn. BRD: 1950
Vagabunden der Liebe. BRD: 1950
Dr. Holl. BRD: 1951
Das letzte Rezept. BRD: 1951
Die große Versuchung. BRD: 1952
Sauerbruch. Das war mein Leben. BRD: 1953/54
Geliebte Feindin. BRD: 1954
Teufel in Seide. BRD: 1955
Die Letzten werden die Ersten sein. BRD: 1956
Und führe uns nicht in Versuchung. BRD: 1957
Auferstehung. BRD/I/F: 1958
Gustav Adolfs Page. BRD/Ö: 1960

Ein westdeutsches Aschenputtel
„Sissi", erster Teil (1955)

„Der Herzog Filmverleih München zeigt den Ernst-Marischka-Film", kündigt der Vorspann mit Trompeten-Dröhnen an, dem musikalischen Auftakt wuchtiger Filme und dem alten Markenzeichen der US-Verleihfirma „Twentieth Century Fox": ein Spektakel mit Plüsch, Samt und Tränen wird versprochen. „SISSI. Mit Romy Schneider": Die Musik entwickelt ein (auf der Violine gespieltes) schwermütig-leises Thema, welches an die Poesiealben mit den gummierten Rosen-Bildern und den (selten eingehaltenen) Treueschwüren erinnert. Ein blau-rot gezeichneter Thron ist der Bild-Hintergrund. „Sissi": dieser Name hat, ohne daß er ausgesprochen wurde, einen idolatrischen *sound*. Auf die Skizze des Throns folgt die Zeichnung einer Treppe, welche in die Eingangshalle eines Palastes gehört. Wir werden eingeführt in hochherrschaftliche Lebensverhältnisse. Die Daten des Vorspanns laufen ab, untermalt von einer sirupartigen Musik im Walzertakt. Beim Schlußtitel des Vorspanns, welcher Ernst Marischka als den Drehbuchautor und Regisseur angibt, läuft das Orchester, Streicher, Bläser, Pauken, zum Crescendo auf: zu jenem Finale, wie der erfahrene Kinogänger weiß, welches ein *happy ending* begleitet, bei welchem das Paar, endlich vereint, sich auf einer Berg-Wiese umarmt, die Kamera sich aufschwingt wie ein Flugzeug und es in seinem Kino-Glück zurückläßt.

Wir sind aber am Anfang und haben die Aufregungen der

Kino-Geschichte noch vor uns. Das erste Bild zeigt den Starnberger See: im Vordergrund ein Haus, undeutlich zu erkennen, von Bäumen flankiert, im Hintergrund die Alpen und in der Ferne, unsichtbar für den Zuschauer, klingt das „Holladiohh!" einer Gruppe Männer vom See herauf. Kamera-Schwenk auf ein vierstöckiges, auf quadratischer Fläche hochgezogenes, klobiges Schloß. Es ist ein sonniger Morgen und wohltuend hell, ein Kontrast zu den klatschigen Farben des Vorspanns. Wir sind im bayrischen Possenhofen. Es ist August 1853. Erneuter Blick auf den See: vier Männer manövrieren ein Floß. Vor einem Angler im Janker und in Kniebundhosen ziehen sie ihre Hüte: „Guten Morgen, gnädige Hoheit!" Der adlige Herr ist ein kräftiger Mann, etwas übergewichtig, vermutlich Biertrinker; aufgeräumt gibt er zurück: „Grüß euch Gott!" Er kämpft gerade lauthals mit einem Fisch, die Angelrute ist durchgebogen, ein aufgeregter Angler, der von seinem Fang überrascht ist. Der Herr ist der Herzog Maximilian Josef in Bayern (Gustav Knuth). Unverhofften Erfolg muß man mit jemandem teilen. Er ruft seine Kinder herbei. Die Nachricht von Vaters Glück hinausschreiend, rennen sie, eine halbe Fußballmannschaft, den Abhang zum Seeufer hinunter. Die Mutter, Herzogin Ludovika in Bayern (Magda Schneider), von der Kinder Begeisterung ans Fenster gelockt, stimmt mit einem „Petri Heil!" ein. Es geht zu wie in den Sommerferien, wenn Vater mit seiner neuen Angel-Ausrüstung etwas Eßbares für den Camping-Kocher ergattert und Mutter sich anstrengt, niemand merken zu lassen, für wie umständlich sie die Zubereitung einer Mahlzeit in der Freiluft-Küche hält. Herzog Maximilian geht ein Fangnetz holen. Sein Sohn Carl Theodor muß die Angelrute halten; aber der fällt, von seinen aufgeregten Schwestern an den Rand des Landungsstegs gedrängt, ins

Wasser. Der Fisch entkommt. Der Herzog grämt sich nicht, er schimpft nicht, er lacht: ein (für deutsche Verhältnisse) großherziger Vater. Sie gehen frühstücken.

Die große Eingangshalle enthält auch den Eßraum. Die Kinder stürmen herein und lärmen, als seien sie mit ihren Eltern in das große Haus gerade eingezogen. 1955, als der Ernst-Marischka-Film in die Kinotheater kam, waren die Mietwohnungen eng, der Bewegungsdrang groß und die Eigenheime (eine deutsch Nachkriegs-Sehnsucht) begehrt. Die bayrische Herzogs-Familie hat genügend Platz und die Sommerfrische vor der Haustür. Der Diener Thomas, im blauen Livrée (wir halten uns im neunzehnten Jahrhundert auf), serviert die Weißwürste in einer Blechschüssel. Herzogin Ludovika, eine stattliche Dame mit stattlichem Dekolleté, erzieht mit den deutschen Formeln strapazierter Mütter: „Nicht so laut! Nicht so schnell! Schreit doch nicht so! Nimm deinen Hut ab beim Essen!" Der angesprochene Sohn schleudert, vom Regisseur Ernst Marischka sicherlich angefeuert, seine Kopfbedeckung in die Kulissen. Wären wir nicht im vorigen Jahrhundert, könnte Else Stratmann sich erinnert fühlen an eine Kohlenpott-Familie in einer Ferien-Pension. Die beiden ältesten Söhne (Alter: etwa zehn und acht Jahre alt) kommen herein, pitschnaß; Carl Theodor war mit der Angel in die See gestürzt, und Maxi ihm nachgesprungen, um sie herauszuholen. Die Herzogin, ganz Herzogin, ordnet an: „Thomas, kleiden Sie die Hoheiten um!" Der Herzog, nicht so herzoglich, karikiert die Order seiner Frau: „Ja, legen Sie die Prinzen trocken!" Die Töchter lachen: lustig, wenn der Vati der Mutti widerspricht. Herzog Maximilian konsumiert zu den Weißwürsten ein Maß Bier, ein nahrhaftes Frühstück. Seine Frau beklagt seinen Heißhunger: „Max, du ißt ja wieder wie ein Holzknecht". Der Herr benimmt sich nicht standesgemäß (wohl zeitgemäß: für 1955). Er wird vor seinen Kindern erzogen. Adliger Ehe-Dialog: „Die Kinder sollen sich doch ein gutes Beispiel an dir nehmen". „Die essen ja ohnehin so wie ich". „Schau dir das an. Nicht einer hat ein Besteck benutzt. Weil du *immer* mit den Fingern ißt". „Schau her, Herzl, seit fünfundzwanzig Jahren versuchst du, mich zu erziehen". „Weil ich darauf achten muß, daß unser Haus durch dich nicht *ganz* verbaut. Ich muß doch ein bißchen an die Zukunft denken: Wir haben fünf Töchter, und Helene ist heiratsfähig. Und wer kommt zu uns?"

Johann Petzmacher (Frank Böheim). „Das ist dein Verkehr", krittelt die Herzogin, „ein Gastwirtssohn aus Wien". Johann Petzmacher, in den herrschaftlichen Umgangsformen geübt, will die Herzogin mit einem Handkuß begrüßen, aber sie verweigert ihm ihre Hand, mit der sie gründlich ihren Mund mit einer Stoffserviette abtupft. Den Herzog begrüßt Johann Petzmacher mit einem „Servus Maxl!". Er setzt sich neben Herzog Maximilian an den Tisch, die Herzogin sitzt ihnen gegenüber, aus dem Männer-Gespräch ausgeschlossen. Der Klatsch am Wiener Hof ist ein Thema: die Nachwirkungen des (ein halbes Jahr zurückliegenden) Attentat-Versuchs auf den jungen österreichischen Kaiser Franz Josef I., den wir bald kennenlernen. Der einzige Mann in der Hofburg, meint Johann Petzmacher, sei „die Sopherl". Das kumpelhafte Diminutiv, zudem auf ihre Schwester gemünzt, läßt die Herzogin nicht gelten. „Wenn Sie ‚Sopherl' sagen", korrigiert sie, „dann meinen Sie wohl die Mutter Seiner Majestät, Ihre Kaiserliche Hoheit, die Erzherzogin Sophie". Herzog Maximilian grient, dieses Mal ist er nicht das Opfer. Der Gast wird geschulmeistert. „Dieselbige", schmollt Johann Petzmacher zurück. Und berichtet, sich verhaspelnd:

„Jetzt will die Sopherl, entschuldigen Sie: Ihre Kaiserliche Frau Schwester ihren Franz, pardon: Ihren Kaiser, das heißt: unseren Kaiser – den will sie jetzt verheiraten". Herzogin Ludovika gibt ihre Reserviertheit auf und erkundigt sich nach der Ehe-Kandidatin. Die ist unbekannt. Der Diener Thomas bringt einen Rotwein vom Jahrgang 49. Die beiden Männer stoßen an: auf die „Sopherl" und, das belebt die Erwartungen des Kinoguckers, auf die künftige Kaiserin von Österreich.

Szenen-Wechsel. Eine junge Dame im knallroten Kostüm, zu dem ein knöchellanger Rock gehört, mit Hut und dunklem Haar-Zopf, prescht auf einem Pferd am Starnberger See entlang, juchzend wie der Herzog beim Angeln – Romy Schneider (Jahrgang 1938). Sie muß, wie der in deutscher Erzähl-Technik trainierte Kinogänger vermutet, die künftige österreichische Kaiserin sein. Beiläufiges Erzählen liegt unserem Kino der Nachkriegszeit nicht. Es mißtraut der Sprache. Ein unbeholfener Autor hangelt sich von Konjunktion zu Konjunktion. Das westdeutsche Kino verknüpft (in den meisten Fällen) sofort das eine Ende einer Szene mit dem Beginn einer neuen: der Zuschauer muß nicht lange warten, was aus seinen Hoffnungen wird. Romy Schneider: eine liebenswerte Amazone – keine dieser bedrohlichen *ladies* vom Format einer Barbara Stanwyck (aus Samuel Fullers „Vierzig Gewehre", 1957) und Joan Crawford (aus Nicholas Rays „Johnny Guitar", 1954). Schnitt. Herzog Maximilian stutzt und erkennt, durch die dicken Mauern seines Hauses, an den Freuden-Rufen der Reiterin seine Tochter Sissi. Dieser Vater hat das Gehör einer Mutter. Sissi: der Name hört sich, so wie der Vater ihn ausspricht, wie eine Verheißung an. Nicht für die Mutter, die sich beschwert, ängstlich und überbesorgt: „Sicher *wieder* auf diesem wilden Pferd".

Schnitt. Sissi kommt auf uns zugeritten. Die Eltern sind aus dem Haus getreten. Der Vater animiert sie, über die Rosen zu springen. Die Mutter trommelt ihre Fäuste gegen die Brust ihres Mannes: „Nein! – Ich komm' aus den Aufregungen nicht mehr heraus!" Kein Wunder, wenn ihr Mann ihre Tochter gegen sie aufwiegelt. Sissi springt über das Rosen-Beet, den heimischen Oxer. Herzog Maximilian über seine Tochter: „Ein Prachtmädel".

Wir können es begucken: es klettert vom Pferd, den Rock sorgsam gerafft, aber ein Teil bleibt am Sattelknauf hängen – mit einem kräftigen Ruck zieht sie ihn herunter. Die gschamige Geste eines schutzbedürftigen Mädchens: diese hübsche Prinzessin, knapp sechzehn Jahre alt (Elisabeth Amalie Eugenie, so ihre Vornamen, wurde am 24. Dezember 1837 in München geboren), versteckt (noch) ihr Aufblühen zur Frau. Ebensogut könnte sie (heutzutage) im grobgestrickten, weiten *sweater*, in verwaschenen Jeans und zerfransten Turnschuhen herumlaufen – wie die Klassen-Beste aus der Neunten, die auch das hübscheste Mädchen ist, sich als fröhlicher Kumpel versteckt, der die Mitschüler abschreiben läßt, mehr nicht: Sie muß immer früh nach Hause. Romy Schneider hat einige Ähnlichkeit mit der (jungen) Audrey Hepburn (aus William Wylers „Ein Herz und eine Krone", 1953, und Billy Wilders „Sabrina", 1954). Schauen wir Sissi weiter zu. Sie gibt ihr Pferd, die Gretl, dem Knecht Obermaier in die Obhut und bestimmt, daß sie, weil sie so gut gelaufen ist, eine Handvoll Hafer mehr bekommt. Sie füttert die Vögel im großen Käfig im Garten. Xaverl, das Reh, das sie gefunden und aufgezogen hat, ernährt sie mit der Milchflasche. Eine gute Tier-Mutter. Der Frau Stöckel (vom Dienstpersonal), die unter der Gicht leidet, verspricht sie, ihr Franzbranntwein zu beschaffen. „Aber nur zum Einreiben", mischt sich

Herzog Maximilian ein, „die trinkt nämlich *immer* deinen Franzbranntwein!" Sissi lacht über den robusten Scherz ihres Vaters. Frau Stöckel dementiert verlegen. Vater und Tochter wünschen sich einen guten Morgen. Der Gartenzaun verhindert eine Umarmung; beide müssen ihre Köpfe recken, damit Sissi ihrem Vater zwei Küsse aufdrücken kann, aus Dank, daß er sie mit auf die Pirsch nehmen will.

Herzogin Ludovika hält einen Brief, dessen Absender die kaiserliche Hofburg in Wien ist, in den Händen. Sie ist so aufgeregt wie unsereiner, wenn er vom Weißen Haus in Washington angeschrieben wird. Ihre Schwester Sophie schreibt: daß sie, Sophie, ihre Nichte Helene, die älteste Tochter der bayrischen Herzogsleute (1834–1890), mit ihrem Sohn, dem österreichischen Kaiser Franz Josef I. (1830–1916), zu verloben beabsichtigt. Der Ort soll das österreichische Ischl, der Anlaß der Geburtstag des Kaisers sein, der am 18. August 1853 dreiundzwanzig Jahre alt wird (über das Alter des jungen Monarchen macht der Ernst-Marischka-Film keine Angaben): Herzogin Ludovika ist mit ihrer Tochter Helene eingeladen, Herzog Maximilian nicht: die Kaiser-Mutter besteht auf der Abwesenheit ihres Schwagers. Herzogin Ludovika ist *elektrisiert*: ihre Tochter Helen greift nach monarchischen Sternen. Sie läßt Helene holen. Für sie ist die Einladung, welche ihren Mann auslädt, kein Problem. Die Ehe-Loyalität zählt wenig, der soziale Aufstieg bedeutet ihr viel. Und Helene (Uta Franz) freut sich, als hätte sie gerade ihr Diplom-Examen mit Auszeichnung bestanden. Helene: kein Vergleich zu Sissi. Ludovika spricht mit ihr, wie sie, ohne den Argwohn ihres Mannes zu erregen, nach Ischl reisen. Ihre Lösung: sie nehmen Sissi zur Tarnung mit. Wir können aufatmen. Sissi, der wir (die sich in diese Prinzessin verliebt haben) das Glück auf österreichischem Boden sehnlichst wünschen, bleibt im Rennen. Es wird schwer werden. Helene kann sich nicht erklären, weshalb Tante Sophie sie ausgewählt hat. Ludovika beruhigt sie: „Das Wichtigste ist, daß Tante Sophie diese Verbindung wünscht. Denn was sie wünscht, ist eine beschlossene Sache".

Der kaiserliche Palast in Wien. Wir sind bei den wohlhabenden österreichischen Verwandten. Der Audienz-Saal des Kaisers: ein eindrucksvoller Raum, prächtig möbliert und reich an Stuck; in der linken Hälfte steht der Gold-verzierte Schreibtisch des Kaisers, eine kostbare Antiquität. Die Hofdamen und livrierten Angestellten rauschen herein. Gedämpfte Geräusche. Hier geht es am Vormittag schon feierlich zu. Der Türsteher stößt einen Stab mehrmals auf den Boden und annonciert: „Seine Majestät!" Seine Kaiserliche Hoheit, Franz Josef I. (Karlheinz Böhm, Jahrgang 1928), kommt herein, gemessenen Schrittes, in makelloser Uniform; er trägt einen Degen. Ein steif wirkender junger Mann, der sich zurückhält, damit sein Anzug nicht verknautscht. Er begrüßt seine Mutter, Erzherzogin Sophie, die wir vom Hörensagen als eine feine, strenge Dame kennen, mit einem „Küß die Hand, liebe Mama!" Die Mutter (Vilma Degischer), die ein kostbares, glockenförmig geschnittenes Kleid mit einem imposanten Durchmesser trägt, gibt zurück: „Grüß dich Gott, mein lieber Franz!" Eine artige, eine geschliffene Begrüßung vor höfischem Publikum. Hier lebt's sich nicht einfach. Franz Joseph löst den Gürtel, an welchem der Degen hängt, zieht seine weißen Handschuhe aus und übergibt die Utensilien einem Bediensteten, der geduldig neben ihm wartet wie der Kellner eines guten Restaurants, der Hut, Stock, Schal und Mantel eines Gastes entgegennimmt. Der Kaiser-Sohn gibt seiner Mutter den Handkuß.

„Ich möchte mit Seiner Majestät allein sein", entscheidet Herzogin Sophie mit einer ausladenden Handbewegung, „du hast doch Zeit für mich?" Die rhetorische Frage mancher ungeduldiger Mütter, die erst handeln und dann ihre Kinder um deren Zustimmung bitten. Franz Joseph fügt sich: „Für Sie doch immer, Mama". Einer Mutter, die gesiezt wird, ist sicherlich schwer etwas abzuschlagen. Das Hof-Publikum zieht sich zurück. Franz Joseph nimmt zögernd, als erwarte er eine schlechte Zensur, mit seiner Mutter auf einer Sitzgruppe Platz. Erzherzogin Sophie erläutert ihrem Sohn die politische Notwendigkeit einer Heirat und, ohne ihn über ihren Brief an ihre Schwester Ludovika zu informieren, eröffnet sie ihm den Plan, ihn mit Helene zu verloben. „Der einzige dunkle Punkt", so die Erzherzogin Sophie, „ist der Herzog Max in Bayern; den müssen wir leider mit in Kauf nehmen". Franz Joseph lächelt. Ist er einverstanden, seine Cousine ersten Grades zu heiraten? Er denkt an seinen künftigen Schwiegervater: „Merkwürdig, von der ganzen Familie ist er der einzige, der mir in Erinnerung geblieben ist, und zwar in sehr guter". Wir können aufatmen: Franz Joseph I. teilte das abschätzige Verdikt seiner Mutter und seiner Tante nicht. Sissi ist mit ihrer Sympathie für ihren Vater nicht allein.

Wenig später im selben Raum: Akten-Vorlage. Der Minister legt dem Kaiser die Todesurteile von acht Gymnasiasten, Hochschülern und Künstlern zur Unterzeichnung vor. Die jungen Leute, referiert der Minister, hätten sich der „Rebellion, Aufwiegelung und Majestätsbeleidigung" schuldig gemacht. Der Kaiser will erst die Angemessenheit der Todesurteile prüfen, bevor er einwilligt. Der Minister drängt auf sofortige Erledigung. Franz Joseph I. widerspricht. Der Minister fährt ein schweres Geschütz auf: „Auch Ihre Kaiserliche Hoheit, Erzherzogin Sophie, ist der Ansicht, daß". Ein dramatischer Augenblick. Die Kamera wechselt ihren Standpunkt: der Dialog der Kontrahenten wird nicht länger in Sitzhöhe gefilmt, sondern vom Parkett aus – groß ragt Franz Joseph ins Bild hinein, als er aufsteht und dem Minister, der dem Kaiser gegenüber nicht sitzen bleiben darf, das Wort abschneidet: „Ich glaube, ich habe mich klar ausgedrückt". Der Minister klappt den Akten-Deckel zusammen: „Majestät, ich danke Ihnen". Franz Joseph verabschiedet ihn knapp und gekonnt: „Exzellenz". Mit einem Zitat seiner Mutter kann man den Kaiser-Sohn nicht einschüchtern.

In Ischl, im „Einkehrhaus": Herzogin Ludovika ist mit Helene und Sissi eingetroffen. Sissi hebt einen mit Wasser gefüllten Holz-Trog auf den Rand des Brunnens. Sie trägt ein hübsches, cremefarbenes, leicht dekolletiertes Sommerkleid mit ausgestelltem, langem Rock (Prinzip: Petticoat) und eine tellergroße Kopfbedeckung. Der Trog rutscht ihr aus der Hand: Wasser schwappt auf ihr Kleid. Herzogin Ludovika: „Um Himmels willen! Sissi! Was machst du denn schon *wieder*?" „Die Pferde tränken!" „Aber dazu sind doch die Kutscher da! Wie du *wieder* aussiehst!" Helene, im hochgeschlossenen, knallroten Sommerkleid mit einem feschen, spitzen Hütchen, stützt ihren Kopf auf ihre Hand auf und schaut erschöpft weg angesichts der Tolpatschigkeit ihrer gar nicht damenhaften Schwester. Sissi versteht die Aufregung ihrer Mutter nicht: „Aber das trocknet in der Sonne doch wieder". Mutter Ludovika: „Am liebsten würde ich dich *wieder* nach Hause schicken. Und jetzt kommt Tante Sophie!" Die Not einer Mutter, die ihre Kinder in tadellosem Zustand präsentieren möchte. Sophie geht ihrer Schwester entgegen: „Ludovika!" „Sophie, wie ich mich freue!" „Ich freue mich auch". Tiefgekühlte Herzlichkeit. Sophie hat ihre Nichte Helene schnell gemustert, anerkennend bemerkt sie zu Ludovika, daß sie noch hübscher geworden sei. „Ich bin sehr zufrieden", komplimentiert sie ihre strahlende Nichte. Mit Sissis Anwesenheit ist Erzherzogin Sophie allerdings unzufrieden. Sophie und Sissi begrüßen sich höflich. Die Erzherzogin, im dunkelblauen Kleid, entdeckt mit einem Röntgen-Blick, daß Sissi nasse Hände hat. „Ja, ich habe die Pferde getränkt", entschuldigt sich Sissi. „Die Pferde getränkt?" „Ja, damit es schneller geht". Sissi begrüßt ihren Cousin Carl Ludwig (Peter Weck; er reüssierte 1984 in der ZDF-Serie „Ich heirate eine Familie"), Franz Josephs jüngeren Bruder, mit einem saloppen „Servus!". Sissis burschikoser Gruß entnervt ihre Mutter – diese ungestüme Tochter benimmt sich nicht wie die künftige Schwägerin des Kaisers von Österreich. Dieser Auffassung ist auch Erzherzogin Sophie: „Wozu dieses Kind da ist, weiß ich nicht. Aber sie wird selbstverständlich an keinem Empfang teilnehmen, sondern mit der Gouvernante von der Gesellschaft streng separiert". Wer nicht artig ist, kriegt Karzer.

Dreißig Minuten ist nun der Ernst-Marischka-Film alt. Historische Filme sind selten die präzise Rekonstruktion einer Vergangenheit – eine Ausnahme macht der ingeniöse Amerikaner Stanley Kubrick mit seinem „coffee table movie" (so die Kritikerin Pauline Kael über den Film) „Barry Lyndon" aus dem England des achtzehnten Jahrhunderts (1975) –, sondern viel häufiger die Drapierung einer Gegenwart. Hören wir in die letzte Szene hinein. Herzogin Ludovikas Vorwürfe gegenüber Sissi, die sich um die Pferde kümmert, aber um ihr Kleid sich nicht schert, verraten eine für eine Mutter von acht Kindern, die Trubel gewohnt sein müßte, unpassende Gereiztheit. Ludovika, eine Adlige des neunzehnten Jahrhunderts, klingt wie eine westdeutsche Mutter in den fünfziger Jahren: die sich ihres kleinbürgerlichen Status wegen genierte und bangte, ob das neue Sonntags-Service ihren gutbürgerlichen Verwandten, von denen einer der „akademischen" Zunft angehörte, gefiel und ihnen der Piesporter Michelsberg, den sie zum rheinischen Sauerbraten von ihrem Mann einschenken ließ, zusagte. Diese westdeutsche Mutter fürchtete auch: daß ihre Kinder bei einem so wichtigen Besuch „sich nicht benehmen" könnten. Im Ernst-Marischka-Film steckt eine schwere Scham-Problematik.

Erinnern wir uns. „Sie sind reich. Sie haben keine Sorgen": das sagte Olga Ahrends, die enttäuschte Arbeiterfrau im Berlin des Jahres 1948, zu Ferdinand Sauerbruch, dem begüterten Chirurgen. Sie hatte den Verlust ihrer bürgerlichen Lebensform, den sozialen Abstieg im zerbombten Nachkriegs-Deutschland nicht verkraftet. „Unermeßlich reich" sei der österreichische Kaiser, „die ganze Welt wird dich beneiden", schwärmte Ludovika ihrer Tochter Helene in jener Szene vor, in der sie planten, mit Sissi nach Ischl zu reisen. „Unermeßlich reich": davon handeln Märchen, in denen die Allmacht der Wünsche regiert. Wer so laut tagträumt, ist verzweifelt. Kinder, Adoptivkinder zumal, die sich in ihren Familien abgelehnt fühlen, tagträumen oft von anderen Eltern, die monarchische Züge aufweisen und über unbegrenzte Geldmittel für die eigene Wünsche-Erfüllung verfügen; entwicklungspsychologisch spielen diese Phantasien im Alter von fünf bis zehn Jahren eine Rolle. „Unermeßlich reich": Herzogin Ludovika, die einen Sommer-Sitz am Starnberger See und ein Palais in der Münchener Ludwigstraße (das im Film nicht erwähnt wird) bewohnte, ereifert sich wie eine Präpubertierende, die nichts besitzt und abhängig ist von der Geneigtheit ihrer Eltern, ihr ein Taschengeld zuzugestehen. Wir haben wieder den latenten Kontext der Nachkriegszeit vor uns: die tiefe Kränkung über die soziale Degradierung, welche der verlorene Krieg zufügte. Die Herzogin Ludovika, eine verkappte Westdeutsche, fühlt sich ihrer Schwester Sophie gegenüber unterlegen; sie erlebt sich wie Olga Ahrends: Armut beschämt.

Soziale Phantasien wurden auch in anderen Ländern getagträumt. „Unermeßlich reich" war (und ist es noch heute) in den fünfziger Jahren (da erfuhren wir von ihm) – Dagobert Duck, jener *cartoon*-Nabob in Enten-Gestalt aus den Zeichen-Studios der Walt Disney Productions Inc., der in seinem Bargeld zu baden pflegte; in einer Bild-Geschichte probierte dessen armer Neffe Donald Duck, mit manischem Konsumieren Platz im Geld-Speicher zu schaffen, vergeblich; denn dem reichen Entenhausener gehören die wichtigsten Industrien: er verdient an jedem Kauf. Dagobert Duck ist die Karikatur eines Industriellen; sein pathologischer Geiz, seine Habgier und Bösartigkeit stoßen ab: keine richtige Figur zum Phantasieren. Im Rolf-Hansen-Film „Sauerbruch" spricht Olga Ahrends mit einem depressiv-verbitterten Unterton; im Ernst-Marischka-Streifen gibt sich Herzogin Ludovika unterwürfig und anpassungsbereit – bitter zu sehen, daß sie ihre Tochter Helene zu verhökern bereit ist. In beiden Filmen geben die Kino-Phantasien Einblicke in die offene deutsche Wunde.

Der Historiker Michael Stürmer beschreibt die psychosozialen Folgen der Zerschlagung des Dritten Reiches:

„1945 war Deutschland der ausgebrannte Krater europäischer Machtpolitik. Wo bis zum Einmarsch der Alliierten noch Parteigewaltige regiert hatten, war danach gar nichts mehr außer der unumschränkten Gewalt der Besatzungsmacht. Aber mehr, viel mehr war geschehen als der Zusammenbruch einer Gewaltherrschaft. Dem Nationalsozialismus war von konservativen und bürgerlichen Gegnern früh vorgehalten worden; er sei gleichmacherisch, antihistorisch und vulgär. Vom ‚Nazi-Bolschewismus' hatte Friedrich Meinecke schon 1931 gesprochen. Spätere Historiker registrierten die Einebnung alter Klassengegensätze, die den Sturz der Monarchie überdauert hatten. Ein sozialer Hobel war über alles hinweggegangen. Innerhalb eines Jahrzehnts, das mit dem Sturz der jüdischen Schichten von Besitz und Bildung begann und mit der Vernichtung der ostdeutschen Oberschichten endete, hatte sich eine soziale Revolution abgespielt. Der ‚braunen Revolution' folgte der Hobel des Krieges. In den Bombennächten seit 1942 wurde Besitz zu Asche. In den Fluchten und Vertreibungen danach zerfielen Form und Substanz bürgerlichen Lebens" (1).

Es ist schwer, die Wirkungen dieses Verlustes abzuschätzen. Westdeutschlands Kino vermittelt eine Ahnung, wie sehr er schmerzt. Zur nationalen Schuld über den nationalsozialistischen Vernichtungssturm kommt für viele Westdeutsche die Scham hinzu, in enorm beschränkten Verhältnissen zu leben: in kleinen Wohnungen zusammengepfercht zu sein, mit Etagen-Toiletten, ohne Bad, mit einfachen Möbeln, aus denen (vielleicht) der gerettete, ramponierte Bücherschrank aus Eiche herausragt; mit knappen finanziellen Mitteln. 1952 kostete ein Kilo Butter sechs Mark und siebzig Pfennig. Ein TV-Empfänger (schwarz-weiß) runde eintausendfünfhundert Mark. Es waren die Jahre der kränkenden Kredite, des mühseligen Abstotterns; die Kaufhäuser gaben Gutscheine aus, „C&A Brenninkmeyer" warb mit „Barzahlung ist Sparzahlung".

Sparen konnten die wenigsten. Im SPIEGEL waren regelmäßig beunruhigende Berichte über die rasante Verschuldung der Westdeutschen zu lesen:

„Die Stadtverwaltung Duisburg staunte, als eine Untersuchung ergab, daß fünfundsiebzig Prozent ihrer Angestellten und Beamten erheblich verschuldet sind. Die meisten sind irgendwo mit der Summe zweier Monatsgehälter in der Kreide: zum großen Teil bei Teilzahlungsgeschäften. Das ist in Westdeutschland allgemeiner Zustand geworden. Mindestens fünfundzwanzig Prozent der gesamten Bevölkerung lassen sogar beim Lebensmittelkaufmann anschreiben" (4.6.52, S. 7).

„Auf Pump", lautete das plastische Wort, wurden die meisten Güter erworben: Möbel, Rundfunkgeräte, Textilien, auch Schuhe, Hausrat, Fotokameras. „Reich" waren in den fünfziger Jahren wenige Bundesdeutsche. 1957 verfügten sechzig Prozent der Arbeiter-Haushalte über ein Nettoeinkommen in der Größenordnung von dreihundert bis siebenhundert Mark (2). „Reich" war Friedrich Flick, der von seinem Vorkriegsvermögen zwanzig Prozent gerettet hatte; nach der Schätzung des SPIEGEL zwischen fünfhundert und siebenhundert Millionen Mark (3.8.55, S. 18). Er hatte 1953/54 seine Aktien-Anteile (an der Harpener Bergbau AG, Dortmund, und an der Essener Steinkohlebergwerke AG) gut verkauft: für rund einhundertsiebzig Millionen Mark. Verständlich, daß das Konzept des damaligen Wirtschaftsministers Ludwig Erhard, jene „soziale Marktwirtschaft", Verheißung und Beruhigung war: das Palliativ einer in Westdeutschland grummelnden Verbitterung. Armut läßt sich tragen, wenn sie alle trifft.

Schauen wir weiter in den Ernst-Marischka-Film hinein. Wir werden in ein Familien-Drama verwickelt. Elisabeth von Wittelsbach, genannt Sissi, ist Vaters Sonnenschein und Mutters Aschenputtel. Anders als in den bisher besprochenen Filmen lebt sie, die Protagonistin des Kino-Streifens, in einer vollständigen Familie. Aber die Herzogs-Familie ist gespalten: Vater und Mutter sind uneins und koalieren mit den Kindern gegeneinander: Ludovika und Helene gegen Maximilian und Elisabeth. Diese Familie funktioniert nicht richtig. Die Sommerfrischen-Fröhlichkeit verdeckt die herrschende Gereiztheit nicht. Die Verletzungen, welche Herzogin Ludovika und Herzog Maximilian sich zufügen, schmerzen: sie nörgelt über ihres Mannes ungehobelte Manieren und kränkt dessen Gast Johann Petzmacher, er rempelt die Hausangestellte Frau Stöckel mit einem derben Spaß an; sie demütigt ihn vor seinen Kindern. Kinder ertragen die Entwertung des Vaters schlecht. So hält Sissi, die loyale, unbeirrbare Tochter, zu ihm. Sie hat den Charme eines Kindes, das ihren Eltern zu gefallen sich anstrengt: um sie zusammenzuhalten. Sissi trägt die familiäre Last – die typische Konstellation westdeutscher Kinofilme. Die Kinder werden zu Eltern ihrer bedürftigen Eltern; sie versorgen deren Nachkriegswunden. Helga Lüdersen bemutterte ihren Vater Lüder Lüdersen. Ferdinand Sauerbruch, der (entwicklungspsychologisch) kleine, muttertreue Junge, rettet die gekränkte Olga Ahrends und kittet deren Ehe. Luise Palfy und Lotte Körner (Isa und Jutta Günther) bewegen ihre geschiedenen Eltern zur zweiten Heirat (Josef von Baky: Das doppelte Lottchen, 1950). Das achtjährige Waisenkind Resli (Christine Kaufmann) bringt Herta Wieland (Josefine Knipper) und Dr. Schumann (Paul Klinger) zusammen und findet in diesem Paar seine Eltern (Harald Reinl: Das Rosen-Resli, 1954). Angelika (Cornelia Froboess) verbindet Herbert Werner (Hans Holt), ihren (illegalen) Adoptivvater, mit ihrer leiblichen Mutter, der Kinderärztin Mira (Herta Feiler in Hubert Marischka: Laß die Sonne wieder scheinen, 1955).

Die Sehnsucht nach intakten Familien, in denen die Eltern ein liebevolles Paar sind, so muß man den westdeutschen Filmen entnehmen, war groß. Auch heute offenbar noch: In Wim Wenders „Paris, Texas" (1984) bringt der zehnjährige Hunter (Hunter Carson) seinen Vater Travis (Harry Dean Stanton) dazu, Mutter (Natassja Kinski) in Houston zu suchen. Sehnsüchte enthüllen, was man entbehrt. Westdeutschlands Familien waren konfliktgeladene soziale Gefüge. Es gab viel Stunk in der Bude: die Eltern stritten sich häufig. Anlässe, sich zu schämen, gab es oft. Im „Sissi"-Film ist der Herzog Maximilian ein Vater, den die Herzogin Ludovika verstecken möchte. Sie fühlt sich deklassiert; sie hält ihn für einen adligen Proleten. Aber bei Brigitte Hamann, der Autorin der Elisabeth-Biographie, ist nachzulesen (3), daß Herzog Maximilian „ein weitgereister und belesener Mann (war). Seine Bibliothek umfaßte etwa 27 000 Bände, vor allem historischen Inhalts". Brigitte Hamann: „Er hielt gar nichts von Etikette, umgab sich vielmehr mit einem Kreis bürgerlicher Gelehrter und Künstler, seiner berühmten ‚Artusrunde'. Bei Max wurde viel getrunken, gedichtet, gesungen und komponiert, aber auch auf hohem Niveau diskutiert". Der Herzog Maximilian: ein souveräner Kopf, mit dem die Herzogin kaum über Tisch-Manieren gestritten haben dürfte. Eher darüber, daß er sie, so Brigitte Hamann, nicht liebte und daß ihre Ehe eine permanente Katastrophe war – erst von der Goldenen Hochzeit an, hatte Ludovika ihren Enkelkindern erzählt, „sei Max gut zu ihr gewesen" (S. 36). Nein, wir haben in den bayrischen Herzogsleuten ein westdeutsches Ehepaar vor uns: Herzogin Ludovika, Anfang vierzig, ist eine unzufriedene Frau, die sich über ihre im Nachkriegsdeutschland verlorenen Hoffnungen grämt und erwartet, daß ihre Kinder sie einlösen – eine jener Mütter, die ihre Kinder mit der verpflichtenden Formel aufs Karriere-Gleis schieben: „Ihr sollt es einmal besser haben als wir", die, so muß man diese Worte übersetzen, ihre guten Jahre im Nazi-Krieg vergeudeten. Und Herzog Maximilian, Anfang Fünfzig, ist ein entwerteter Vater, der darum kämpft, die Scherben seiner Existenz zusammenzufügen. Ernst Marischka, der ein Familien-Idyll zu präsentieren suchte, ist auf ungenaue Weise genau: die adlige Familie aus Possenhofen paßt gut in die Nachkriegszeit.

Auf Sissis Schultern lastet die Familien-Hypothek. Wird sie durchhalten? Werden wir den beschwerlichen Film aushalten? Unsere Nachkriegsfilme sind ein hartes Brot. Bevor wir weitergehen in der Kino-Geschichte: ein Gegenbeispiel aus Hollywood zur Anschauung, was das westdeutsche Kino uns zumutete, weil die Bunderepublik Deutschland in den fünfziger Jahren in einer niedergedrückten psychosozialen Verfassung war. Im Winter 1962 kam der Howard-Hawks-Film „Hatari!" in unsere Kinos. Anna Maria D'Allessandro (Elsa Martinelli), Dallas genannt, Fotografin aus Basel, auch eine Tier-Mutti, pflegt drei Elefanten-Babies: sie erweist sich als die richtige, nicht zimperliche Partnerin für den scheuen, irischen Tierfänger Sean Mercer (John Wayne), der in der eingedeutschten Fassung John Master heißt (die Aussprache des schottischen Sean Connery, der Kino-007, hatten wir noch nicht im Ohr). Ihr Geschick mit den Tieren war auch der Ausdruck ihrer Zuneigung und war ihre Art, um Sean Mercer zu werben, den sie mit ihrer Fraulichkeit irritierte. Anfangs verwirrt sie den ehemaligen Brooklyner Taxifahrer Pockets (Red Buttons): Dallas ist mit ihrem Sommerkleid (in der H-Linie des Pariser Hauses Dior) für die Tier-Jagd nicht richtig gekleidet; Sean Mercer ist mit der Truppe bereits gestartet, nur Pockets wartet auf sie; nach wenigen Augenblicken kommt sie in flatternder Bluse und in Höschen angerannt, sie hatte nicht die Geduld gehabt, ihre Jeans anzuziehen; und während sie sich auf dem Beifahrer-Sitz in die Jeans hineinzwängt, starrt Pockets die langbeinige, ungenierte Dallas an, fährt los und – zerdeppert einen Käfig. Sieben Jahre liegen zwischen „Hatari!" und „Sissi". Es ist vor allem ein Entwicklungsniveau, welches beide Filme trennt. Dallas ist eine Howard-Hawks-Frau (wie Rosalind Russel, Katharine Hepburn und Angie Dickinson): initiativ und ungebunden – sie schämt sich ihrer Weiblichkeit nicht, und ihr sitzen ihre Eltern, die sie mit ihrer Not beladen könnten, nicht im Nacken. Die familiäre Ungebundenheit der Protagonisten ist ein (wohltuendes) Merkmal des amerikanischen Kinos. Hat jemals jemand John Waynes Film-Eltern gesehen? In Alfred Hitchcocks Kino geht es (seit „Über den Dächern von Nizza", 1955, bis „Familiengrab", 1976) vergleichbar zu wie in unserem: da erweisen sich die familiären Bindungen als dicke Taue, und irgendein Verbrechen muß her, um sie zu kappen. Mörderisch, das war Alfred Hitchcocks Spezialität, ging es in Westdeutschlands Streifen erst gegen Ende der fünfziger Jahre zu. Der Schock über die nationalsozialistische Rache-Orgie wirkte lange nach. Alfred Hitchcock, dieser europäische Amerikaner, ließ seine Kino-Mütter häufig quälen, bis er in seinem letzten Film „Familiengrab" einen Juwelenhändler auf die Leinwand schickte, der die *kicks* des *kidnapping* schätzte und der als Jugendlicher seine Eltern gleich im eigenen Haus verbrannt hatte. Die bayrische Prinzessin hat von Ernst Marischka einen ganz anderen Drehbuch-Auftrag erhalten: Sissi soll für Aussöhnung sorgen, für „Ruhe und Frieden" in der Familie. Sehen wir zu.

Am Nachmittag desselben Tages; es ist gegen sechzehn Uhr. Sissi, die von ihrer Mutter ins Zimmer eingesperrt worden war, sie hatte beim Anlegen der Garderobe für das Treffen mit dem Kaiser und dessen Familie gestört, ist hinausgeklettert und hat ihre Angelausrüstung mitgenommen. Die bayrische Prinzessin büchst aus. Gendarmerie-Major Böckl (Josef Meinrad), der für die Sicherheit des Kaisers verantwortlich ist, ein hypomanischer Sicherheitsbeamter, der an jeder Straßenecke einen Terroristen vermutet (seine Order an seine Leute: „Lieber einen Rebellen zuviel verhaften als einen Unschuldigen laufen lassen") –, er verfolgt Sissi so aufgeregt wie ein schüchterner Verliebter, der sein Mädchen nicht anzusprechen wagt. Sissi hat von der Straße aus ein flaches Ufer an der Traun (ein Nebenfluß der Donau) entdeckt, ihren Rucksack am Straßengeländer achtlos abgelegt und ist zum Ufer hinuntergeklettert. Sie setzt ihre Angelrute zusammen. Die Kalesche, in der Franz Joseph I. offen ausfährt, begleitet von Graf Grünne (Karl Fochler), nähert sich der angelnden Sissi und dem Rucksack, welcher, dank Ernst Marischkas Kino-Technik, sich zu einem von Wegelagerern querliegenden, riesigen Hindernis auswächst... die vier Pferde scheuen, Verwirrung in der Kutsche, Sissi wirft in diesem Augenblick die Angel aus: die landet nicht in der Traun, sondern hakt in der Uniform des Kaisers. Die Verwirrung steigt. Sissi hat den Kaiser sofort erkannt und verspricht, ihn von dem Angelhaken zu befreien. Major Böckl mischt sich ein, er glaubt, den Kaiser vor einer Bomben-Legerin schützen zu müssen. Ein Kino-Zufall. Sissi hat die Lösung des alten jugendlichen Tagtraums gefunden: Wie spreche ich einen attraktiven Mann an? Franz Joseph, zuerst über den Anrempler empört, strahlt. Verständlich; wenn einem Romy Schneider auffährt, verschmerzt man die beschädigte Rückleuchte leicht. Eine spaßige Rauferei beginnt. Major Böckl entwindet Sissi das Messer, mit dem sie den Haken aus Franz Josephs Uniform heraushebeln wollte. Ihr entwaffnender Kommentar über den eifrigen Major: „Der spinnt ja". Romy Schneider kann das über einen (österreichischen) Beamten sagen. Sissi: „Ich bin doch keine Nihilistin" (heute würde man sagen: „Terroristin"). Franz Joseph I.: „Aber eine Österreicherin ist Sie auch nicht". Sissi: „Nein, ich bin aus – (leichtes Stocken) – Bayern". Sie sagt ihren Namen nicht. Franz Joseph I.: „Graf Grüne, fahren Sie voraus und sagen Sie meiner Mutter, daß ich ein Stückerl zu Fuß gegangen bin". Gut, wenn man Kaiser ist und einen Grafen zur Mutter schicken kann. Sissi und Franz Joseph verständigen sich auf einen Spaziergang entlang der Traun. Franz Joseph: „Hat Sie wenigstens etwas gefangen?" „Ja, Sie, Majestät". Franz Joseph lacht: „Das ist die erste schöne Überraschung, die ich in Ischl erlebe". Ein Bekenntnis: Franz Joseph mag Sissi sofort, aber den Plan, ihn mit Helene zu verloben, nicht. Franz Joseph lädt sie ein, mit ihm auf die Pirsch zu gehen. Die Unternehmungen gleichen sich. Sissi erläutert, daß sie ihren Vater (den sie „Papili" nennt) oft auf die Pirsch begleitet. Franz Joseph bilanziert den sozialen Status seiner Begleiterin: „Der ist auch Jäger, der Papili". Sissi: „Der beste, den ich kenne". Franz Joseph: „Das freut mich". Sie verabreden sich zum Pirschgang um siebzehn Uhr.

Eine heimliche Verabredung. Sissi klettert ein zweites Mal aus ihrem Zimmer. Franz Joseph tischt seiner Mutter, die ihn nach der unbekannten Dame ausfragt mit der bei Müttern bekannten Skepsis, ob sie denn der „richtige Umgang für ihren Jungen" sei, ein Treffen mit seinen Jägern auf, die er nicht warten lassen möchte. Verstohlene *dates* sind besonders aufregend: die ersten dramatischen Versuche, sich von den elterlichen Wünschen abzusetzen. Treffpunkt ist eine Brücke über die Traun. Franz Joseph hat seine Begleiter weggeschickt. Von weitem sehen wir Sissi kommen: den Hügel hinunterlaufend, im wehenden altrosafarbenen Dirndlkleid. Die Begegnung zwischen Ungleichen. Sie begrüßt Franz Joseph mit einem forschen „Grüß Gott, Majestät!" und entschuldigt sich sofort: den Knicks hatte sie vergessen. „Bin ich pünktlich?" Franz Joseph: „Schön, daß Sie gekommen ist". Sissi: „Ich freue mich so, daß ich wieder in den Wald gehen kann".

Diese Szene ist das Zentrum des Films; sie soll ausführlich besprochen werden. Der österreichische Kaiser und die bayrische Prinzessin gehen den Pfad hoch, der in den Wald hineinführt. Sissi bemerkt ihre erste Gemeinsamkeit: „Schön, daß Majestät den Wald auch so lieben wie ich". Franz Joseph bedauert, wenig Zeit zu haben. Sissi: „Wenn du einmal im Leben Kummer oder Sorgen haben solltest, dann geh wie jetzt mit offenen Augen durch den Wald. Und in jedem Baum, in jedem Strauch, in jeder Blume und in jedem Tier wird dir die Allmacht Gottes zu Bewußtsein kommen und dir Trost und Halt geben". Franz Joseph schaut sie erstaunt von der Seite an. Er weiß nicht (was wir seit Beginn des Films wissen), daß Sissi gerade ihren Vater zitiert, der ihr diese Lebensregel mitgegeben hat; er muß sich, vermuten wir, mit dem Duzen so angesprochen fühlen wie die Protagonisten angelsächsischer Filme an jenem (geheinmisvollen) Punkt, wo die Dialog-Autoren einer deutschen Synchronisation vom Siezen ins Duzen wechseln und damit das Zugeständnis einer gegenseitigen Zuneigung markieren. Franz Joseph vergewissert sich: „Das hat Sie irgendwo gelesen". „Nein, diesen Rat hat mir mein

Papili gegeben". „Ach, der Papili", bemerkt Franz Joseph mit dem gespielten Erstaunen dessen, der sich über die Begeisterung eines Mädchens für ihren Vater amüsiert, „das muß ja ein wunderbarer Mann sein, der Papili". Sissi: „Das will ich meinen". Franz Joseph hat einen stattlichen Hirsch entdeckt; er lädt sein Gewehr und legt an – aber Sissi vertreibt den Bock mit einem kräftigen Niesen. Er nimmt ihr diese Art von Sabotage nicht übel; kopfschüttelnd schaut er ihr nach, wie sie, dieses fröhliche Mädel, singend vorausläuft.

Sissi setzt sich auf einen Baumstamm und holt ihre Zither aus dem Rucksack. Franz Joseph ist verblüfft. Sissi: „Der Pappi hat sie sogar nach Ägypten mitgenommen, auf die Cheops-Pyramide." Franz Joseph: „Der Papili war sogar in Ägypten". Dieser Vater, kann er sich ausrechnen, ist kein einfacher Mann. Sissi spielt auf der Zither, Franz Joseph beobachtet sie. Die Kamera fährt auf die beiden zu, nimmt Sissi ins Bild – diese filmische Bewegung enthält den Wunsch einer Berührung. Sie entdecken ihre Zuneigung. Franz Joseph bedauert, daß Sissi nur zwei Tage in Ischl bleiben wird; ihretwegen würde er gern seinen Urlaub verlängern. Sissi ist verlegen: „Das ist aber nett, Majestät". Sie tauschen weitere gemeinsame Interessen aus: das Reiten, rote Rosen und, als Lieblingsspeise, Apfelstrudel. Ein vorsichtiges Tasten, welches an die Tanzstundenzeit erinnert, als es schwierig war, ein Gespräch zu beginnen. Franz Joseph fragt Sissi nach ihrem Namen. Sie stapelt tief: „Zu Hause nennt man mich die ‚Liesel von Possenhofen'". Franz Joseph reagiert sofort auf den bayrischen Ort Possenhofen, aber er errät Sissi nicht als eine der Possenhofener Prinzessinnen. Und Sissi gibt sich als eine Einheimische aus, die die prominente Herzogsfamilie vom Sehen kennt; sie macht sich einen Spaß daraus, Franz Joseph zu fragen, wie er Elisabeth findet. Franz Joseph: „Nichtssagend". Sie lächelt in sich hinein. Franz Joseph zu Sissi: „Aber Sie gefallen mir, Liesel. Ich habe nie gewußt, daß ich jemanden beneiden könnte – den Mann, der Sie zur Frau bekommt". Franz Joseph erzählt Sissi von seiner geplanten Verlobung. Irritiert fragt sie nach, ob sie seine Verlobte kenne. Helene. Sissi ist verstört; sie hält Franz Joseph, der sie zu umarmen versucht, nicht aus und rennt davon. Franz Joseph, überrascht und enttäuscht, ruft vergeblich hinter ihr her, was mit ihr sei. Sissi antwortet mit dem „Nichts! Nichts!" einer tief Verletzten, die allein sein möchte. Franz Joseph verliert sie (wie wir) aus den Augen. Sie hat ihre Zither liegen gelassen. Franz Joseph hebt das Instrument auf und steckt es in Sissis Rucksack.

Die lausbübisch initiierte Romanze, gerade eine gute Stunde alt, endet abrupt. Sissi und Franz Joseph, denen wir sehnlich wünschen, ein Paar zu werden, kommen nicht zusammen. Ein Desaster. Es kommt häufig in westdeutschen Filmen vor. Helga Lüdersen und Walter Rainer, der Förster in der Lüneburger Heide: auf dem Schützenfest tanzen sie ihren letzten Tanz, weil Helga mit ihrem Vater, dem gesuchten Wilddieb, in die Stadt umzuziehen beabsichtigt, damit er nicht wieder wildern kann (Hans Deppe: Grün ist die Heide). Susanne Stettner (Gardy Granass) und Hans Homann (Claus Biederstaedt): Susanne heiratet nicht ihn, sondern verlobt sich mit dem reichen, um dreißig Jahre älteren Herbert Ohlberg (Willy Fritsch), weil ihr verwitweter Vater (Carl Wery) mit seiner Uhrenfabrik in finanzielle Not geraten ist (Geza von Bolvary: Schwarzwaldmelodie, 1956). Das typische dramaturgische Scharnier unserer Kinofilme: an einem Punkt im *plot* erweist sich eine Verliebtheit als eine Bedrohung – die Zuneigung zum Partner, zur Partnerin kollidiert mit der Loyalität den

Eltern gegenüber. Westdeutschlands Filme erzählen Geschichten familiärer Bindungen; sie handeln vom komplizierten deutschen Drama der Ablösung von den Eltern. Jede Eroberung einer Partnerin oder eines Partners bedeutet für den adoleszenten Jugendlichen ein Abwenden von den Eltern: der normale Prozeß der Reifung. Aber seltsamerweise machen sich die Protagonisten unserer Kinos oft *schuldig*, wenn sie sich verlieben. Wieso?

Im Ernst-Marischka-Film ist es verzwickt. Sissi ist eine ebenso loyale Tochter wie Helga Lüdersen oder Susanne Stettner. Aber sie schleppt die Last einer doppelten, widersprüchlichen Loyalität: Herzogin Ludovika, die sich ihres Mannes schämt, verlangt von Sissi die Anpassung an die adligen Standards, der robuste Herzog erwartet von seinem „Prachtmädel" das Gegenteil: die Opposition gegen die adligen Standards. „Gespaltene Loyalität" hat das der Familientherapeut Ivan Boszormenyi-Nagy (4) genannt: eine schwierige Bürde für Kinder. Schauen wir in die letzten beiden Szenen hinein, um zu sehen, wie Ernst Marischkas Sissi diese familiäre Aufgabe zu bewältigen sucht. Ihre erste Antwort auf Franz Josephs Frage, wer sie sei, war ein stockendes „Ich bin aus – Bayern". Warum sagt sie nicht, wer sie ist: Prinzessin Elisabeth von Wittelsbach aus Possenhofen? Kinder, die sich ihrer Herkunft schämen, bringen schlecht heraus, wer ihre Eltern sind; das Arbeiter-Kind fühlt sich dem Professoren-Kind unterlegen.

Sissi ist, in dieser kurzen Passage, mit ihrer Mutter, der Herzogin Ludovika, identifiziert: mit deren Scham über den nicht salonfähigen Mann. Wenig später, beim Spaziergang an der Traun, führt Sissi ihren Vater, der auch ein Jäger sei, ins Gespräch ein, so erfüllt sie die ihrem Vater geltende Loyalität. Sissis ergebenes Bemühen, ihrem Vater treu zu bleiben in mehreren Szenen, macht deren Charme aus. Sie zeichnet von ihrem Vater ein großbürgerliches Bild. Als sie von Franz Joseph erfährt, daß er sich mit ihrer Schwester Helene verloben wird, ist sie schockiert; sie muß sich betrogen fühlen. Ihrer Mutter hat sie die Treue gehalten, aber Herzogin Ludovika hat hinter ihrem Rücken ein Heiratskomplott geschmiedet. Sissi ist die ausgeschlossene Tochter, ein Aschenputtel, das nur zuschauen soll.

Die beiden letzten Szenen haben einen anderen Aspekt. Er hat mit der Zweideutigkeit des Schabernacks zu tun, den Sissi inszeniert. In dem Verschweigen ihrer Identität stecken die Phantasie: ein neues Leben zu leben, ohne die belastenden Verpflichtungen des alten, und der Spaß: Identitäten zu wechseln – auszubüchsen. Verwechslungskomödien leben vom Spiel mit der echten und der geborgten, erschwindelten Identität. Verwechslungskomödien gestatten: einen sozialen Rache-Feldzug wie in Kurt Hoffmanns „Drei Männer im Schnee" (1956, s. S. 130) oder einen Blick auf Marylin Monroes Dessous in Billy Wilders Gangster-Klamotte „Manche mögen's heiß" (1959), in dem Saxophonist Joe (Tony Curtis) und Bassist Jerry (Jack Lemmon) sich als Josephine und Daphne in eine *ladies band* einschmuggeln.

Elisabeth von Bayern frönt einem anderen Vergnügen: als ein guter, herzlicher Kumpel, dessen Lachen den österreichischen Kaiser einnimmt, bricht sie für Augenblicke aus den familiären Bindungen aus. Ausbruchsversuche, schrieb der Familientherapeut Helm Stierlin (5), provozieren Ausbruchsschuld. Sissi, erschüttert vom Betrug ihrer Mutter, entdeckt auch, daß sie sich in deren Plan eingemischt hat: ihr Flirt mit dem Kaiser ist unstatthaft. Sie hängt fest an den familiären Ketten. So muß sie heimrennen. Und wir werden zurückgelassen in einem Gefühlsgemisch aus Ohnmacht, Ärger und Resignation über ein Aschenputtel, das sich fügt, und über ein (mütterlich dominiertes) Elternhaus, das einsperrt.

Im Kino lernt man schnell, sich zu erinnern. Franz Joseph I., glücklicherweise österreichischer Kaiser, hat einige Male Courage bewiesen: seinem Minister widerstanden, seine Mutter leichthin beschwindelt. Ein Kinogänger gibt seine Hoffnungen so schnell nicht auf. Ernst Marischka enttäuscht uns nicht. Der Höhepunkt des Films ist das festliche Essen am Abend mit dem anschließenden Ball, auf dem Franz Joseph seine Verlobung bekanntgeben will. Herzogin Ludovika und Helene sind eingeladen, überraschenderweise auch Sissi, die, auf Wunsch der Erzherzogin Sophie, für einen erkrankten Gast die Sitzordnung komplettieren darf. Sissi weigert sich, sie will nicht teilnehmen; sie hat niemand von ihrer Begegnung mit dem österreichischen Kaiser erzählt. Herzogin Ludovika versteht ihre Tochter nicht: eine solche Einladung auszuschlagen... Es geht aufregend zu wie in einem *thriller*; Ernst Marischka strapaziert den Zuschauer mit der Frage: Kommt Sissi?

Wir sind beim Gäste-Empfang im Saal der Ischler Residenz. Die Kamera ist auf den Eingang gerichtet: Wir schauen gespannt zu wie jemand, der sich auf einer *party* in der Nähe der Haustür aufhält und sich bei jedem Klingeln automatisch umdreht um zu sehen, ob es die geliebte Frau ist oder der geliebte Mann, die eintreten. Je zahlreicher die eintreffenden Gäste, desto unerträglicher das Herzklopfen. Die Gäste des Kaisers werden ausgerufen: Feldmarschall Radetzky! Ihre Majestät, die Königin von Preußen! Ihre Majestät, die Königin von Sachsen! Ihre königliche Hoheit, Herzogin Ludovika in Bayern! Ihre königliche Hoheit, Prinzessin Helene in Bayern! Ihre königliche Hoheit, Prinzessin Elisabeth in Bayern! Sissi kommt. Im hellblauen, bestickten Ballkleid, kommt sie herein, stockt, schreitet langsam weiter, sehr hübsch und sehr ernst, kein fröhlicher Kumpel mehr. Franz Joseph ist perplex (und wir sind erleichtert): ein jugendlicher Tagtraum erfüllt sich – das bildschöne Mädchen von nebenan, „the girl next door", von dem Frank Sinatra sehnsuchtsvoll sang, unerreichbar wie *the girl from Ipenema*, wird einem vorgestellt. Heimlichkeiten sind künftig unnötig. Das Kino-Glück nimmt seinen Lauf. Franz Joseph setzt sich bei seiner Mutter durch und gibt seine Verlobung mit Sissi bekannt.

Ist das das Ende des Ernst-Marischka-Films? Nein. Er hat noch eine Viertelstunde vor sich, und das *happy ending* im österreichischen Ischl weist einige Trübungen auf. „Sissi" ist ein mehrschichtiges Kinostück. Elisabeth von Bayern hat mit der Verlobung die elterlichen „Aufträge" eingelöst. Ihre Mutter ist mit ihrem Status einverstanden, endlich, ihr Vater rehabilitiert, sie hat es geschafft, daß (in einer rührenden Szene) ihre Mutter ihren Vater öffentlich verteidigt – das Eltern-Paar ist versöhnt. Und Sissi? Sie wird Kaiserin von Österreich, nicht schlecht, aber sie bleibt weiterhin gebunden. Dialog zwischen Sissi und ihrer künftigen Schwiegermutter, Erzherzogin Sophie. Sophie: „Du wirst überhaupt ein anderes Leben führen müssen, wenn du Kaiserin von Österreich werden willst". Sissi: „Ich will frei leben, ohne Zwang!" Sophie: „Was ist das für eine Sprache, die du führst?" Sissi: „Die Sprache, die mich mein Vater gelehrt hat, dem die Freiheit und die Wahrheitsliebe über alles geht". Sissi muß sich noch mehr anstrengen: Jetzt besteht ihre neue Aufgabe darin, Franz Joseph mit seiner Mutter zu versöhnen; die Arbeit am Ausgleich familiärer Schuld hört nicht auf.

Verblüffend ist an „Sissi", daß Franz Joseph I. in einer ähnlichen Familienkonstellation steckt – seine Mutter ist der Vater in der kaiserlichen Familie, und sein Vater ein schwerhöriger Trottel, die Karikatur eines Mannes, der, damit ihm seine Frau nicht auf die Finger klopft, den Cognac aus der Teetasse trinkt. Franz Joseph siezt seine Mutter, aber er duzt seinen Vater. Das war *nicht*, so Brigitte Hamann (6), die Praxis am Wiener Hof: Franz Joseph siezte seinen Vater. Unser Duzen, wenn es nicht im vertrauten Dialog verwandt wird, folgt der Absicht des Kränkens. Ernst Marischka hat hier nachgeholfen; er ist in den Kontext der Nachkriegszeit, zu dem die Entwertung der Väter, die Sehnsucht nach einem integren Vater und die Macht der Mütter gehört, eingebunden. Österreichische Väter, kann man dem „Sissi"-Film entnehmen, sind von der Zerschlagung des Dritten Reiches offenbar ebenso getroffen worden wie westdeutsche Väter.

Der Untergang „Großdeutschlands", zu dem Österreich seit dem sogenannten Anschluß im Jahre 1938 gehörte, der eine nationalsozialistische Vereinnahmung war, war auch für unseren Nachbar ein Schock. „Großdeutschland": Das war Adolf Hitlers verbales Aufschließen zum alten Rivalen *Great Britain*. Was bedeutet es für ein Land wie Österreich, in dem am 20. April 1889 ein Mann in Braunau am Inn geboren wurde, der im Deutschland der Weimarer Zeit Karriere machte? Ein Mann, dessen politische Verheißungen Aufrufe zum Morden waren? Die Verletzungen müssen tief gehen. Der Spott, welcher über den Vater Franz Josephs, Erzherzog Franz Karl (Erich Nikowitz) ausgeschüttet wird, ist ein Indiz. Den zweiten Hinweis liefert die Figur des Major Böckl, der von Josef Meinrad so gekonnt gespielt wird, daß man den beißenden Hohn übersieht, der diesem tolpatschigen, manischen Sicherheitsbeamten gilt: die Schadenfreude über Böckl, den verrückten Monarchie-Schützer, wirkt wie eine späte Abrechnung mit dem

Nazi-Terror, ein filmisches Schienbein-Treten. Die älteren Kino-Zuschauer, die sich vor der Einschüchterung der Nationalsozialisten duckten und sich an ihre Ängste erinnerten, dürften erleichtert gelacht haben. Das westdeutsche Kino, das mit dem österreichischen so oft kooperiert, daß man von *einem* Kino sprechen kann, lebt von diesen Spott-Einlagen, welche an die Tagträume von Schülern erinnern, die in den Pausen ihre Lehrer verhohnepipeln und sich in den Schulstunden fügen (siehe „Natürlich die Autofahrer!" Seite 239). Politisch bewußte Bürger müßten andere Kino-Phantasien pflegen. Aber wie sollten sie in den fünfziger Jahren? Der Bundesrepublik Deutschland wurde eine tiefe Ambivalenz entgegengebracht: über den Staat der entwerteten Väter war einfach zu spotten, aber ihn zu respektieren war schwer. Einen Vater, der sich von seiner Frau klaglos kränken läßt, keinen reinen Tisch macht und seine Vergangenheit vernebelt, kann man schwerlich achten. Die zerstrittenen Familienstuben der Nachkriegszeit machten unser Land nicht wohnlicher.

„Nerven uns auf einer römischen Piazza am rechten Nebentisch zwei deutsche Lehrerehepaare bis aufs Blut mit ihrem lauten Besserwissergespräch über Reisekostenrückerstattung und Bausparverträge, so können wir doch aufatmen: denn die drei Amis links nebenan sind ebenso rosa, und was sie faseln, ist keine Spur geistreicher; und vor uns die Franzosen sind auch eher schwabbelige Spießer als soignierte Gourmets; die englische Familie dahinter ist nicht zurückhaltend, im Gegenteil: weithin hörbar schallt der Gouvernantenton ihrer blassen Mutter; von den verdrucktesten Schweizern in der Ecke dahinten ganz zu schweigen. Wenn die Lehrer aus Remscheid jetzt nicht das Thema Gruppensex anschneiden und wenn nicht eine angetrunkene Reisegesellschaft aus Sankt Blasien auftaucht und Volkslieder aus dem Schwarzwald singt, dann ist die Sache glimpflich abgelaufen, dann haben die Deutschen im internationalen Horrorwettbewerb um die miesesten Nationaleigenschaften nicht schlechter abgeschnitten als die anderen auch. Darauf bestellen wir beim Ober gleich erleichtert, möglichst leise und möglichst italienisch, noch einen Chianti und hoffen, daß er uns nicht laut ‚jawoll' antwortet".

Das schreibt Joseph von Westphalen 1984 (7). Die Westdeutschen sind heute weitgereist und haben sich, mustergültige Touristen zumeist, umgesehen: so sehr müssen sie sich nicht mehr schämen. Das war 1954 anders. Da trauten sich, laut einer EMNID-Meinungsbefragung, achtzehn Prozent der Bundesdeutschen zu Ferien ins Ausland. Die Jahre zuvor waren es fünf Prozent der Bundesbürger gewesen (DER SPIEGEL, 22.4.1954, S. 8). 1954, dokumentierte DER SPIEGEL (28.4.1954, S. 10), publizierte die linke holländische Wochenzeitung „Groenne Amsterdammer" ein Spottgedicht mit dem Titel „Auf die zweite germanische Invasion" – Ferien-Reisende aus der Bundesrepublik waren, verständlicherweise, nicht gern gesehen, sie schämten sich oft und leicht, wenn sie ein Restaurant betraten, ein Zimmer bestellten. Das Reisen ins Ausland war häufig ein heimliches Spießrutenlaufen überempfindlicher Westdeutscher: aus Angst, sie würden zur Rechenschaft gezogen. Die fünfziger Jahre waren auch eine Zeit des peniblen Registrierens feinster Signale einer in der westdeutschen Öffentlichkeit genannten „Deutschfeindlichkeit" – in dieser Vokabel schwang eine sublime Empörung mit, daß andere den Finger auf unsere Wunden legen. Wer sich schämt, ist nicht souverän. Es war (und ist) schwer, sich mit unserer nationalen Niederlage abzufinden; noch immer wird der Eigenname „Deutschland" auf störrische Weise benutzt, wenn von der Bundesrepublik Deutschland die Rede ist; es dauert lange, bis unser Staat zu unserem Land geworden ist.

Was hat das mit dem Ernst-Marischka-Film zu tun? Schauen wir ein letztes Mal in zwei Sequenzen hinein. Zwei Tage vor ihrer Hochzeit am 24. April 1854 fährt Sissi mit dem Raddampfer, der morgens um acht in Linz ablegt und nachmittags gegen sechzehn Uhr in Nußdorf bei Wien anlegt, die Donau hinunter. Ernst Marischka (der keine Daten angibt; sie sind Brigitte Hamanns Biographie entnommen) zeigt ein Stück dieser Fahrt und die Ankunft im pompös hergerichteten Nußdorf, wo die Mitglieder des Hauses Habsburg, vor allem die guten Bekannten Franz Joseph I., Erzherzogin Sophie, Erzherzog Franz Karl und Carl Ludwig, unter einem riesigen Baldachin warten – Hollywood in Österreich. Der Raddampfer sieht prächtig aus: mit rotem Stoff ausgeschlagen und einem kleinen Baldachin für Sissi, ebenfalls aus rotem Stoff. Sissi trägt ein weißes Ballkleid mit einem roten Cape, *very matching*; eine attraktive Frau. Herzog Maximilian trägt eine feine bayrisch-blaue Uniform, gut sieht er aus, und Herzogin Ludovika macht wie immer eine stattliche Figur.

Die Ufer der Donau bevölkern begeisterte Österreicher, die winken und „Hoch Elisabeth!" rufen. Eine Triumphfahrt für Sissi: sie ist mehr als willkommen. Romy Schneider, in Wien geboren, aber dem Film-*plot* nach eine westdeutsche Prinzessin, erlebt einen begeisterten Empfang auf ausländischem Boden. Sind Westdeutsche so bejubelt worden in den fünfziger Jahren im Ausland? Im Kino-Saal findet ein Fest statt: für Minuten werden wir hinweggetröstet über unsere nationale Schuld und Scham. Sissi, die gute Tochter, die man der Verwandtschaft vorzeigen kann, weil sie „es zu etwas gebracht" hat, gelingt eine

Kino-Versöhnung. „Eine Nation weinte, endlich", schrieb Ilona Brennicke (8). Weinen kann man dort, wo man sich seiner Tränen nicht zu genieren braucht und wo man sich aufgehoben fühlt. Ernst Marischka hat den Nerv getroffen und eine Familien-Hochzeit inszeniert gegen die weitverbreitete westdeutsche Beschämung; „Sissi" ist ein Anti-Depressivum, so gut und so nützlich, aber auch so problematisch wie viele Psychopharmaka. Ludwig Marcuse, kein Verächter der Massen-Kultur, schrieb: „Das Film-Happy-End ist der armor intellectualis, die Serenitas, die Utopia der Primitiven; diese Beglückungen wären nicht entstanden, wenn mit ihnen nicht Nöte besänftigt würden, die immer wieder neu und immer wieder anders (in anderen Zeiten, in anderen Schichten) weg-getröstet wurden. Die Religionen waren das Happy-End von einst. Das Trösten ist eine der gesegnetsten Quellen – sowohl der erlauchtesten als der auch der derberen Kulturen" (9).

Als der Raddampfer sich der Anlegestelle nähert, eilt Franz Joseph die mit rotem Teppich ausgelegten Stufen hinunter, und Sissi vom Schiff – er begrüßt sie steif mit einem Handkuß, und sie umarmt ihn: „Sissi" – „Franzl", zwei Kinder, die sich für ihre Eltern anstrengen. Nicht nur für sie. Denn während die beiden sich umarmen, wird die Melodie unserer Nationalhymne gespielt, Haydns Kaiser-Hymne „Gott erhalte Franz, den Kaiser", die im vorigen Jahrhundert Österreichs Nationalhymne war. Ein inszenatorischer Kniff, der zumindest historisch korrekt ist (ob Haydns Komposition am 22. April 1854 in Nußdorf gespielt wurde, ist offen): Ernst Marischka schiebt mit der Melodie aus Haydns Kaiser-Quartett den gut einhundert Jahre alten und in der Nachkriegszeit enorm aktuellen Kontext der Suche der Deutschen nach ihrer Nation in den „Sissi"-Film hinein. Es ist eine bittere Geschichte mit dem

Deutschland-Lied verbunden. Drei Jahre zuvor hatte Konrad Adenauer Hoffmann von Fallerslebens Deutschland-Lied, welches auf die Melodie des Haydnschen Kaiser-Quartetts gesungen wird, durchgesetzt, mit der Einschränkung, daß nur die dritte Strophe gesungen werden sollte:

> *„Einigkeit und Recht und Freiheit*
> *Für das deutsche Vaterland!*
> *Danach laßt uns alle streben*
> *Brüderlich mit Herz und Hand.*
> *Einigkeit und Recht und Freiheit*
> *Sind des Glückes Unterpfand –*
> *Blüh im Glanz dieses Glückes,*
> *Blühe, deutsches Vaterland!"*

Nationalhymnen sind kollektive Versprechen: daß die Bürger stolz sein können auf ihr Land, welches ihnen ein anständiges Leben garantiert. Unsere Nationalhymne verspricht mit den beiden letzten, bewegenden Zeilen eine Unmöglichkeit – so wie die Präambel unseres Grundgesetzes einen unmöglichen Auftrag ausspricht –: nach 1945 existiert Deutschland nicht mehr. Unsere Nationalhymne ist auch das Dokument eines Verlustes, einer Niederlage und einer Suche, die nicht aufhört. Hoffman von Fallersleben hatte im August 1841 das Deutschland-Lied geschrieben; es war, wie der Historiker Hagen Schulze anmerkt, „keineswegs aggressiv oder chauvinistisch gemeint" (10). Die (verbotene) erste Strophe (aber wer hat sie nicht im Ohr?) enthalte, so Hagen Schulze, den Wunsch nach der „Einigkeit Deutschlands über die Vielstaaterei des Deutschen Bundes; Maas, Memel, Etsch und Belt umgrenzen das Gebiet des Deutschen Bundes oder der deutschsprachigen Staaten, die zum Deutschen Bund gehörten". Die

Nazis machten aus dem Lied einer deutschen Sehnsucht einen imperialistischen *song*, welcher in den Liederbüchern des Dritten Reiches oft neben (man brauchte nur auf die rechte Buch-Seite zu schauen) das stramme Horst-Wessel-Lied (Die Fahne hoch), unsere damalige zweite Nationalhymne, plaziert war: ein Grund für die Scheu am Anfang der fünfziger Jahre, Hoffman von Fallerslebens Lied als westdeutsche Nationalhymne zu bestimmen. 1952 war die Entscheidung umstritten gewesen – im Ausland wurden pangermanistische Regungen in den Bundesdeutschen befürchtet, was 1984 der italienische Außenminister Guilo Andreotti erneut aussprach, als er die Politik der Annäherung der Deutschen Demokratischen Republik und der Bundesrepublik kommentierte. 1954 hatte DER SPIEGEL (8.9.) zur Beruhigung eine Umfrage des Allensbacher Instituts für Demoskopie veröffentlicht, wonach die Mehrheit der Westdeutschen die Flüsse Maas, Memel, Etsch und Belt nicht zu lokalisieren wußten.

Mit der westdeutsch-österreichischen Nationalhymne wird die bayrische Herzogsfamilie empfangen. Sie gehörte, 1854, tatsächlich zu den vergleichsweise armen Verwandten des Hauses Habsburg.

In den Klappsesseln der Filmtheater saßen nicht wenige ausgebombte, verarmte westdeutsche Kinogänger – sie wußten, wie es ist, wenn man am Bahnhof mit den zerschlissenen Koffern von den gutsituierten Verwandten empfangen wird: milde mitleidig, auch ein Spießrutenlaufen. Es war nicht einfach. Ernst Marischka läßt die Aufregung der bayrischen Familie anklingen – welche die Zuschauer damals nur zu gut kannten. Die Ankunftsszene lebt von der Pracht, welche die Armut von 1955/56 für ein paar Minuten vergessen läßt. Westdeutsche, die vielleicht einreisende Mitteldeutsche waren, werden mit Pomp empfangen. Wer tagträumte damals nicht von wohlhabenden Verwandten in Westdeutschland?

Ein weiterer Aspekt. Im Kino-Saal wird die bundesdeutsche Rivalität (der fünfziger Jahre) mit der mitteldeutschen Republik, deren lange Schlangen vor den HO-Läden die Überlegenheit der Ludwig Erhardschen Wirtschaftspolitik belegten, ausgesetzt und verschoben: Dank Elisabeth von Bayern und Franz Joseph I. gehört Österreich, der alte Rivale des 19. Jahrhunderts, zur Familie; der bayrisch-österreichische Verwandtschaftsbund im Kino ersetzt das schwierige Verhältnis von Ostdeutschland und Westdeutschland in der Nachkriegszeit. Das Kino der fünfziger Jahre hat, indem es seine *plots* in der habsburgischen Monarchie entfaltete, auf seine Weise auf eine schwer erträgliche Gegenwart reagiert; wenn bundesdeutsche Phantasie-Bereitschaft sich nicht in östlicher Richtung ausbreiten konnte, dann doch zumindest in südlicher Richtung: so etablierte unser Kino die politische Unmöglichkeit eines Gesamt-Deutschlands – allerdings eines des neunzehnten Jahrhunderts. Wir waren schon immer großzügig mit den deutschsprachigen Autoren und Künstlern Österreichs. Im neunzehnten Jahrhundert wurde die Idee einer deutschen Nation diskutiert, welche durch ihre Sprache, nicht durch ihre politische Form bestimmt war; ein intellektueller Ausweg einer deutschen Unfähigkeit, die andauert. Und in der westdeutschen Öffentlichkeit war das Bewußtsein gering, daß viele unserer Kino-Stars österreichischer Herkunft sind: Otto Wilhelm Fischer, Heidemarie Hatheyer, Maria Schell, Romy Schneider, Dietmar Schönherr, Rudolf Prack.

Die letzte Szene. Der 24. April 1854: die Trauung in der Wiener Augustinerkirche. Begleitet von ihrer Mutter und ihrer Schwiegermutter, schreitet Elisabeth, eine bildhübsche Braut, zum Altar. Ernst Marischka hat einen Pomp aufgeboten, den man aus Hollywood-Filmen gut kennt. Eine soziale Phantasie erfüllt sich: Sissi heiratet ein bei den reichen Leuten. Grace Kelly, Tochter eines reichen Bauunternehmers aus Philadelphia, heiratet 1956 Prinz Rainier von Monaco. Kaiserin Soraya machte damals viele Schlagzeilen, ebenso Prinzessin Margaret aus England, die Schwester der Königin Elisabeth. In die Kinos kommen viele soziale Märchen, von „Désirée" (Henry Koster, 1954) bis zum „Schwan" (Charles Vidor, 1956) und „Sabrina" (Billy Wilder, 1954).

Das Brautpaar wendet sich zum Altar hin und dreht der Kamera den Rücken zu. Georg Friedrich Händels Oratorium „Der Messias" wird gespielt und gesungen. Wir müssen Abschied nehmen. Wir sehen Sissi (in diesem Film) nicht wieder. Ein deutsches Fräulein hat reüssiert. Der Wildfang vom Anfang ist aufgenommen – in die Kaiser-Familie. Am 5.5.1955 treten die Pariser Vertragswerke in Kraft, vier Tage später wird die Bundesrepublik Deutschland in den Nordatlantischen Verteidigungspakt, die NATO, aufgenommen. Der Film „Sissi" wurde am 22. Dezember 1955 in München uraufgeführt, rechtzeitig zum nationalen Triumph. Zwei Jahre später wird die Bundesrepublik Mitglied der Europäischen Wirtschaftsgemeinschaft; am 25.3.1957 werden die Verträge zur Gründung der EWG auf dem Kapitol in Rom unterzeichnet. Die Bundesrepublik ist im westeuropäischen Verbund aufgenommen, der Aufsteiger akzeptiert. Eher „geduldet", glaubt Günter Gaus dreißig Jahre später: „Die Deutschen jedoch speisen an fremden Tischen, weil seit mehr als dreißig Jahren sittsam und manierlich" (11).

Der Ernst-Marischka-Film verbreitet am Ende, trotz des grandiosen Finales, ein Gefühl des Aufgebens, eines Verlustes. Die Erfüllung der elterlichen Wünsche nach einer sozialen Rehabilitation, Sissi und Franz aufgebürdet, die eher wie Geschwister denn ein Ehepaar wirken, ist für Kinder eine Last, vor allem wenn die elterlichen Ansprüche so groß sind: Die habsburgische Monarchie ist das Bild für das Ausmaß der Kompensation ihrer Verletzung. Das kann in einer Familie nicht gutgehen. Die beiden nachfolgenden Ernst-Marischka-Filme „Sissi – die junge Kaiserin" (1956) und „Sissi – Schicksalsjahre einer Kaiserin" (1957) handeln von der Opposition der Kinder und beschwören den familiären Frieden, der auch ein nationaler sein sollte, und signalisieren doch zugleich dessen Gefährdung.

Die Ernst-Marischka-Arbeit „Sissi" war Romy Schneiders sechster Spielfilm. Ihre Kino-Karriere begann mit dem Streifen „Wenn der weiße Flieder wieder blüht" (1953). Ihre Mutter Magda Schneider sollte darin die Hauptrolle spielen. Der Produzent Kurt Ulrich von der Berliner Berolina-Film und der Regisseur Hans Deppe suchten eine Schauspielerin für die Tochter-Rolle. In der SPIEGEL-Titelgeschichte über Romy Schneider (7.3.1956) ist nachzulesen, daß Kurt Ulrich den Einfall hatte, Magda Schneider nach ihrer Tochter zu fragen: Ob Romy nicht den Part spielen könnte...? Man darf vermuten, daß Magda Schneider Kurt Ulrich zu dessen Frage animiert hatte. Romy Schneider, vierzehn Jahre alt, ohne Schauspielunterricht, aber mit Mittlerer Reife, bewährte sich sofort. Ernst Marischka setzte Romy Schneider in seinem Film „Mädchenjahre einer Königin" (1954) ein, eine Art *pilot film* für das künftige österreichisch-westdeutsche Genre adliger Kino-Geschichten. „Sissi" war ein Kassen-Knüller; in der Spielzeit 1955/56 sahen ihn zehn Millionen Zuschauer. Eine Mini-Serie wurde produziert; die österreichische Kaiserin erschien noch zweimal auf der Leinwand. An einem vierten „Sissi"-Teil mitzuwirken, lehnte Romy Schneider ab, trotz des für damalige Verhältnisse enormen Gagen-Angebots von einer runden Million Mark. Die drei „Sissi"-Filme waren sehr erfolgreich, nicht nur im deutschsprachigen Ausland. Romy Schneider wurde zum Star und damit zum öffentlichen Eigentum. Sie war ein Medien-Hit, der, in Ankündigung ihrer Filme, zu Schlagzeilen anregte wie: „Morgen werden Sie sich in Romy Schneider verlieben!" Sie wurde in einem ungewöhnlichen Ausmaß mit ihrer Kino-Rolle gleichgesetzt: Romy Schneider *war* Sissi.

Um populäre Kino-Stars gab es schon immer viel *ballyhoo*. Das sollte so sein. Die alten großen Hollywood-Studios nahmen ihre Stars unter Vertrag und sperrten sie in den Käfig einer kalkulierten Presse-Politik.

Romy Schneider war einem enormen Druck ausgesetzt. Von 1953 bis 1960 arbeitete sie in zwanzig Filmen, meist in der Hauptrolle, mit. 1960 war sie zweiundzwanzig Jahre alt. Eine westdeutsche Art zu lieben besteht darin, das verehrte Objekt zu verhöhnen oder zu entwerten. DER SPIEGEL karikierte Romy Schneider als die „Jungfrau von Geiselgasteig" (dem Studio-Komplex bei München). Ein typisches Kritiker-Urteil über Romy Schneiders Leistung: „Es bleibt lediglich das Vergnügen an dem unbefangenen Spiel einer reizenden Fünfzehnjährigen" (12). Eine fröhlich-brutale Leserzuschrift zu der Romy-Schneider-Geschichte im SPIEGEL: „Als Schauspielerin ist das herzige Maderl eine glatte Niete" (14.3.56, S. 5). Die Adjektive „reizend" und „herzig" sind typische Vokabeln der Herablassung. Damals wurde der Filmschauspieler am Bühnenschauspieler gemessen; über die Dreharbeiten im Filmstudio bestand ein Vorurteil: sie würden in etwa so ungezwungen funktionieren wie die Inszenierung des

Hausherrn, der seine Angehörigen vor dem neuen Volkswagen knipst. Daß die Eleganz eines Fred Astaire oder Gene Kelly das Produkt einer ungeheuren Anstrengung ist, hat sich bei uns erst spät herumgesprochen. Siegfried Kracauers „Theorie des Films" (13), unsere führende Kino-Ästhetik, schwärmt von einer „Natürlichkeit", welcher die Filmkamera nur folgen muß – aber das Kino, wofür Hollywood das beste Beispiel ist, diese seltsame Mischung aus Alltagswirklichkeit und Tagtraum, ist ein kompliziert hergestelltes Produkt. Die Techniker der *special effects* waren früher auch schon am Werk. Im Filmstudio gibt es kein „unbefangenes" Spiel einer Schauspielerin. Eine *crew* von Technikern und Künstlern präpariert und exekutiert die minutenkurzen Kamera-Einstellungen in einer sehr künstlichen Umgebung. Eine Schauspielerin muß sich für Augenblicke konzentrieren; sie kann sich nicht, wie auf der Theaterbühne, in den Kontext eines Stückes hineinspielen; sie agiert für eine regungslose, präzise Optik, zu der sie eine Intimität herstellen muß wie zu einem vertrauten Partner; sie muß in winzigen Gesten präsent sein. Erfahrene Kinogänger haben ein gutes Gespür für die Qualität eines Schauspielers. Und der Erfolg des amerikanischen Kinos beruht auf der eindrucksvollen Präsenz seiner Stars. Von John Wayne berichtete Howard Hawks, daß Wayne sich bei den Dreharbeiten zu „Hatari!" „wie eine Katze" zwischen den Tieren bewegte – um ihn habe er nie Angst gehabt (14).

Unsere Kinostars brauchen sich gar nicht so sehr verstecken, in Romy Schneiders Fall überhaupt nicht: Bei ihr spürt man den Ehrgeiz und das Bemühen, gut zu sein. Sie war gut. Ihr Lachen, ihre Blicke, ihre Mimik: mit Verve gespielt. Sie kämpfte im Ernst-Marischka-Film um ihre Rolle. Sie legte sich, buchstäblich, ins Zeug. Romy Schneider mochte die „Sissi"-Filme nicht, schon der zweite war ihr zuviel. Man kann verstehen, warum: Magda Schneider und ihr zweiter Mann, der Kölner Gastronomie-*tycoon* Hans Herbert Blatzheim, schoben ihre Tochter Romy aufs Gleis einer Film-Karriere – ähnlich Herzogin Ludovika, die ihre Tochter zur österreichischen Kaiserin verheiratete. Die familiäre Parentifizierung, welche bei der bayrischen Kino-Prinzessin beschrieben wurde, darf man auch bei Romy Schneider vermuten. Parentifizierte Kinder sind die Stars der Familie: dazu sozialisiert, Leben und Glanz in die Bude zu bringen. Im Ernst-Marischka-Film ist das Idyll, oberflächlich, perfekt: keine Geschwister-Rivalität, gereizte Untertöne werden weggewitzelt, es herrscht eine Urlaubsstimmung im Herzogs-Haushalt: ein Leben in rosarot.

Aber die fünfziger Jahre waren keine rosige Zeitspanne, Romy Schneiders Leben war es nicht und das der Kaiserin Elisabeth auch nicht. Die österreichische Monarchin litt unter schweren Depressionen und einer Blickphobie: der Angst, angeschaut zu werden (15). „Sissi" war auch eine Zeitgenossin Lüder Lüdersens. Unser Kino versuchte (verständlicherweise), die Nachkriegsstimmung zu vertreiben; eine Aufgabe, die zu erfüllen sich Romy Schneider sehr anstrengte. Damit brach sie am Beginn der sechziger Jahre endgültig. Sie verließ das westdeutsche Kino- und Familien-Idyll und ging nach Frankreich.

Die westdeutsche Öffentlichkeit reagierte wie eine gekränkte Familie: die gehaßliebte Schauspielerin wurde traktiert mit der Zudringlichkeit der Medien, denen sich Romy Schneider allerdings hier und da zuwandte und sich nicht konsequent abschirmte wie die US-Stars Meryl Streep, Jessica Lange, Al Pacino; sie konnte es nicht. Auch hier hilft die Analogie zur Familien-Pathologie: Parentifizierte Kinder dürfen ihre Eltern nicht verlassen. Romy Schneider wurde in der Bundesrepublik gebraucht: die mit ihr verknüpfte Phantasie der aufopferungsvollen, loyalen Tochter, die im Kino die heimliche Frage stellt, was aus der Bundesrepublik wird, wenn sie sich einpaßt ins westliche Bündnis und zu dem wird, was sie zu werden drohte – zu einem ungeliebten Parvenu, der einheiratet.

Romy Schneider machte in Frankreich ihr Glück und wurde dennoch nicht so richtig glücklich – als ob sie die Hypothek ihres Heimatlandes (sie hatte ihren westdeutschen Paß behalten) nicht abschütteln konnte. Howard Hawks wollte Romy Schneider für seinen Tierfänger-Film „Hatari!" engagieren; er setzte die Italienerin Elsa Martinelli ein. Vielleicht wäre Romy Schneider ein solcher Ausbruch zum amerikanischen Verwandten, zudem an John Waynes Seite, nicht so sehr verübelt worden (schließlich haben wir Franz Beckenbauer auch verziehen). Vielleicht hätte Romy Schneiders Karriere einen anderen Verlauf genommen: Angie Dickinson wurde unter Howard Hawks Regie in „Rio Bravo" (1959) zum Star, Hardy Krüger half „Hatari!" sehr. Vielleicht. Vielleicht. Romy Schneider starb am 28. Mai 1982 in Paris an Herzversagen, knapp vierundvierzigjährig.

LITERATUR

1 H. Boockmann, H. Schilling, H. Schulze, M. Stürmer: Mitten in Europa. Deutsche Geschichte. Berlin: Siedler 1984
2 Hans-Peter Schwarz: Die Ära Adenauer. Gründerjahre der Republik 1949–1957. Geschichte der Bundesrepublik Band 2. Wiesbaden: Brockhaus 1981
3 B. Hamann: Elisabeth. Kaiserin wider Willen. Wien: Amalthea 1982
4 Ivan Boszormenyi-Nagy, Geraldine M. Spark: Unsichtbare Bindungen. Stuttgart: Klett-Cotta 1981

5 Helm Stierlin: Delegation und Familie. Frankfurt: Suhrkamp 1978
6 Briefe an den Verfasser vom 4.3.1985
7 Joseph von Westphalen: Der deutsche Stolz. Diagnose einer Kränkung. TRANSATLANTIK August 1984
8 Ilona Brennicke: Sissi Schneider, der erste Freak Deutschlands. Ein majestätischer Mythos in der Zeit des großen Staubwischens. In: Joe Hembus: Romy Schneider und ihre Filme. München: Goldmann 1980
9 Ludwig Marcuse: Aus den Papieren eines bejahrten Philosophie-Studenten. München: List 1964
10 Hagen Schulze wie unter 1
11 Günter Gaus: Wo Deutschland liegt. Hamburg: Hoffmann und Campe 1983
12 J. Hembus: Romy Schneider und ihre Filme. München: Goldmann 1980
13 Siegfried Kracauer: Theorie des Films. Frankfurt: Suhrkamp 1964
14 FILMKRITIK 5/6 1973
15 Verena von der Heyden-Rynsch (Hrsg.): Elisabeth von Österreich. München: Matthes & Seitz 1983

ERNST MARISCHAKS FILME:

Sieben Jahre Pech. D: 1940
Sieben Jahre Glück. D: 1942
Abenteuer im Grandhotel. D: 1943
Matthäus-Passion. Ö: 1949
Du bist die Schönste für mich. Ö: 1951
Verklungenes Wien. Ö: 1951
Ich tanze mit dir in den Himmel hinein. Ö: 1952
Saison in Salzburg. Ö: 1952
Du bist die Welt für mich. Ö: 1953
Feldherrnhügel. Ö: 1953
Hurra ein Junge! Ö: 1953
Mädchenjahre einer Königin. Ö: 1954
König der Manege. Ö: 1954
Die Deutschmeister. Ö: 1955
Sissi. Ö: 1955
Opernball. Ö: 1956
Sissi, die junge Kaiserin. Ö: 1956
Scherben bringen Glück. Ö: 1957
Sissi – Schicksalsjahre einer Kaiserin. Ö: 1957
Das Dreimäderlhaus. Ö: 1958
Der veruntreute Himmel. BRD: 1958
Alt-Heidelberg. BRD: 1959

Abrechnung in Ottenschlag
„Der Meineidbauer/Die Sünderin vom
Fernerhof" (1956)

Eine Erinnerung. Elf Jahre war ich alt, als ich den *trailer* sah, welcher den westdeutschen Streifen „Der Meineidbauer" vorstellte. *Trailer*: das waren jene zwischen Wochenschau und Hauptfilm plazierte Appetit-Anreger, für die der Vorhang zugezogen und, nach dem Gong, wieder aufgezogen wurde, knallige Kurzfilme, mit denen die Filmverleiher für ihre Produkte warben mit der verheißungsvollen Formel: „Demnächst in diesem Theater". Ein *trailer* kondensierte einen Spielfilm. Der erfahrene Zuschauer konnte absehen, was nächste Woche auf ihn zukam. Mir kam der Vorfilm vom „Meineidbauer" damals zu aufregend vor: Diesen Film wollte ich mir nicht anschauen. Ich *konnte* auch nicht: „Der Meineidbauer", von Rudolf Jugert (30.9.1907–14.4.1979) inszeniert, war, als er am 19. Oktober 1956 uraufgeführt wurde, von der „Freiwilligen Selbstkontrolle" „ab sechzehn Jahren freigegeben" worden. Ich sah ihn, knapp dreißig Jahre später, im Fernsehen. „Der Meineidbauer" war kein erfolgreicher Film, notiert Willi Höfig (1). Er bot ungewohnte Kost: nicht gesüßt, schwer verdaulich. Er enthält die Themen der Nachkriegszeit, aber der *plot* hat die Wucht eines ordentlichen US-Westerns.

Blick auf verschneite Schneekuppen und auf die bis zur Schneegrenze reichenden Tannen. Die Kamera schwenkt in ein Tal hinein, ein Dorf kommt ins Bild. Es ist, einige hundert Meter entfernt, das österreichische Ottenschlag.

Ein betonierter Weg führt aus dem Ort hinaus. Schulkinder, vermutlich auf dem Heimweg, gehen auf die Kamera zu. Maria (Margitta Scherr) und Jakob, beide ungefähr zehn Jahre alt, werden von einem gleichaltrigen Mädel angesprochen: Ihr Vater sei mit dem Auto verunglückt, aus einer Kurve herausgetragen worden. Jakob will es nicht glauben. Ein Streit, ein Handgemenge entsteht; Maria und Jakob laufen davon, begleitet von dem Grölen der Kinder: „Ihr habt ja keinen richtigen Vater! Bankerten seid's!" Kinder sind im Kränken nicht zimperlich. „Bankert" ist das Wort für ein Stigma; es meint „das auf der Schlafbank der Magd, nicht im Ehebett des Hausherrn gezeugte Kind" (2). Maria und Jakob sind illegitime Kinder. Paula Roth (Heidemarie Hatheyer) ist ihre Mutter; sechzehn Jahre alt, kam sie als Zugehfrau auf den Bauernhof, den Jakob Ferner mit seinem Stiefbruder Matthias Ferner (Carl Wery) bewirtschaftete. Sie lebte mit Jakob Ferner auf dem Hof zusammen; sie heirateten nicht.

Die folgenden Szenen. Paula Roth steigt in den Opel-„Blitz"-LKW des Roten Kreuzes, um den schwerverletzten Jakob im Krankenhaus zu besuchen. Matthias Ferner, er kann den Tod seines Bruders nicht abwarten, bricht das Geheimfach im Sekretär seines Bruders auf, findet und öffnet dessen Testament und erfährt, daß Paula Roth und ihre Kinder den Bauernhof erben werden; gekränkt und beunruhigt schreibt er seinem Stiefbruder einen Brief ins Krankenhaus. Jakob Ferner stirbt. Bei der Trauer-Feierlichkeit kondoliert nur ein Bauer Paula Roth, die übrigen Bewohner des Ortes gehen ihr aus dem Weg; er bietet ihr an, bei ihm zu arbeiten. Stolz antwortet Paula Roth: „Ich dien' nicht mehr". Sie weiß von Jakob Ferners Testament und erwartet die Legalisierung ihres Status als Besitzerin des Hofes. Am Abend bespricht sie mit Matthias Ferner die

Zukunft des Hofes: sie werde die Bäuerin sein, und er, der im „Zuhäusl" selbstverständlich weiterwohnen könne, bleibe, was er immer war – „der erste Knecht, der beste Knecht". Paula Roth unterstreicht mit grellrotem Stift die Klassen-Unterschiede. Matthias Ferner ist tief verletzt: er vernichtet das Testament seines Stiefbruders.

In der folgenden Gerichtsverhandlung, in der Paula Roth ihr nicht dokumentiertes Erbrecht durchzusetzen sucht, schwört Matthias Ferner den Meineid: daß er von einem Testament seines Stiefbruders nie gehört habe. Paula Roth glaubt ihm nicht. Der Protokollant bei der Verhandlung, Christoph Demut (Joseph Offenbach), den Matthias Ferner aufgesucht hatte, weil er hoffte, im Nachlaß des Stiefbruders seinen an ihn adressierten Brief, den Beleg seines Betrugs, zu finden, schweigt. Christoph Demut, der das Schreiben in Jakob Ferners Brieftasche entdeckte, beobachtet aufgeregt und schwitzend, wie Matthias Ferner den Hof zugesprochen bekommt.

Paula Roth hat eine Unterhaltsregelung, welche Matthias Ferner ihr angeboten hatte, abgelehnt; sie möchte nicht abgefunden werden. Sie zieht mit ihren Kindern aus dem Ferner-Hof aus. Ein letztes Mal sprechen Paula Roth und Matthias Ferner miteinander. Er gesteht ihr seine Zuneigung, erzählt, wie er seinen Stiefbruder beneidete, sie am Fenster beobachtete, wenn sie sich abends zurückgezogen – er bietet ihr an, sie zu heiraten. Paula Roth, zuerst betroffen von Matthias Ferners Geständnis, reagiert mit galligem Hohn: „Heiraten? Dich? Dich!" Sie lacht ihn aus, breit, verletzend, die Arme in die Hüften gestemmt, steht sie vor ihm: „Erst der Zigeunerin den Hof stehlen und sie dann heiraten. Und sie muß auch noch dankbar sein, daß sie unterschlüpfen darf. Den Gefallen tu' ich dir nicht – dir und deinem schlechten Gewissen, du – du Lachhafter, du infamer Hochzeiter! Und wenn du in Gold gefaßt wärst – einen Meineid hast du geschworen!" Matthias Ferner rast, er möchte zuschlagen, er weist ihr die Tür und verhöhnt ihre Herkunft, indem er sie auffordert, zurückzukehren, wo sie „hergekommen" sei. Leichthin, mit kalter Wut, antwortet Paula Roth: „Auf Wiedersehen, Matthias!".

Christoph Demut, der Justizangestellte, sucht Matthias Ferner auf. Er, der einstige Fotograf aus Breslau mit eigenem Atelier, lebe heute mehr schlecht als recht. Christoph Demut: „Sie sitzen auf Ihrem schönen Hof, den Sie sich erschworen haben und können sich gar nicht vorstellen, wie das ist, wenn man auf seinen alten Tagen noch einmal von vorn anfangen muß". Er fordert von Matthias Ferner einen monatlichen Betrag - eine „Rente" nennt er euphemistisch die erpreßte Summe von einigen hundert Mark. Matthias Ferner, in großer Not, willigt ein. Christoph Demut entschuldigt seine Erpressung: „Armut macht nicht edel". Matthias Ferner ist verstört. In einer fiebrigen, manischen Verfassung ruft er Franz (Matthias Fuchs, der mit den „Immenhof"-Filmen bekannt wurde) zu sich, seinen Sohn, der an einer Fuß-Erkrankung leidet, für deren Operation bislang kein Geld vorhanden war. Jetzt will es Matthias Ferner aufbringen. Er will Franz auch aufs Internat schicken, damit er später studieren kann; er soll es später „besser haben" als er: „Herr, nicht Knecht" sein. Matthias Ferner schlägt seinem Sohn auf die Oberschenkel. Franz, irritiert über die plötzliche Großzügigkeit seines Vaters, fragt ihn, ob er krank sei. Matthias Ferner packt seinen Sohn an den Oberarmen und nimmt ihm dieses Versprechen ab: „Was auch kommt, Franz, du hälst zu mir, Ja? Immer?" Franz: „Freilich, Vater".

Soweit die erste Hälfte des Rudolf-Jugert-Streifens, der zweiten Verfilmung der Bauerntragödie „Der Meineidbauer" des Wiener Dramatikers Ludwig Anzengruber (29.11.1839–10.12.1889). Anzengrubers Stück eines gierigen Bauern, das, so das „Lexikon deutschsprachiger Schriftsteller" (3), „an einem Erbschaftsstreit die Auflösung der sittlichen Normen und das Eindringen kapitalistischer Verhaltensweisen in das bäuerliche Milieu bloßstellt". Die Drehbuch-Autorin des Jugert-Films, Erna Fentsch, hat das Anzengruber-Drama umgestaltet: „Der Meineidbauer" hat die Geschichte einer schweren, gegenseitigen Kränkung zum Thema. Da ist Paula Roth, von Heidemarie Hatheyer (der Olga Ahrends im „Sauerbruch"-Film) glänzend gespielt: verbittert über ihren Status als eine in Ottenschlag diskriminierte, unverheiratete Frau, die nicht länger sozial abhängig sein und gedemütigt werden möchte, eine attraktive Frau, deren Lebenswünsche sich nicht erfüllten. Da ist Matthias Ferner, den der knorrige Carl Wery (7.8.1897–14.3.1975) eindrucksvoll verkörpert: der ständige Zweite hinter seinem Stiefbruder Jakob, ein Verlierer, der endlich einen Punkt zu machen hofft. Matthias Ferner, im Anzengruber-Stück ein Vater von zwei Kindern, der Kreszentia und des Franz, ist hier ein schwacher Vater mit einem Kind, der, auf eine unglückliche Verliebtheit fixiert, sich die Verachtung einer reifen Frau einhandelt und mit einer verzweifelten Generosität die Loyalität seines Sohnes Franz erfleht. Der Nachkriegskontext, die Enttäuschung der Frauen, die schuldbeladenen Männer, die Rekrutierung der Kinder, kehrt auch hier wieder. Wir befinden uns im österreichischen Ottenschlag im Jahre 1946 und zugleich im zerschlagenen Deutschland.

Es gibt eine weitere filmische Variante zum Anzengruber-Drama; auch sie gehört in den Kontext der fünfziger Jahre. Abgesehen von der ironisch gemeinten, hinzuerfundenen Figur des gar nicht demütigen Christoph Demut, weiß Franz Ferner in der Rudolf-Jugert-Version *nichts* von seines Vaters Testaments-Vernichtung (in der Anzengruber-Tragödie beobachtet Franz zufällig, wie sein Vater das Dokument verbrennt). Zehn Jahre später, diesen Zeitsprung macht der Film nach fünfundvierzig Minuten, kommt der erwachsene Franz Ferner (gespielt von Hans von Borsody, der den jungen Matthias Fuchs ersetzt) nach Ottenschlag zurück, er hat in Wien ausstudiert und ist an seinem Fuß operiert worden. Er kürzt den Heimweg ab und begegnet der ebenfalls erwachsenen Maria Roth (Christiane Hörbiger-Wessely anstelle von Margitta Scherr). Die jungen Leute verlieben sich. Sie sagen sich, wer sie sind. Ein Verwechslungsspiel mit der Identität, wie wir es im Ernst-Marischka-Film „Sissi" kennenlernten, findet nicht statt. Die Rudolf-Jugert-Protagonisten sind bemerkenswert erwachsen: Sie teilen nicht den Haß ihrer Eltern, weder Maria den ihrer Mutter noch Franz den seines Vaters. Die familiären Loyalitäten binden diese Kinder nicht.

Christoph Demut stirbt. Ein Priester, dem er sich anvertraut hatte, überbringt Paula Roth den zurückgehaltenen Brief Matthias Ferners an seinen Bruder Jakob Ferner. Paula Roth hält den Beweis für ihren Verdacht in den Händen; endlich kann sie sich rächen. Im offenen Jeep braust sie zu Matthias Ferner: zum *showdown*. Diese englische Vokabel, welche den Moment bezeichnet, an dem die Karten aufgedeckt werden, beschreibt auch den Höhepunkt in den amerikanischen Western, wenn die Kontrahenten ihre offene Rechnung mit den Revolvern begleichen. Eine eindrucksvolle Szene: im offenen Regenmantel steht Paula Roth im Türrahmen, bereit, mit dem verhaßten Gegner endgültig abzurechnen. Sie kündigt Matthias Ferner ihre Meineid-Klage an. So rasch wie sie vorfuhr, verläßt sie den in den vergangenen zehn Jahren prächtig gewachsenen Ferner-Hof. Matthias Ferner sinkt in sich zusammen wie ein angeschlagener Boxer. Franz Ferner, erschüttert über den Betrug seines Vaters, verlangt von ihm Rechenschaft. Die Szene lebt von einer westdeutschen Realität: von der Entdeckung vieler Söhne, daß ihre Väter sich im Dritten Reich verstrickt hatten.

Der Meineid des Matthias Ferner, so darf man den *plot* des Rudolf-Jugert-Films übersetzen, steht für die Schuld deutscher Väter, die als gebrochene Männer aus dem verlorenen Krieg heimkehrten. Matthias Ferner rechtfertigt sich mit der von Paula Roth zugefügten Kränkung, welche er ihr heimzahlen wollte, und mit dem Argument, daß er Franz ein ordentliches Leben zu ermöglichen suchte. Das Argument gescheiterter Väter. Franz Ferner: „Wer bin ich jetzt?" Matthias Ferner: „Der Sohn eines Zuchthäuslers". Das versucht Matthias Ferner zu verhindern: Er stürzt, ohne daß Franz ihn aufhalten kann, aus dem Haus und stampft den Weg hoch zu Paula Roths Gaststube, in die sie vor zehn Jahren zurückkehrte.

Franz Ferner nimmt den Weg über die Berge; er ist schneller als sein Vater und warnt Paula Roth und Maria. Paula Roth läßt sich von einem Ferner nichts sagen, ihr Rache-Wunsch dominiert: Sie beschuldigt Franz, vom Meineid gewußt zu haben. Franz ist empört und fragt Maria: „Glaubst du das auch?" Maria glaubt es nicht und hält zu Franz; sie geht mit ihm fort und läßt ihre Mutter zurück. Die Kinder opponieren ihren Eltern. Das Drama eskaliert. Matthias Ferner wartete in einem dunklen Verschlag neben der Eingangstür: ein Rache-Monster, King Kong in Ottenschlag. Er klopft, Paula Roth öffnet, in der Annahme, Maria sei zurückgekommen. Enttäuschte Liebe erzeugt Haß, schrieb der britische Psychoanalytiker

Michael Balint (4). Der gedemütigte Liebende tritt ein. Ein Mord liegt in der Luft. Matthias Ferner, erschöpft und seltsam friedlich: „Wir sind allein. Hier hört uns niemand. Hätt' was gegeben, mit dir allein zu sein. War mir nicht vergönnt. Ich bin bereit, dich umzubringen. Es liegt ganz bei dir". Paula Roth schaut langsam zur Seite, dorthin, wo Matthias Ferner sitzt. Sie rennt zum Fenster und schreit um Hilfe. Matthias Ferner zerrt sie zurück. Sorgfältig verschließt er die Türen, zieht die Schlüssel ab und steckt sie in die Seitentasche seiner dunklen Jacke. Sie kämpfen. Er würgt sie. Franz, zurückgelaufen, bricht die Tür auf und packt seinen Vater, aber der gibt ihm einen Stoß, daß er mit dem Hinterkopf auf dem Fußboden aufschlägt und bewußtlos liegen bleibt. Matthias Ferner glaubt, seinen Sohn getötet zu haben; in Trance geht er weg. Im Anzengruber-Drama schießt der Vater seinen Sohn nieder; Franz überlebt. Auch im Rudolf-Jugert-Film. Aber Matthias Ferner überlebt nicht: Er stürzt sich in eine Schlucht. Der korrupte Vater stirbt.

Rudolf Jugert hat seinen Film mit einer erstaunlichen, amerikanisch wirkenden Direktheit inszeniert. Das mörderische Drama bleibt ein mörderisches Drama. Das *showdown*, dieses filmische Reinigungs-Ritual, welches Gerechtigkeit etabliert und den Schurken als einen tragischen Protagonisten rehabilitiert, weil er sich der Auseinandersetzung stellt, endet tödlich. Den amerikanischen Kino-Einfluß dürfte der Produzent des „Meineidbauer" beigesteuert haben: der nach Hollywood emigrierte Wiener Edgar Georg Ulmer (1904–1972), der Regisseur und Produzent, den die Kritiker der Pariser Filmzeitschrift „Les Cahiers du Cinéma" als einen Kino-Autor entdeckten, als „einen der ambitioniertesten Drehbuch-Szenaristen" (5). Der Rudolf-Jugert-Film endet mit einer idyllischen Einstellung: über den Bergen Ottenschlags geht die Sonne auf. Eine Kino-Hoffnung. George Orwell wußte 1945: Die Rache an den Nazis, schrieb er, ist „sauer", nicht süß (6). Und Eberhard Fechners noble dreiteilige Fernseh-Dokumentation „Der Prozeß", die Geschichte des Düsseldorfer Majdanek-Prozesses, der am 26. November 1975 eröffnet und am 30. Juni 1981 beendet wurde, 1984 in den Dritten Programmen ausgestrahlt und nicht sonderlich beachtet, belegt, wie schwierig und wie schmerzlich die Aufarbeitung deutscher Schuld ist.

LITERATUR

1 Willi Höfig: Der deutsche Heimatfilm 1947–1960. Stuttgart: Enke 1973
2 DUDEN. Das große Wörterbuch der deutschen Sprache in sechs Bänden. Mannheim: Bibliographisches Institut 1973
3 Lexikon deutschsprachiger Schriftsteller. Leipzig: VEB 1972
4 Michael Balint: Die Urformen der Liebe und die Technik der Psychoanalyse. Stuttgart: Klett 1966
5 Les Cahiers du Cinéma. Nr. 150–151. Dezember 1963/Januar 1964
6 George Orwell: Revenge Is Sour. In: The Collected Essays, Journalism and Letters of George Orwell. Vol. IV. Penguin Books 1970

RUDOLF JUGERTS FILME:

Film ohne Titel: 1947
Einmaleins der Ehe. BRD: 1949
Hallo Fräulein. BRD: 1949
Es kommt ein Tag. BRD: 1950
Eine Frau mit Herz. BRD: 1950
Nachts auf den Straßen. BRD: 1951
Ich heiße Nikki. BRD: 1952
Illusion in Moll. BRD: 1952
Ein Herz spielt falsch. BRD: 1953
Johnny rettet Nebrador. BRD: 1953
Eine Liebesgeschichte. BRD: 1953

Gefangene der Liebe. BRD: 1954
Ihre große Prüfung. BRD: 1954
Kronprinz Rudolfs letzte Liebe. Ö: 1955
Studentin Helen Willfuer. BRD: 1955
Hengst Mestoso Austria. Ö: 1956
Der Meineidbauer. BRD: 1956
Nia. BRD: 1956
Keine Zeit für schwache Stunden/Eva küßt nur Direktoren. Ö: 1957
Ein Stück vom Himmel. BRD: 1957
Die feuerrote Baronesse. BRD: 1958
Frauensee. BRD: 1958
Endstation Rote Laterne. BRD: 1959
Die Wahrheit über Rosemarie. BRD: 1959
Die junge Sünderin. BRD: 1960
Der Satan lockt mit Liebe. BRD: 1960
Die Stunde, die du glücklich bist. BRD: 1961
Axel Munthe, der Arzt von San Michele. BRD/I/F: 1962
Frauenarzt Dr. Sibelius. BRD: 1962
Kennwort: Reiher. BRD: 1963

Ödipus im Seekrieg
„Haie und kleine Fische" (1957)

Das Meer, vom Strand aus gesehen, vermutlich die Nordsee, bei mittlerem Wellengang. Hellgraues Licht. Der Horizont liegt in der Bild-Mitte. Die Titel des Vorspanns laufen ab.

„Wogen und Wolken"

schallt der Bariton Ralf Bendix, Schlagerstar der Nachkriegsjahre (seine Hits: „Babysitter-Boogie" und „Volare"). Streicher begleiten ihn; sie halten einen flirrenden Ton, der an einen heißen Tag auf dem Meer erinnert, über und im Wasser, an dessen Geräusche und Formen-Vielfalt. Das Zeilen-Ende (und die folgenden vier) markiert der Schlagzeuger - seine Trommel- und Becken-Schläge donnern und scheppern zu Trompeten-Akkorden wie Bomben-Einschläge.

„Zieh'n übers weite Meer
Wir sind die Wogen
Sind ohne Wiederkehr
Verloren, vergessen" –

Brecher laufen auf den Strand (und auf uns) zu und zerfließen in einer schmutzigen Gischt. Es ist dunkler geworden. Der Horizont ins obere Bild-Drittel gerückt. Das zertrümmerte Deutschland, irgendwo in diesen heranrollenden Wellen verschwunden, wird vor unsere Füße geschwemmt.

„Was geht es uns noch an"

singt Ralf Bendix in einer weichen, sehnsüchtig klingenden Melodie, die auch die Streicher spielen, als wäre der Tod eine Entlastung und das Meer ein freundliches Grab:

„Uns bleibt der Ozean
Der weite Ozean
Ewig ist das Meer.

Gejagt und getrieben
Wir war'n ein großes Heer
Wo sind wir geblieben
Fragt doch das weite Meer –"

Eine seltsame Aufgabe, welche Hans-Martin Majewski, der bekannte westdeutsche Filmkomponist, und W. Neukirchner, der Texter des Liedes, stellen. Das Meer können wir nicht fragen: Es kann uns nicht sagen, was aus der deutschen Kriegsmarine wurde. Wir sehen auf einen wogenden Schlund. Die Vorspann-Titel laufen weiter. Das Meer spült seine Brecher auf das Sanddufer. Und das Erwin-Lehn-Orchester erhöht das Tempo (nicht den Takt); die Saxophonisten paraphrasieren die Melodie der ersten und der letzten Strophe (das musikalische Leitmotiv), dazwischen die synkopischen Trompeten-Stöße (ähnlich den Posaunen-Einsätzen, die John Barry für das James-Bond-Thema arrangiert hat) und die lautmalenden Streicher, angetrieben vom Schlagzeuger, der wie eine stampfende Lokomotive abgeht: ein Tutti, das wie ein Aufbäumen wirkt. Kein *happy ending*, das Drama einer Vernichtung können wir erwarten. Bis auf Ernst Marischkas „Sissi"-Film präsentierten die besprochenen Streifen Anfangsbilder einer Natur, welche ein mütterliches Aufgehobensein versprachen; im Frank-Wisbar-Film schauen wir auf eine düstere See: Metapher einer stillen Zerstörung und trostlosen Verlassenheit.

„An einem regnerischen Tag im letzten Krieg", leitet der Erzähler im *off* die erste Sequenz ein, „gehen vier Seekadetten an Bord eines Hilfsminensuchboots". Es sind Gerd Heyne (Horst Frank), Emil Stollenberg (Thomas Braut), Hans Teichmann (Hansjörg Felmy) und Vögele (Ernst Reinhold). Sie tragen schwer an ihren Seesäcken; gebückt, als schleppten sie auf ihren Rücken Kühlschränke, stapfen sie über das nasse Pflaster. Wir erfahren nicht, in welchem Hafen die vier sich einschiffen und wann. Vermutlich ist es Bremerhaven. Und vermutlich ist es Herbst 1940 – später, auf der Weihnachtsfeier der Familie Heyne, wird einer der Verwandten von der kurz zurückliegenden Besetzung Frankreichs schwärmen (am 14. Juni 1940 marschierten deutsche Truppen in Paris ein). Das Schiff ist die „Albatros", eher ein abgewrackter Kahn als ein Kriegsschiff. „Es ist ihr erstes Bordkommando", fährt der Erzähler fort, „so wie das Wetter – naßkalt und trübe – ist die Begrüßung". Die vier Fähnriche erreichen die „Albatros". „Ah, die Herren Offiziersanwärter", lautet die mokante Begrüßung. Hans Teichmann erkundigt sich forsch nach dem Kommandanten. „Der zieht sich gerade ein frisches Hemd an, um euch richtig zu empfangen". Gerd Heyne: „Dann sag ihm mal: Wir sind hier!" Wer eine neue Stelle antritt, ist unsicher, er erwartet, daß zumindest der Chef sich um ihn kümmert. Sie klettern in die Mannschaftsräume hinunter. Vögele stolpert auf der Treppe und rutscht die Stufen-Kanten ab, den Seesack, der ihn in die Sitzposition drückt, im Rücken. Ein Komiker-Auftritt. Vögele, dessen Namen für Kalauer gut ist, wird von seinen Kameraden angenommen: „Komm rein, du komischer Vogel". Emil Stollenberg stellt sich vor: er komme von der Rekruten-Ausbildung.

Ein Seemann fragt Gerd Heyne nach dessen Namen. Er heiße wie sein Vater, antwortet Gerd Heyne. „Wenn du frech wirst, dann kannst du gleich eine geschmiert kriegen!" „Du Klapperkasten kannst mir mal deine Großmutter schicken, vor der habe ich mehr Respekt". „Heh, dir werde ich 'ne Abreibung verpassen!"

Hans Teichmann tritt zwischen die beiden Burschen, seinen Freund Gerd schützend; er stellt sich vor den Seemann und hält ihm seine Faust vors Gesicht: „Nun riech mal an der Knospe – wenn die aufgeht, gehst du unter, sang- und klanglos, verlaß dich drauf". Kraftworte, die auf der Straße zur Eskalation anregen, wenn Jugendliche ihre Hierarchie ausraufen. Der Seemann packt Hans Teichmann mit einem grollenden „Du!" am Schlafittchen. Aus der Klopperei wird jedoch nichts. Leutnant Pauli (Siegfried Lowitz; erfolgreicher Kriminalbeamter in der ZDF-Serie „Der Alte") interveniert wie ein Studienrat, der raufende Quintaner zur Rede stellt: „Was ist hier los? Wer sind diese Kerle?" Schweigen. Für die Antwort dieser unklar adressierten Frage fühlt sich keiner zuständig. Leutnant Pauli blafft Gerd Heyne an: „Sie haben wohl nicht nötig, sich beim Ersten Wachoffizier an Bord zu melden, was?" Gerd Heyne besinnt sich: „Seekadett Heyne meldet sich von der Rekrutenausbildung an Bord". Leutnant Pauli ist noch nicht zufrieden. „Nehmen Sie Ihren Speckdeckel ab. Verstehen Sie kein Deutsch oder haben Sie Dreck in den Ohren?!"

Gerd Heyne: „Ich wasche mir eigentlich jeden Morgen die Ohren, Herr Leutnant, und im Deutschen hatte ich immer eine Eins". „Ach, n' Akademiker. Ja, damit Sie auch im Sport nicht aus der Übung kommen, drehen Sie doch gleich mal drei Runden ums Deck. Ich werde Ihnen Ihre freche Klappe schon austreiben. Worauf warten Sie noch?

Soll ich Ihnen einen Fahrstuhl holen? Wollen Sie Ihren Seesack nicht mitnehmen? Oder soll ich ihn nachtragen?" Leutnant Paulis Stimme kippt ins Kreischen. Kadett Heyne, der seine Mütze aufbehält, packt seinen Seesack und klettert an Deck. Leutnant Pauli schaut sich um, ein pädagogischer Dompteur, der dem Frieden in der Schulklasse nicht traut, und geht die Treppe hoch. Auf eine Stufe tritt er nicht richtig, er rutscht ab: Zeichen seiner Unsicherheit. Dieser Leutnant zur See hat offenbar weiche Knie.

Soweit die ersten fünf Minuten des Frank-Wisbar-Films „Haie und kleine Fische". Er wirkt, nach dem düsteren Vorspann und der rempeligen Ankunft der vier Seekadetten, wie eine Mischung aus Katastrophen-Film (Herbert Selpin und Werner Kingler: Titanic, 1943) und Kino-Klamotte (Helmut Weiß: Die Feuerzangenbowle, 1944). Aber weder geht es so gemütlich zu wie in den *desaster movies* der siebziger Jahre, diesen Drunter-und-Drüber-Vergnügen einer amerikanischen Wiedergeburt (1), „Die Höllenfahrt der Poseidon" (Ronald Neame, 1972), „Erdbeben" (Mark Robson, 1974) und „Flammendes Inferno" (John Guillermin, 1974), noch so ausgelassen wie in der Gymnasialklasse der „Feuerzangenbowle". Der Frank-Wisbar-Film schlägt auf den Magen. Da ist Leutnant Pauli, ein ängstlicher Soldat, der sich hinter seinem Schnauz-Ton verschanzt, ein Mann ohne innere Autorität. Da ist Hans Teichmann, gereizt und verbittert; ein junger Mann, der nicht weiß, wohin. Und da ist Gerd Heyne, in etwa gleichaltrig, ein kühler Kopf, der Leutnant Paulis Schwächen auszureizen versteht. Das kann nicht gutgehen.

Es geht nicht gut. Hans Teichmann verstrickt sich. Beim Bord-Appell erfährt er, daß er zum Flottillenchef Erich Wegener muß. Hans Teichmann ist sich keiner Schuld bewußt. Erich Wegener (Heinz Engelmann; dessen Sprecher-Stimme für Gary Cooper, William Holden, Gregory Peck und John Wayne der Kinogänger im Ohr haben dürfte) aber empfängt Hans Teichmann mit den Worten: „Verstehen Sie etwas von Frauen?" Der Fähnrich ist verblüfft. Er versteht die kumpelhafte Frage des Flottillenchefs nicht. Erich Wegener erläutert, daß Hans Teichmann auf einer Segel-Tour die Frau des Hafenkommandanten angepöbelt habe. Erich Wegener mag Hans Teichmann offenbar; denn er schickt ihn, damit er den rüpelhaften Umgang mit Frauen verliere, zu seiner Frau: zum Gardinen-Aufhängen. Edith Wegener (Sabine Bethmann) stellt sich als eine bildhübsche Frau heraus, groß, schlank und blond, knapp zwei Jahrzehnte jünger als ihr Mann und etwa so alt wie Hans Teichmann.

Hans Teichmann kann seine Sprüche (er sei „Jahrgang 1918 – besonders spritzig") nicht zurück- und seine Hände nicht bei sich halten. Kurz nach siebzehn Uhr – er kam um drei, die Gardinen sind befestigt – bietet Edith Wegener ihm eine Zigarette an. Er nimmt an und erkundigt sich, wieso sie nicht auch eine rauche. Edith Wegener: ihr Mann sehe es nicht gern. Deutsche Frauen rauchen nicht (und schminken sich nicht), propagierten die Nationalsozialisten. Hans Teichmann widerspricht: erstens sehe es ihr Mann nicht, zweitens passe eine Zigarette zu jeder schönen Frau, und drittens bleibe es ihr Geheimnis. Edith Wegener zündet sich eine Zigarette an. Schließ-Geräusche an der Korridor-Tür: der Flottillenchef kommt nach Hause. Hans Teichmann nimmt Edith Wegener schnell die Zigarette ab, ein gewitzter Verbündeter, und raucht sie weiter. Er nähert sich dem Geschmack ihrer Lippen. Edith Wegener bemerkt Hans Teichmanns Verliebheit nicht. Erich Wegener auch nicht: er bittet Hans Teichmann, zu bleiben, um seiner Frau beim Ansetzen der Bowle zu helfen. Edith Wegener und Hans Teichmann sind wieder allein. Und wir, die die Zuneigung der beiden teilen, fragen uns unruhig, wohin sich diese Geschichte entwickelt. Hans Teichmann, von Edith Wegener darum gebeten, legt eine Platte auf, sie tanzen; er umarmt und küßt sie. Sie läßt sich küssen, reagiert entsetzt und schickt den Kadetten mit gepreßter Stimme, den Rücken zur Kamera, hinaus: „Gehen Sie, Teichmann!"

Hans Teichmann geht. Die Szene hinterläßt ein beschämendes Schuldgefühl. Wir haben zugesehen, wie Hans Teichmann verbotenes Terrain betritt, ohne die Warn-Tafeln zu berücksichtigen. Er hat Edith Wegener wie eine Klassenkameradin behandelt, der er auf dem Nachhauseweg von der Tanzschule einen Kuß abtrotzt, aber nicht wie eine Ehefrau, die ihren Mann am späten Nachmittag erwartet. Hans Teichmann benimmt sich erstaunlich unreif. Seine Bemerkung zu Edith Wegener, von der heimlichen Zigarette würde ihr Mann ja nichts erfahren, erinnert an das Drängen des eifersüchtigen Sohnes, der seine Mutter zu überreden versucht, ihn während der Abwesenheit des Vaters ruhig im Ehebett mitschlafen zu lassen. Sigmund Freud hat in seiner Arbeit „Der Untergang des Ödipuskomplexes" (2) die Entwicklungsphase des Jungen beschrieben, der, weil er die Macht des Vaters sehr fürchtet, die Zuneigung der Mutter und die Rivalität zum Vater dadurch aufgibt, daß er sich vornimmt, so männlich wie sein Vater zu werden – der Vater wird zum bewunderten, erwachsenen Vorbild. Für den Jungen ist es ein schmerzlicher und befreiender Prozeß zugleich; denn er wird künftig seine Interessen außerhalb der Familie verfolgen und nicht länger auf seine Eltern angewiesen sein.

Diese Entwicklungsphase ist normalerweise abgeschlossen, wenn der Junge fünf, sechs Jahre alt ist. Natürlich ist anfangs der Fortschritt bedroht, wenn er versucht, ihn hier und da rückgängig zu machen. Schwierig wird es, wenn durch den Tod des Vaters die Familie ihre Balance, welche ein gutes Elternpaar garantiert, verliert, und auf der Mutter allein die elterlichen Aufgaben lasten. In der Nachkriegszeit, als die Väter sehr spät oder gar nicht aus dem Krieg zurückkehrten, wurden viele Jugendliche in unvollständigen Familien sozialisiert. Wir sind schon in den bisherigen Filmen auf diese Tatsache gestoßen. Hans Teichmann ist auch in einer unvollständigen Familie aufgewachsen. Sein Vater starb früh, er kam in ein Internat, und seine Mutter heiratete wieder. Der Film macht keine weiteren Angaben. Aber aus Hans Teichmanns Beziehung zu Edith Wegener kann man entnehmen, daß er seinen Vater in seinen frühen Lebensjahren verlor und die Wiederheirat seiner Mutter nicht verkraftete; er drängt in die Ehe der Wegeners wie ein Junge, der noch mit seinem Vater um die geliebte Mutter rivalisiert.

Eine weitere entwicklungspsychologische Bemerkung. Der Vater, den der Junge zum Vorbild nimmt, öffnet ihm die Welt, indem er ihn herausbugsiert aus der Mutter-Sohn-Dyade; aus dem unerfüllbaren Wunsch, die Mutter als einziges Liebesobjekt zu besitzen (3). Hans Teichmann, der sich Edith Wegener aufdrängt, und das ist die andere Seite seines Verhaltens, sucht im Flottillenchef den guten Ersatz-Vater, der ihn vor seinen eigenen unreifen Wünschen schützt. Denn Hans Teichmann, das haben wir gesehen, läuft auf Kollisionskurs: bei Leutnant Pauli, bei den Wegeners.

Aber auch Edith Wegener benahm sich nicht erwachsen: nicht wie eine verheiratete Frau, die mit ihrem Mann glücklich ist und ein liebevolles Paar bildet. Edith Wegener und Erich Wegener: sie erinnern an jenes Tochter-Vater-Paar aus dem Hans-Deppe-Film „Grün ist die Heide", in dem Helga Lüdersen (Sonja Ziemann) sich für ihren tief depressiven, gefährdeten Vater Lüder Lüdersen (Hans Stüwe) aufopferte und entschlossen war, den Förster Walter Rainer (Rudolf Prack) aufzugeben. Im Frank-Wisbar-Film ist das Tochter-Vater-Verhältnis versteckt; der *plot* definiert es als eine Ehe, nur an der Beziehung der Eheleute zueinander läßt sich ablesen, daß hier die Nachkriegsnot einer unvollständigen Familie *vermischt* wird mit dem Drama des Seekrieges. In der zweiten Hälfte des Films wird Erich Wegener, als die „Albatros" versenkt wird, schwer verletzt. Hans Teichmann rettet ihn aufopferungsvoll; er kann etwas gutmachen. Erich Wegener ist blind und pflegebedürftig, der Flottillenchef ist ein Wrack; er ist der gebrochene Vater, der die Hilfe seiner Tochter benötigt. Edith Wegener, die die Trennung von ihrem Mann nicht erwägt (wohl aber der Zuschauer, der auf die Erfüllung seiner Hoffnung setzt), ist gebunden – stärker als Helga Lüdersen und als Prinzessin Elisabeth von Bayern (Romy Schneider), denen die Film-*plots* Partner zubilligten.

Wieso ist der Frank-Wisbar-Film hier so unklar? Westdeutschlands Filme handeln von den Anstrengungen der Kinder, ihre angeschlagenen Eltern in der Nachkriegszeit aufzurichten. Helga Lüdersen erlöst ihren Vater von der Schuld, in der Lüneburger Heide gewildert zu haben. Ferdinand Sauerbruch versöhnt Olga Ahrends mit deren sozialer Degradierung im Westdeutschland Ende der vierziger Jahre. Sissi rehabilitiert ihre nicht so salonfähigen Eltern. Hans Teichmann, der in die Ehe der Wegeners eindringt wie der amerikanische „Postmann, der zweimal klingelt" (der auch zweimal verfilmt wurde) (4), ohne die mörderischen Folgen des James-M.-Cain-Romans, ist der junge Mann, der ödipale Schuld auf sich lädt. Ödipus auf der „Albatros". Das ödipale Drama um Erich Wegener, Edith Wegener und Hans Teichmann ersetzt das Drama des Seekrieges. Der Sohn Hans Teichmann macht sich schuldig, nicht der Ersatz-Vater Erich Wegener, der dadurch entlastet wird und sich nicht rechtfertigen muß für seine Verantwortung als Flottillenchef. Dieser Vater wird so geschont wie Lüder Lüdersen; aber er bezahlt mit seiner Gesundheit.

Was ist mit Leutnant Pauli? Kehren wir zurück in die erste Hälfte des Films, als Erich Wegener der gesunde Flottillenchef war. Hans Teichmann wird zum Heizer-Dienst abkommandiert, weil er Leutnant Pauli unkorrekt grüßte. Der Kommandant der „Albatros" starb bei einem Luftangriff. So rückte Leutnant Pauli in dessen Position. Er ist überfordert. Er läßt das Schiff auf den falschen Kurs drehen. Die „Albatros" wird von einem Torpedo getroffen. Leutnant Pauli läßt die Schotten zum Heiz-Raum schließen; Hans Teichmann ist eingesperrt. Auf Paulis Befehl muß Emil Stollenberg dem Begleitschiff signalisieren, daß das Minensuchboot sinke. Die „Albatros" sinkt nicht, sie ist nur manövrierunfähig. Emil Stollenberg verläßt, gegen Paulis Befehl, die Brücke, um ein Schott zu öffnen und Hans Teichmann zu retten. Es gelingt. Erschöpft halten sich Emil Stollenberg und Hans Teichmann im Mannschaftsraum auf. Leutnant Pauli kommt und stellt den Kadetten Stollenberg: Wieso er die Brücke verlassen habe? Er akzeptiert Stollenbergs Erklärung nicht. Er habe das Schließen der Schotten befohlen, und ihm sei gleichgültig, wenn einer der Heizer sterbe. Hans Teichmann rast vor Wut, er schlägt Leutnant Pauli nieder. Pauli, ein Häufchen Elend, rappelt sich hoch und verläßt den Mannschaftsraum mit der Drohung: „Das wird Ihnen noch leid tun, Teichmann". Er geht auf die Kommando-Brücke zurück.

Dort erwartet ihn der Flottillenchef Erich Wegener. Leutnant Pauli, zerzaust, ohne Mütze, taucht wie ein ertappter Schüler auf, der in seiner Not den Lehrer mit einer wichtigen Beobachtung über einen Mitschüler gnädig stimmen möchte: „Herr Kapitän, ich habe Ihnen einen Disziplinarfall zu melden!" Kapitän Wegener: „Wo haben Sie denn Ihre Mütze? Es weht doch fast kein Wind, kann Ihnen doch nicht vom Kopf geflogen sein!" „Ich weiß nicht, Herr Kapitän". „Und außer einem Disziplinarfall haben Sie mir nichts zu melden?" Leutnant Pauli, kleinlaut: „Doch, wir haben einen Torpedo-Treffer gehabt". „Das glaube ich auch, Herr Leutnant. Was haben Sie sich eigentlich dabei gedacht, als einziges Boot der ganzen Flottille nach Backbord abzudrehen? Das war das Blödeste, was Sie machen konnten! Dann melden Sie mir noch durch Winkspruch, daß das Boot sinkt. Ich merke aber nichts davon!" „Ich hatte Angst –". Kapitän Wegener: „Den Eindruck habe ich auch! Und dann laufen Sie einfach von der Brücke weg. In meiner Flottille werden Sie keine Brücke mehr betreten. Ich werde Sie wegen Unfähigkeit ablösen lassen". Schließlich erkundigt sich Wegener nach dem Disziplinarfall. Leutnant Pauli: Er habe keinen zu melden, es sei nicht wichtig. Er tritt ab.

Eine Rache-Phantasie erfüllt sich: Der verhaßte Vorgesetzte wird, wie es im pubertären Jargon (welchen die Nationalsozialisten zu ihrer Sprache machten) heißt, „fertiggemacht": symbolisch hingerichtet. Hans Teichmann, darüber lassen Frank Wisbar, der Regisseur, und Wolfgang Ott, der Drehbuchautor, keinen Zweifel, packte eine mörderische Wut, als er Leutnant Pauli angriff. Flottillenchef Wegener rechtfertigt den Fähnrich Teichmann: Er degradiert den inkompetenten Leutnant. Und da Leutnant Pauli, überraschend versöhnlich, den Boxhieb des Kadetten durchgehen läßt, zerrt niemand Hans Teichmann vor ein Kriegsgericht; er kommt mit einem blauen Auge davon. Leutnant Pauli wird nicht geschont; diese Vater-Figur wird ausrangiert: wir sehen ihn nie wieder.

Im letzten Drittel wird Hans Teichmann auf das U-Boot des Kapitänleutnants Jochen Lüttke (Wolfgang Preiss) abkommandiert. Mit dieser dritten Vater-Figur gerät er sofort aneinander. Eine mächtige Rivalität herrscht zwischen beiden. Um wen? Um Edith Wegener. Jochen Lüttke hatte Edith Wegener im Lazarett beobachtet, als sie, beim Besuch ihres Mannes, Hans Teichmann auf die Stirn küßte. Wir befinden uns wieder im ödipalen Dreieck; Kommandant Lüttke ersetzt Kapitän Wegener. Der eifersüchtige Vater gegen den eifersüchtigen Sohn. Ödipus auf dem U-Boot. Bei einer Reparatur an der Torpedo-Klappe des U-Bootes müssen Jochen Lüttke und Hans Teichmann an den Rumpf heruntertauchen. Zuerst ist es ein Wettkampf, wer am längsten die kalte See, nur in der Badehose und mit einem Atemgerät ausgerüstet, aushält. Dann eine Versöhnung: Lüttke akzeptiert den aufsässigen Teichmann. Jochen Lüttke macht eine Kehrtwendung. Der strenge Offizier verwöhnt den Kadetten wie einen kranken Sohn. Beim letzten Angriff ist das auf Grund gelaufene U-Boot zerstört. Die Besatzung muß aussteigen. Hans Teichmann ist leichtverletzt, Jochen Lüttke sorgt sich sehr um ihn. Geht dieses ödipale Drama gut aus? Sie tauchen aus dem defekten Turm des U-Bootes heraus. Hans Teichmann gelingt der Ausstieg. Jochen Lüttkes Tauchretter wird aufgeschlitzt, er ertrinkt. Das letzte Bild des Films: Hans Teichmann, der letzte der vier Fähnriche, überlebt mit zwölf Kameraden, die einen Kreis im Wasser bilden; in der

Mitte schwimmt ein unbenutzter Tauchretter. Mit der dritten Strophe des Vorspann-Liedes und mit dem Blick auf die See (wie zu Anfang) endet der Film „Haie und kleine Fische".

Frank Wisbars Film gehört zu den 224 (sogenannten) Kriegsfilmen, die zwischen dem Juni 1948 und dem November 1959 in der Bundesrepublik aufgeführt wurden; weit über hundert Streifen waren amerikanische Produktionen, gut vierzig Filme kamen aus österreichischen und westdeutschen Ateliers (5). „Haie und kleine Fische" kam am 27. September 1957 in unsere Kinos und war von der FSK ab sechzehn Jahren freigegeben worden. Vorlage für das Drehbuch des Films war Wolfgang Otts eigener Roman „Haie und kleine Fische" (6). Sehen wir uns an, was aus dem Roman geworden ist.

„Zwei U-Boote einer VP-Flottille entdeckten in der Abenddämmerung die zwanzig Männer und zogen neun Lebende aus dem Wasser. Die Möwen hatten ihnen den Weg gezeigt". So beendet Wolfgang Ott seine Prosa-Arbeit. Wer von der U-Boot-Besatzung überlebt, sagt der Autor nicht. Kurz zuvor schwimmt Hans Teichmann in der See, schwer verwundet, halluzinierend; er lallt die Möwen an, denen er anbietet, ihm die Augen auszupicken, wie er es bei Kapitän Wegener beobachtet hatte (im Film wird die Blindheit des Kapitäns nicht erklärt). Auf den letzten Seiten lebt Kapitänleutnant Lüttke, im Frank-Wisbar-Film stirbt er.

Sein Tod ist bemerkenswert. Widerspricht er der Hypothese, daß auch im Frank-Wisbar-Film die Väter geschont werden? Unsere Nachkriegsfilme, das sahen wir mehrmals, porträtieren Väter, die zu wenig taugen. Im Rudolf-Jugert-Film „Der Meineidbauer" begeht Matthias Ferner, der mit Schuld beladene Vater, Selbstmord. Frank Wisbar läßt Jochen Lüttke sterben. Westdeutsche Kino-*plots*, die österreichischen eingeschlossen, springen häufig unsanft mit den Kino-Vätern um. Ähnlich Konrad Adenauer, dem alten Herrn aus Rhöndorf am Rhein, der die Politiker der nachfolgenden Generation oft wie dumme Jungen behandelte: mehr ein Spaß als eine ernsthafte Auseinandersetzung. Die Frage nach der *Schuld* dieser Väter-Generation wurde noch nicht richtig gestellt. Im politischen Alltag nicht. Im Kino nicht. Der Frank-Wisbar-Film sagt, warum. Die Väter-Generation war so zermürbt wie Kapitän Wegener. Als Hans Teichmann den Kapitän nach dessen Genesung zum ersten Mal wiedersieht, ist er schockiert: dieser einst so stattliche Mann ist entstellt wie ein Monster. Leutnant Pauli, Kommandant Lüttke: entwertet oder tot. Mit ihnen kann man nicht rechnen. Ihnen kann man keine quälenden Fragen stellen.

Frank Wisbar erzählt die Tragödie einer blessierten Generation. Kein Vater in seinem Film, der einen hoffen ließ. „Haie und kleine Fische" ist ein deprimierender Film.

Lakonisch registriert Wolfgang Ott in seinem Roman die Grauen des Seekrieges. Die U-Boot-Fahrer, im Winter 1940/41 noch leidlich erfolgreich im Zerstören fremder Tonnage, weil die Alliierten ihnen mit den aufkommenden Sonar- und Radar-Systemen noch nicht sehr zusetzten, sind am Ende Verlierer: sie werden alle vom Krieg beschädigt. Hans Teichmann, dessen Entwicklung Wolfgang Ott beschreibt, ist anfangs der unpolitische junge Mann, der allmählich den Wahnsinn des Nazi-Krieges begreift und zerbricht. Frank Wisbar dagegen schildert das ödipale Drama eines jungen Mannes, der sich an seinen Ersatz-Vätern reibt, weil er um seine Ersatz-Mutter kämpft. Das private Drama verdeckt die nationale Tragödie; Hans Teichmanns unglückliche Verliebtheit und die mit ihr verknüpften Schuldgefühle absorbieren die Aufmerksamkeit des Kinogängers, der gequält wird von der Odysee eines heimat- und familienlosen Heranwachsenden. Der Filmkritiker Walther Schmieding kritisierte an Helmut Käutners Verfilmung des Carl-Zuckmayer-Dramas „Des Teufels General": „Krieg und Nationalsozialismus erschienen wieder als übermächtiges Schicksal, dem gegenüber die Position des einzelnen bedeutungslos geworden war" (7). Helmut Käutner erging es wie Frank Wisbar (und anderen Regisseur-Kollegen): Der Schock über die Realität des Dritten Reiches lähmte, eine riesige Schuld bedrückte die westdeutschen Film-Künstler, von denen viele unter der Aufsicht der Nazis gearbeitet hatten (8) – sie brachten die Kraft zu einer Klärung der konkreten Schuld des einzelnen in einer präzis erzählten Geschichte nicht auf.

Das soll mit einer Abschweifung erläutert werden. Das amerikanische Kino enthält eine lange Liste von Rache-Geschichten. Die US-Western leben von den mörderischen Ritualen der Abrechnung individueller Schuld. Im John-Sturges-Western „Blacklash" (Das Geheimnis der fünf Gräber, 1956) erschießt Jim Slater (Richard Widmark) seinen Vater, Jim Bonniwell (John McIntire), nach einer detektivischen Odysee, an deren Ende Jim Slater sicher ist, in seinem Vater einen mehrfachen Mörder anzutreffen. In den *showdowns* der US-Western wird eine affektive Balance austariert: Den Wunsch nach Vergeltung beruhigt die Gewißheit, dazu berechtigt zu sein. „Sixguns and Society" ist der Titel von Will Wrights Studie über den Western (9). Der „Sechs-Schüsser" ist ein Revolver, mit welchem die gesellschaftliche Ordnung zurechtgeschossen wird. Die Verbindung von Waffe und Gesellschaft ist bedeutsam: der *plot* der Abrechnung setzt einen Konsensus über eine gerechte, demokratische Gesellschaft voraus. Allerdings, denkt man an Sam Peckinpahs Filme, an seinen Western „The Wild Bunch" (Sie kannten kein Gesetz, 1969), weist dieser Konsensus Verschleißerscheinungen auf.

Wie Western sind auch die meisten Kriegsfilme erzählt. Drei Beispiele. Edward Dmytryks „Die Caine war ihr Schicksal" (1954). Auf hoher See wird der paranoide, mit seinen Stahlkugeln klickernde Kapitänleutnant Queeg (Humphrey Bogart) von Leutnant Steve Maryk (Van Johnson) entmachtet. *Showdown* im Kriegsgericht in San Francisco: Leutnant Queeg bricht zusammen, und Leutnant Maryk wird freigesprochen. Aber am Abend, als die Prozeß-Gewinner ihren Sieg zu feiern beginnen, hält ihnen der erfolgreiche Verteidiger, Leutnant Greenwald (José Ferrer), die andere Seite der Medaille vor: das uneingestandene Vergnügen an der Exekution einer Vater-Figur. Ein Kriegsfilm, der auf den letzten Metern dem Western-Schema zu entkommen sucht. Robert Aldrichs „Attack!" (Ardennen 1944; 1956). Der erbärmliche Captain Cooney (Eddie Albert), Repräsentant des kriegerischen Aberwitzes, und der tapfere Leutnant Costa (Jack Palance). Der mächtige Wunsch, diesen Offizier zu beseitigen, bringt den Film zum Dampfen. Costa verspricht, Cooney zu erschießen; am Ende ist er so verwundet, daß die GIs den Captain ermorden, einträchtig wie die zwölf Fahrgäste des „Orient Express" (Sidney Lumet, 1974), die den verhaßten Ratchett (Richard Widmark) mit konzertierten Messerstichen umbringen. Das Scheusal wird vernichtet. Darryl Zanucks „Der längste Tag" (1962), den Ken Anakin, Andrew Martin und Bernhard Wicki inszenierten. Der Film von der fröhlichen Invasion in der Normandie am 6. Juni 1944. Die glorreichen Alliierten gegen die deutschen Banditen. Ein an der Kinokasse sehr erfolgreiches Spektakel, bei welchem die vielen Stars, Bourvil, Sean Connery, Gert Fröbe, Henry Fonda, Robert Mitchum, Wolfgang Preiss, John Wayne und Peter van Eyck der komplizierten Dreharbeiten wegen offenbar unter Bewegungsmangel litten und froh waren, sich die Beine vertreten zu können. Darryl Zanucks Streifen gehört in die Reihe jener Kriegsfilme, die jugendliche Abenteuer sind und unsere jüngste Geschichte pyromanisch aufbereiten. Solche Filme stellen keine peinliche Fragen. Der westdeutsche NATO-Partner soll nicht vergrämt werden. Ein Verkäufer will verkaufen, er sagt dem Kunden auch nicht, was er von ihm hält. Zudem sind die aufmarschierenden deutschen Soldaten mit ihren herrlich gewichsten Stiefeln, deren Lärm nicht aufhört zu dröhnen, sogar noch in den „Star Wars"-Streifen von George Lucas, so gute Gegner – Clyde Jeavons nannte Adolf Hitler „the greatest heavy the cinema has known": den größten schweren Jungen der Filmgeschichte (10). Ist das nichts? So schaut der westdeutsche Kinobesucher den alliierten Kriegsfilmen mit gequälter Faszination zu: schwankend, oft auf der Seite der Siegermächte, die dem Terror der Nazis ein Ende machten, schadenfroh, geschmeichelt, beschämt.

Diese Kinofilme helfen uns nicht. Wir können ihnen nichts abgucken. Die Amerikaner, mit ihrer Tradition einer demokratischen Zivilcourage, welche wir unter dem Wort vom „zivilen Ungehorsam" (nach dem Muster: „Mutti, darf ich eine Fensterscheibe einwerfen?") aufzunehmen beginnen, ängstlich und vorsichtig, können sich einen robusten Umgang mit der Geschichte leisten. Wir müssen unseren demokratischen Konsensus noch finden. Wir haben, Anfang der achtziger Jahre, unsere Vergangenheit noch nicht abgerechnet. Wir sind dabei, *unsere Formen* der

Bearbeitung zu finden. In den Jahren 1984/85, knapp dreißig Jahre später als das Aufführungs-Datum der „Haie und kleine Fische", signalisieren vier Fernseh-Produktionen, daß Westdeutschland Geduld für seine Geschichte aufbringt: Edgard Reitz' dreizehnstündige Serie „Heimat" des fiktiven Hunsrück-Dorfs Schabbach, Eberhard Fechners viereinhalbstündige Dokumentation des Düsseldorfer Majdanek-Prozesses, Wolfgang Petersens gute fünf Stunden dauernde Verfilmung des Lothar-Günter-Buchheim-Romans „Das Boot" und Henric L. Wuermelings neunstündige Dokumentation über „Deutsche im Zweiten Weltkrieg".

Das war 1957 anders. Westdeutschland war erschüttert, die Haltung, sich in die eigenen vier Wände zurückzuziehen, weit verbreitet. Am 15. September 1957, zwölf Tage vor der Uraufführung des Frank-Wisbar-Films, gewann die CDU/CSU die dritte Bundestagswahl mit der absoluten Mehrheit von 50.2 Prozent der abgegebenen Stimmen. „Keine Experimente" hieß damals der Slogan der Union, welcher zum psychosozialen Ohrwurm wurde. „Keine Experimente" hieß auch: sich einem Großvater anzuvertrauen. 1957 war das Jahr heftiger Kontroversen um die Bewaffnung der Bundeswehr mit „taktischen Atomwaffen" (wie der euphemistische terminus technicus lautet). Am 12. April 1957 hatten achtzehn renommierte Atomwissenschaftler ihre „Göttinger Erklärung" zum Verzicht der Bundesrepublik auf Atomwaffen publiziert. Für eine gelassene Diskussion fehlten die Zeit und die Kraft, und der öffentlichen Meinung die Macht. Oktober 1956, ein Jahr zuvor, hatten russische Panzer den ungarischen Aufstand niedergewalzt, und Oktober 1957 brachten sowjetische Wissenschaftler den „Sputnik" in die Umlaufbahn der Erde: Das taktische Wettrüsten begann mit hohem Tempo.

Einen Schock, den das Ausmaß deutscher Verbrechen auslöste, zu verkraften, braucht Zeit. Verständlich, daß viele Westdeutsche enttäuscht waren über den mühseligen Prozeß, welcher den markigen Namen „Vergangenheitsbewältigung" trägt. Der Germanist Walter Boehlich sprach in der ARD-Sendung vom 22. November 1983 von der „verkommenen Geschichte der Bundesrepublik", die „Unfähigkeit zu trauern" ist eine andere Formel der Ungeduld. Matthew Barry Sullivan (11) gebraucht in seiner Arbeit über deutsche Kriegsgefangene und Briten in den Jahren 1944 bis 1948 das Bild des Bergsteigens, um den Prozeß des „Bewältigens" zu verdeutlichen: Wer hochklettert, schaut sich nicht um, erst, wenn er eine sichere Position erreicht hat. Die Angelsachsen mit ihrer demokratischen Tradition kennen das langsame Tempo des öffentlichen Austauschs.

Frank Wisbar, der Heimkehrer aus den Vereinigten Staaten, von dem Hansjörg Felmy im Vorwort schreibt, er sei „ein freundlicher, aber sehr verschlossener Mann" gewesen bei den Dreharbeiten, hielt sich bei seinem Film „Haie und kleine Fische" offenbar zurück – der Filmregisseur ist, wenn er nicht besondere Freiheiten genießt wie Howard Hawks oder Alfred Hitchcock oder François Truffaut (der Filme mit kleinen Budgets inszenierte), ein abhängiger Künstler: von seinen Geldgebern, den Produzenten, von seiner Mannschaft. Frank Wisbars Emigration war kein Thema bei den Dreharbeiten. Frank Wisbar, in Tilsit am 9. Dezember 1899 geboren und in Mainz am 17. März 1967 gestorben, war mit einer Jüdin verheiratet. 1938 erhält er das Arbeitsverbot und emigriert im Herbst desselben Jahres. 1947 wird er amerikanischer Staatsbürger und ist als Fernseh-Produzent erfolgreich. Mai 1956 kehrt er in die Bundesrepublik zurück und wird deren Bürger

(12). „Haie und kleine Fische" ist sein erster westdeutscher Film, seine Einstandsarbeit.

War der Emigrant dankbar, wieder in seiner Heimat zu sein? Seine Filme über den zweiten Weltkrieg sind Arbeiten über Deutschlands Untergang. „Nacht fiel über Gotenhafen", der Film über den Untergang des „Kraft durch Freude"-Schiffes Wilhelm Gustloff am 30. Januar 1945, 1959 gedreht, schildert ebenfalls die Geschichte einer privaten Schuld, eines Ehebruchs, welche in der Tragödie des versenkten Schiffes kulminiert: Sonja Ziemann, die sich mit ihrem schwer verletzten Mann, gespielt von Gunnar Möller, auf die „Gustloff" retten kann, schwimmt wie Hansjörg Felmy unter den Überlebenden im Wasser der Ostsee.

Der Titel des Frank-Wisbar-Films muß noch erläutert werden. Wolfgang Ott gebraucht in seinem Roman die „Haie und kleine Fische" als Bild für das gegenseitige Gefressenwerden, welches der Seekrieg bedeutet. Gerd Heyne und Hans Teichmann, ihre beiden Kameraden sind gefallen, ziehen Bilanz im Hamburger Haus der Heynes. Gerd Heynes Angehörige, jüdischer Herkunft, haben die Nationalsozialisten ermordet. Hamburg wird gerade bombadiert. Hans Teichmann sträubt sich, die Sicht seines Freundes einzunehmen: daß dieser Krieg absurd, ihr Opfer umsonst sei und nur von einer blinden deutschen Mentalität weiterbetrieben würde. Sie streiten sich. Gerd ohrfeigt Hans. Wenig später hängt Gerd Heyne sich auf. Hans Teichmann findet die Leiche seines Freundes. Frank Wisbar hat diese Szene aufgenommen, wenn auch abgewandelt. (Gerd Heyne erschießt sich, während Hans Teichmann auf sein Zimmer geht). Aber Frank Wisbar läßt Hans Teichmann später (in einer Kneipe) von den „Haien und kleinen Fischen" sprechen, von den Mächtigen, die die sogenannten kleinen Leute ins Unglück schicken – ein Dialog, welcher in Wolfgang Otts Buch nicht vorkommt. Es ist die Rede von den ohnmächtigen Opfern: gegen die Haie kommt man nicht an. Frank Wisbar probiert eine Schuld-Entlastung. Sie gelingt nicht. Das Ausmaß der Depression, welche der Film mitschleppt, ohne sie zur Sprache bringen zu können, verpackt in den Schmerz über eine unglückliche Verliebtheit – sie läßt sich nicht mildern mit dem Reden über ein Machtverhältnis. Der Trost ist schwach.

LITERATUR

1 Lloyd de Mause: Brief vom 30. Dezember 1980 an den Verfasser
2 Siegmund Freud: Der Untergang des Ödipuskomplexes. Gesammelte Werke Band XIII.
3 Michael Rotmann: Die „Triangulierung der frühkindlichen Sozialbeziehung. PSYCHE 12/1978
4 James M. Cain: Wenn der Postmann zweimal klingelt... HEYNE-Taschenbuch Nr. 1960
5 Walther Schmieding: Kunst oder Kasse. Der Ärger mit dem deutschen Film. Hamburg: Rütten & Loenig 1961
6 Wolfgang Ott: Haie und kleine Fische. HEYNE-Taschenbuch Nr. 5079 (1983)
7 wie unter 5
8 FILMSTUDIO 51 vom 1. Oktober 1966: 193 Drebuchautoren und Regisseure, die sowohl im nationalsozialistischen Spielfilm als auch im Nachkriegsfilm tätig waren, sind dort aufgelistet
9 Will Wright: Sixguns & Society. A Structural Study of the Western. London: University of California Press 1977
10 Clyde Jeavons: A Pictorial History of War Films. London: Hamlyn 1974
11 Matthew Barry Sullivan: Thresholds of Peace. Four Hundred Thoussands German Prisoners and the People of Britain 1944–1948. London: Hamish Hamilton 1979
12 CINEGRAPH. Lexikon zum deutschsprachigen Film. München: edition text + kritik 1984

FRANK WISBARS FILME:

Im Bann des Eugenspiegels. D: 1932
Anna und Elisabeth. D: 1933
Rivalen der Luft. D:1933
Hermine und die sieben Aufrechten. D: 1934
Die Werft zum grauen Hecht. D: 1935
Fährmann Maria. D: 1935
Die Unbekannte. D: 1936
Ball im Metropol. D: 1936/37
Petermann ist dagegen. D: 1937
Women in Bondage: USA 1943
Strangler of the Swamp. USA: 1945
Devil Bat's Daughter. USA: 1946
Lighthouse. USA: 1946
Secrets of a Sorority Girl. USA: 1946
The Prairie. USA: 1947
Haie und kleine Fische. BRD: 1957
Nasser Asphalt. BRD: 1958
Hunde, wollt ihr ewig leben. BRD: 1958/59
Nacht fiel über Gotenhafen. BRD: 1959/60
Fabrik der Offiziere. BRD: 1960
Barbara. BRD: 1961
Marschier oder krepier. BRD/I/E: 1962
Durchbruch Lok 234. BRD: 1963

Das schlechte Gewissen schlägt zu
„Die Landärztin" (1958)

Eine weite, oberbayrische Landschaft, in die wir hineinschauen: Auf Wiesen, abgeerntete, leicht hügelige Felder, hingetupfte Wäldchen rechts und links der Landstraße, die links zu unseren Füßen, vorbeiführt und in der Ferne, wo die Voralpen zu sehen sind, verschwindet. Es ist ein heller, klarer Sommer-Morgen. Niemand ist zu sehen; kein Auto weit und breit. Ein Motorroller, eine Lambretta, kommt uns entgegen. In der nächsten Szene erkennen wir die Fahrerin. Eine junge Frau im rosa Regenmantel und hellbeigem Kopftuch (Marianne Koch) steuert ihr Gefährt über einen holprigen Feldweg; sie hat die Hauptstraße verlassen. Ein VW Cabriolet, dessen Verdeck zurückgeklappt ist, graumetallic, rote Polster, es hat noch einen Winker, der kurz hinter der Tür eingelassen ist, eine Oldtimer-Augenweide, blockiert querstehend den Weg. Die Lambretta-Pilotin muß stoppen. Sie bedient eine trötige Hupe. Aus dem Cabrio ist zu vernehmen: „Weiterfahren für junge Ärztinnen verboten!"

Die Beifahrertür wird geöffnet, ein Herr im Straßenanzug, um die Dreißig, kugelt sich aus dem Fahrzeug heraus. Die bildhübsche Frau, um Mitte Zwanzig, seufzt wie die gutmütige Studentin, die ihrem Kommilitonen, der sie schon wieder abgepaßt hat, zum zehnten Mal zu verstehen gibt, daß sie dessen unerschütterliche Zuneigung nicht teilt: „Herr Doktor Friebe! Wir haben uns doch schon verabschiedet". Der junge Doktor (Thomas Reiner) hat seinen (vorläufig) letzten Versuch gestartet: Der offene Volkswagen sei heute geliefert worden, sein Köder, er hoffe, daß er sie mit zurücknehmen könne. „Ich werde nicht anbeißen", meint sie standhaft, „aber chic ist er". „Kehr doch um, Petra, bleib bei uns in der Klinik. Schau – der Chef schätzt dich als Ärztin und als Mensch. Und in diesem stolzen Fahrzeug ist noch ein Platz für dich reserviert". *Petra* heißt Marianne Koch. Sie lehnt ab. Der Doktor Friebe: „Also Petra, du bist einfach verrückt. Kannst Karriere machen, aber nein –! Du willst dich in einem Kuhdorf begraben. Als Landärztin in Kürzlingen, in Jottwedeh!" Der Mann versteht sie nicht. Petra schätzt ihn, aber sie liebt ihn nicht: „Kurt, es war reizend, daß du mich abgefangen hast, aber jetzt muß ich sausen: Ich habe heute meine erste Sprechstunde. Wiedersehen!" Kurt Friebe: „Da kann ich dir nur noch viel Glück wünschen! Ich besuch dich mal!" „Abgemacht! Grüß die Kollegen!" „Na", ruft er Petra hinterher, „mit denen habe ich gewettet, daß ich dich mitbringe. Naja, nach Kürzlingen. Das heißt man: Perlen vor die Säue werfen!"

Szenen-Wechsel. Auf dem schmalen Weg, der in das bayrische Kürzlingen hineinführt, wird Petra von einem etwa fünfjährigen, hellblonden Mädchen angehalten, der Hannerl (Cheryl Benard), die ihr ein Blumensträußchen entgegenhält. Ob sie zu ihrem Empfang da sei, erkundigt sich Petra. „Kostet zwei Mark", verlangt Hannerl. Mechanisch holt Petra ihre Geldbörse aus der Manteltasche. Die Kleine reduziert ihren Verkaufspreis auf zehn Pfennig, offenbar spürt sie Petras Enttäuschung, wie eine reiche Verwandte von ihrer Nichte für eine Freundlichkeit sofort um einen Geldbetrag angegangen zu werden.

Petra nimmt eine Münze aus ihrem Portemonnaie und lacht ihre Enttäuschung weg: „Ach so, ich dachte schon, du

bist meinetwegen da". „Ich muß doch Geld verdienen".
Petra: „Sagen wir eine Mark". Hannerl erläutert ihr ihre Geld-Forderung: ihre Mutter sei krank, und der neue Doktor verlange doch sicher viel Geld für die Behandlung. „Du", beugt sich Petra über den Lenker zu Hannerl (und zu der Kamera) hinunter, „der neue Doktor bin ich". „Krampf! Du bist doch eine Tante! Doktors sind Onkel!" Wer erwartet schon Marianne Koch in Kürzlingen? Wir können sie anschauen, während sie mit Hannerl spricht: dunkelhaarig mit hellblauen Augen, ihr beiges Kopftuch harmoniert mit dem beigen Pulli, unaufdringlich elegant und liebenswürdig wirkt sie, eine Ärztin, der man (leider) nur im (westdeutschen) Kino begegnet. Petra erklärt: „Euer alter Doktor, der Doktor Katz, das war ein Onkel. Aber es gibt auch Frauen, die Doktors sind." Hannerl ist einverstanden, sie macht Petra ein Kompliment. Sie fahren durch Kürzlingen, einem properen, aufgeräumten Ort mit stattlichen Häusern und blumengeschmückten Fassaden und einem großen Dorfplatz mit einem von alten Bäumen umstellten Brunnen.

Vor dem Haus der Arzt-Praxis. Frau Seestaller (Margarete Haagen), die Hebamme des Ortes und Sprechstundenhilfe, wechselt die Praxis-Schilder aus: für den verstorbenen „Dr. Katz. Arzt und Geburtshelfer" – „Dr. P. Jensen, Arzt und Geburtshelfer". Die Kürzlinger rechnen nicht mit einer Frau. Der Bürgermeister, ein untersetzter, kräftiger Mann in den Fünfzigern (Michel Lang), erkundigt sich, ob der Arzt schon eingetroffen ist. Frau Seestaller: „Ein bißchen komisches Gefühl ist's schon – vierundzwanzig Jahre ist das Schild von Doktor Katz über dem meinigen gewesen, und –".

Man rechne schnell nach: 1933/34, als das Dritte Reich sich einrichtete auf ein grandioses Millennium, zog Dr.

Katz in die Kürzlinger Praxis ein. Bürgermeister Fechner: „Naja, die Zeiten ändern sich".

Frau Seestaller: „Hoffentlich ist er nett. Ein bisserl Angst habe ich schon". (Wir könnten sie beruhigen) Herr Fechner lacht: „Du und Angst?" Die Hebamme: „Weil er neu ist, du Hirsch. Später gibt sich das. Ich werde mit euch Mannsbildern alle noch fertig". Herr Fechner: „Kunststück. Du hast ja die Hälfte von uns zur Welt gebracht". „Bei manchem wär's gut gewesen, ich hätte sie drin gelassen!" Herr Fechner: „Wieso schaust du denn mich an?"

Sollte Frau Seestaller die Nazi-Vergangenheit gemeint haben? Die Anhänger des Dritten Reichs? Die Mitläufer? Die beiden gehen ins Haus. Die Kamera fährt zurück und präsentiert ein wunderschönes, großes, weiß getünchtes Bauernhaus; hier wohnen keine armen Leute.

In der Arzt-Praxis haben sich die neugierigen Kürzlinger versammelt, um das Tages-Ereignis, die Ankunft des Nachfolgers von Doktor Katz, zu erleben. Bürgermeister Fechner war gekommen, den jungen Mediziner zurechtzustoßen: wer der Herr in Kürzlingen ist.

Motoren-Geräusch, Reifen-Quietschen. Die Kürzlinger stürzen hinaus. Wir sind wieder dort, wo wir eben waren, als Frau Seestaller das neue Arzt-Schild aufhängte. Große Enttäuschung, als sie der Lambretta-Fahrerin im Regenmantel gewahrwerden. Frau Seestaller erkundigt sich geistesgegenwärtig: „Zu wem wollen Sie, Fräulein?" Hannerl antwortet für Petra: „Ätsch, das ist der neue Doktor!" Riesen-Verblüffung. Bürgermeister Fechner mit unbarmherziger Offenheit: „Das ist doch ein Witz!" „Wieso, ich bin Doktor Petra Jensen": Marianne Koch muß sich verteidigen, wie geduscht steht sie da in ihrem Lambretta-Dress und flachen Halbschuhen, gekränkt und sprachlos läßt sie ihre Arme hängen – und wir, die sie mögen und zu gern Kürzlinger wären, können ihr nicht helfen.

Ein Herr im Pensionsalter staunt mächtig: „Das ist doch nicht möglich!" Eine Kuh muht kräftig im *off*. Frau Seestaller, tief durchatmend, bringt ein „Willkommen, Frau Doktor!" heraus. Marianne Koch korrigiert sie: „Fräulein bitte. Petra Jensen heiß' ich".

Ihr Kotau vor den Kürzlingern: die Ärztin aus der Stadt, signalisiert der Wunsch nach einer über-korrekten Anrede, ist ein braves Mädchen. Bürgermeister Fechner rekonstruiert die Verwechslung: Er hatte im Briefwechsel mit Petra Jensen deren Vornamen als „Peter" gelesen; eine Fehlleistung, über welche sich die Anwesenden, vor allem der Herr Ziffhauser (Rudolf Vogel), lustig machen. Petra Jensen geht ins Haus, die umstehenden Kürzlinger lassen sie durch; ihre erste Sprechstunde will sie abhalten. Sie hört nicht die Kommentare ihrer potentiellen Patienten, von denen einer meint: „Vor der kann ich mich doch nicht ausziehen!" Und Herr Ziffhauser verspricht: „Zu der geh ich nie! Eher noch zum Viechdoktor!" Petra Jensens Spießruten-Laufen ist noch nicht zu Ende. Bürgermeister Fechner fordert die Auflösung des Arzt-Vertrages, Petra Jensen besteht auf dessen Einhaltung.

Dialog über die Gleichstellung der Frau. „Wir können doch nicht auf einmal einen Damen-Doktor haben". „Was halten Sie denn von der Gleichberechtigung?" „Schon; aber doch nicht gleich so. Überhaupt können Sie einen Haufen Doktor-Sachen gar nicht machen als weibliche Person. Jung sind Sie auch noch". „Ich versichere Ihnen: es gibt nichts, was ich nicht genauso könnte wie ein männlicher Arzt".

Doktor Rinner (Rudolf Prack), der Tierarzt, tritt ein. Petra Jensen streckt ihm ihre Hand hin: „Freut mich, Herr

Kollege!" Doktor Rinner: „Ganz meinerseits. Aber – nix Kollege. Ich bin von einer anderen Fakultät. Meine Fehler kommen in den Schlachthof, Ihre auf den Friedhof. Das ist ein feiner Unterschied". Der Tierarzt, ein robuster Herr, fordert den Bürgermeister auf, die „akademische Krankenschwester wieder loszuwerden". Petra Jensen schluckt an ihrer Empörung. „Ich meine es nicht persönlich", poltert der Tierarzt, der sie mit abschätzendem Blick (mit vertikaler Augenbewegung) ungeniert mustert, „aber ich habe prinzipiell etwas gegen junge Damen, die Doktor spielen; dazu ist unser Beruf zu ernst. Ich möchte nur wissen, wie Sie's angestellt haben, unseren Bürgermeister rumzudrehen". Petra Jensen weist ihn hinaus. Doktor Rinner zum Bürgermeister: „Die Leute sitzen jetzt alle in meinem Wartezimmer, weil sie sich lieber vom Vieh-Doktor behandeln lassen als von dem Star-Mannequin, das Sie engagiert haben. Aber ich denke nicht daran, die Suppe auszulöffeln, die Sie sich eingebrockt haben. Ich schicke sie alle weiter. Ganz abgesehen davon, daß ich als Tier-Doktor keine Menschen behandeln kann und darf; und ich mag auch nicht". Frau Seestaller, endlich, tröstet Petra Jensen: „Das wird nicht einfach, Fräulein Doktor. Aber wir werden's schon schaffen – miteinander. Ich tue für Sie, was ich kann". Petra: „Danke".

Sechs Minuten ist der von Paul May (in München am 8. Mai 1909 geboren) inszenierte Streifen alt. Unfreundliche Empfänge unwillkommener Gäste sind nicht selten. Melanie Daniels (Tippi Hedren), die (im Pelzmantel und offenen Sportflitzer) ins kalifornische Bodega Bay einfährt, um Mitch Brenner (Rod Taylor) zwei Sperlingspapageien vorbeizubringen, ist nicht nur die schöne Frau, die sofort auffällt, sondern vor allem ein *Eindringling*: eifersüchtig belauert von Mitch Brenners früherer Freundin, der Lehrerin Annie Hayworth (Suzanne Pleshette), und dessen Mutter Lydia (Jessica Tandy) in Alfred Hitchcocks „Vögel" (1963). Für Petra Jensen trifft diese Konstellation nicht zu: sie kommt als ledige Frau, die niemand kennt, ins bayrische Kürzlingen. An einem heißen Morgen im Jahre 1945 steigt John F. Macreedy (Spencer Tracy) aus dem Santa-Fe-Zug, die Station ist der fiktive südwestliche US-Ort „Black Rock" – ebenso erfunden wie das bayrische Kürzlingen. Der Film hat den kraftvollen Titel „Bad Day at Black Rock" (Stadt in Angst, 1955), Regisseur ist John Sturges, der in den fünfziger Jahren gut war für ordentliches, robustes Kino. John Macreedy ist ebenfalls ein Eindringling; in Black Rock fürchten die Leute, er könnte deren verbrecherische Vergangenheit aufdecken.

„Bad Day at Black Rock" war, so die Kritikerin Pauline Kael (1), der erste US-Film, welcher die Pogrome an Amerikanern japanischer Herkunft, nach dem Angriff der Japaner auf Pearl Habor am 7. Dezember 1941, zum Thema machte. John Macreedy, der gekommen war, eine Kriegsauszeichnung an einen Landsmann japanischer Eltern auszuhändigen, deckt dessen Ermordung auf. Einen ähnlich dramatischen *plot* erwarten wir in dem sonnig wirkenden Paul-May-Film nicht. Westdeutschlands Filme vermeiden, von Deutschlands Vergangenheit zu erzählen; wir sind daran gewöhnt, sie in den Zwischentönen auszumachen. Aber seltsam ist die phobisch anmutende Begrüßung der Kürzlinger schon. Ist es wirklich, was der Paul-May-Streifen einem nahelegt, die dörfliche Angst vor einer attraktiven Frau – wie in dem 1933 entstandenen Irving-Berlin-Lied „Heat Wave", in dem eine Cancan-Tänzerin aus Martinique besungen wird, die eine solche Hitze verbreitet, daß auf dem Asphalt des Städtchens Eier gebraten werden können? Dialog, kurz nach Petra Jensens

Ankunft, zwischen Frau Ziffhauser und Frau Fechner (Olga von Togni), der Gattin des Bürgermeisters. Frau Ziffhauser: „Jung und hübsch soll sie sein. Ist das nicht ein Skandal?" Frau Fechner: „Eine Frechheit ist das. Aber die wird noch was erleben!"

Frau Fechner, Mitte Vierzig, übergewichtig, mit einer kräftigen, ihren Mann überragenden Statur, klingt so rachsüchtig. Sie ist nicht bloß neidisch auf das Aussehen der jungen Ärztin. Petra Jensen muß der Bürgermeister-Frau etwas zugefügt haben. Was, sagt der Paul-May-Film nicht. Schauen wir zwei Szenen aus der Mitte des Films an. Girgl (Beppo Brehm), der Großknecht der Bauersleute Fechner, ist von einem streunenden, sehr wahrscheinlich tollwütigen Hund gebissen worden und in Lebensgefahr. Petra Jensen wartet mit ihrer Lambretta vor der Eingangstür des Fechner-Hauses auf den Knecht Girgl, um ihn in die Klinik zu fahren. Die Eheleute Fechner treten heraus, zögernd folgt ihnen Girgl. Ein Streit in der Dorf-Öffentlichkeit beginnt. Petra Jensens Erläuterungen zur Gefährlichkeit der Tollwut nutzen nichts. Frau Fechner herrscht die Ärztin wie ein kleines Kind an, das sich beim Ballspielen aufs falsche Grundstück gewagt hat: „Sie verschwinden hier auf der Stelle! Sie haben hier gar nichts zu suchen!" Petra Jensen kommt mit ihrem Satz nicht weit: „Es gibt ein Gesetz, nach dem Tollwut-Verdächtige –". Frau Fechner schneidet ihr mit einem hämmernden Stakkato das Wort ab: „Sie brauchen uns über Gesetze nichts zu erzählen! Mein Mann ist hier Bürgermeister! Wir kennen die Gesetze ganz genau! Leider gibt's noch keins, nach dem man einer wie Ihnen das Handwerk legen kann!" Petra Jensen: „Sie wissen nicht, was Sie reden!" Eine Einigung ist nicht möglich. Petra Jensen verfügt Girgls Zwangseinweisung; am nächsten Tag bringt ihn ein Polizeibeamter, unter dem wütenden Raunen einiger Dorf-Bewohner, zum Bahnhof. Die zweite Szene. Afra Fechner (Maria Perschy), die (knapp) zwanzig Jahre alte, hübsche Tochter des Bürgermeister-Ehepaares, ist schwanger; ohne Wissen ihrer Eltern hatte sie sich in Petra Jensens Behandlung begeben. Es ist Abend im Hause der Fechners. Frau Fechner bestellt ihre Tochter zum Rapport: „Ist es wahr – du warst bei der Doktorin?" Afra: „Wer sagt das?" Frau Fechner läßt sich von ihrem Verhör nicht abbringen: „Ich habe dich etwas gefragt! Antworte! Antworten sollst!" Afra gibt trotzig zurück: „Wenn du's sowieso weißt". Frau Fechner: „Warum!" Afra: „Das geht niemanden etwas an!" Aufgebracht ohrfeigt Frau Fechner ihre Tochter zweimal: „Wie redest du denn mit mir?!" Herr Fechner, der langsam die Treppe hinunterkommt und seine schlagende Frau beobachtet, aber nicht zurückhält, probiert, mit einem lahmen „Hehehe!" zu bremsen. „Was ist denn los mit der Afra?" fragt er seine Frau. „Bei der Doktorin war sie. Ich will wissen, warum". Herr Fechner ist überrascht und empört. Ängstlich weicht Afra zurück: „Nein, das kann ich nicht sagen!" Frau Fechner geht auf sie zu und holt zu einer Schlag-Bewegung aus – Afra zieht den Kopf ein, schützt ihr Gesicht mit ihrem rechten Arm, geht einen Schritt zurück, stolpert und schlägt auf der Holz-Truhe auf; bewußtlos bleibt sie liegen. Die Eltern sind erschüttert und hilflos.

„Sie haben hier *gar nichts* zu suchen!" fauchte Frau Fechner Petra Jensen an. Der Rüffel erinnert an die Befürchtung dessen, der dem ermittelnden Beamten die Tür zuschlägt. Was könnte Petra Jensen finden? Ein zerstrittenes, einfühlungsloses, ängstliches Eltern-Paar; die reizbare, jähzornige Frau Fechner dominiert, Herr Fechner hat wenig zu sagen, halbherzig toleriert er die Zorn-Ausbrüche seiner Frau, er ist kein guter, ein schwacher

Vater. Matthias Ferner und der Herzog Maximilian von Bayern lassen grüßen. Zu Afra, die ihm bei der Heu-Ernte zu verstehen gibt, daß sie sich schlecht fühle, bemerkt Herr Fechner: „Sei nicht so zimperlich. Krank kannst sein, wenn wir fertig sind. Wir brauchen jetzt jede Hand". Girgl empfiehlt er, wegen des Hunde-Bisses zum Tierarzt Doktor Rinner zu gehen. Girgl: „Aber ich bin doch kein Viech!" Bauer Fechner: „Für mich schon".

Herr Fechners (auf den ersten Blick) fröhliche Menschenverachtung ist nicht lustig. Paul May und Kurt Wilhelm, der Drehbuch-Autor, witzeln hier über die nationalsozialistische Arroganz, Menschen in Güteklassen einzuteilen, hinweg. Man kann sich gut vorstellen, daß der Stil, mit dem Bürgermeister Fechner mit seiner Tochter und seinem Knecht umspringt, auch die Erziehungsform seiner Eltern war, welche ihn prägte. Der Psychoanalytiker Lutz Rosenkötter, der die „Schatten nationalsozialistischer Zeitgeschichte auf psychoanalytische Behandlungen" untersucht hat, bemerkt, daß eine bestimmte Sozialisation des Elternhauses für eine Teilhabe an der Hitler-Diktatur disponierte: „daß die Ausmerzung der Schwachen eine Identifizierung mit den mitleidlosen Eltern und zugleich die Ausmerzung der eigenen kindlichen Hilflosigkeit bedeutet" (2). Der faschistische Terror wurde im Terror vieler Kinderstuben geboren. Der Paul-May-Film ist hier genau: Wir sehen, im Hause der Fechners, in eine grausame Kinderstube hinein. Erinnern wir uns jener Bemerkung, welche die Hebamme, Frau Seestaller, zu Herrn Fechner (der sich sogleich angesprochen fühlte) machte: daß es vernünftig gewesen wäre, hätte sie die Geburt mancher Männer nicht eingeleitet. Das war das harsche Wort einer alten Dame, über das man leicht hinweghört, weil Margarete Haagen, die die Hebamme spielt, in den fünfziger

Jahren in der Rolle der humorvollen Großmutter reüssierte, vor allem in der „Immenhof"-Trilogie (3). Von ihr erwartete der Kinogänger keinen bitteren Satz. Aber daß Paul May und Kurt Wilhelm Margarete Haagen, die wie der erste Kanzler unserer Republik zur Generation der Großeltern zählte, einen kritischen Satz (mit unrealistischem Einschlag) über unsere Vergangenheit sagen lassen, deutet an, worum es in der „Landärztin" geht: um eine schmerzlose Aussöhnung mit unserer Geschichte – bei Kaffee, Kuchen und Schlagsahne. Großmütter trösten, sie tun einem nicht weh. Petra Jensen kann sehr wohl etwas suchen und finden: im Hause der Fechners eine für eine demokratische Gesellschaft ungeeignete Sozialisationsform.

Bleiben wir bei Frau Fechner, die ihre Tochter Afra schlägt. Schlagende Eltern sind häufig unsichere Eltern, die ihre Kinder zu verlieren fürchten; ihr Schlagen ist ein verzweifeltes Bemühen, die Kinder im Elternhaus einzusperren. Aber Frau Fechner, von Olga von Togni wuchtig gespielt, klingt nicht nur verzweifelt, sondern auch haßerfüllt. Hat sie die Ernüchterung über die zerschundenen Größen-Ideen der Nationalsozialisten nicht verkraftet? Offenbar; sie reibt sich an der bundesdeutschen Gegenwart. Sie hat, in der Auseinandersetzung um den Knecht Girgl, ihre Schwierigkeiten mit demokratischen Rechtsformen; vielleicht konnte sie im Dritten Reich das Recht nach ihren Macht-Gelüsten und Rache-Wünschen auslegen. Ihr Tonfall, ihr Umgang mit Afra, und ihr Verhalten Petra Jensen gegenüber, deuten an: Frau Fechner fühlt sich verfolgt. Verfolgt, weil sie wähnt, Afra könnte sie so hassen, wie sie ihre eigene Mutter haßt. Wer sich verfolgt fühlt, glaubt, seinen Verfolger bekämpfen zu müssen. Frau Fechner schlägt Afra, um deren vermutete aggressive

Impulse zu ersticken. Sie bekämpft, auf paradoxe Weise, in Afra die gefürchtete heranwachsende Verfolgerin. Dies war der psychische Mechanismus (einer paranoiden Projektion), welche die Nationalsozialisten zu mörderischen Verfolgern machte, die 1945 nun wirklich die Rache ihrer Opfer zu befürchten hatten. Es waren 1945 nicht nur die nationalsozialistischen Schergen, die die Vergeltung der alliierten Sieger fürchteten und in den Nürnberger Prozessen verurteilt und, in einigen Fällen, hingerichtet wurden; es war die Mehrzahl der Deutschen, die sich, auf unklare Weise, schuldig fühlten und sich vor der alliierten Vergeltung ängstigten. „Ich hatte nach dem Krieg das Schlimmste erwartet", schrieb Heinrich Böll, „jahrzehntelange Zwangsarbeit in Sibirien oder anderswo" (4). Mitgegangen, mitgehangen. Das ungenaue, böswillige Wort von der „Kollektivschuld" ging um. Ist man für seine Familienangehörigen verantwortlich? Wie kamen die Westdeutschen mit dieser Frage zurecht? Sie rackerten, verständlicherweise, und räumten ihre Städte auf; sie wollten, verständlicherweise, am liebsten in Ruhe gelassen werden. Aber die Furcht und die enorme Empfindlichkeit vor jemandem, der einen mit unbequemen Fragen verfolgen könnte, blieben. Frau Fechner, mit ihrem Haß und ihrem schlechten Gewissen, sieht in Petra Jensen die sie verfolgende Ärztin: eine zweite Tochter, die, eine Demokratie-Inspektorin, an den Türen Kürzlingens klopfen könnte und wissen möchte, wie dessen Einwohner es mit unserer jungen Republik halten.

Das ist die Ausgangslage des Paul-May-Films, der am 31. Oktober 1958 in die Filmtheater kam. Vier Jahre später als der Rolf-Hansen-Film „Sauerbruch", in dem Olga Ahrends drohte, in einem psychiatrischen Verließ zu verschwinden: das Kino-Bild einer tiefen Beunruhigung.

Sie kehrt in der „Landärztin" als die bange Frage wieder, wie die nachwachsende Generation Westdeutscher, zu der die junge Ärztin Petra Jensen gehört, mit ihren Eltern umgehen wird. Am 1. Dezember 1958, einen Monat später nach der Uraufführung der „Landärztin", wurde in Ludwigsburg von den Justizministern und Justizsenatoren der Bundesländer die Zentralstelle zur Verfolgung nationalsozialistischer Gewaltverbrechen eingerichtet; aus der Erkenntnis, daß viele Nazi-Verbrechen ungeahndet blieben, und als Folge einer empfindlicher reagierenden westdeutschen Öffentlichkeit, die zunehmend begann, die Lebensläufe bundesdeutscher Repräsentanten abzuklopfen. Theodor Oberländer, von 1953 bis 1960 der Bundesminister für Vertriebene, Flüchtlinge und Kriegsgeschädigte, so sein (larmoyanter) Amtstitel, ist ein Beispiel dafür, daß ein Mann, der 1923 mit Adolf Hitler marschiert war und Texte im Jargon der Nazis verfaßt hatte, nicht länger toleriert wurde. Auch Hans Globke nicht, der Staatssekretär im Bundeskanzleramt von 1953 bis 1963; ein effizienter deutscher Beamter offenbar, an dem Konrad Adenauer festhielt, der 1935 die Nürnberger Rasse-Gesetze kommentiert hatte, was damals der SPD-Führer Adolf Arndt „juristische Prostitution" nannte.

Der New Yorker Psychohistoriker Lloyd deMause vermutet, daß die psychosozialen Veränderungen einer Gesellschaft das Resultat der öffentlichen Auseinandersetzungen zwischen „Psychoklassen" sind – unter einer „Psychoklasse" versteht er eine Gruppe von Individuen, die, weil sie gleich sozialisiert wurden, ähnliche Persönlichkeitsstrukturen aufweisen und den dynamischen Einfluß einer Klasse (analog zur sozio-ökonomischen Klasse) besitzen (5). Worüber in den Familienstuben gestritten wird, glaubt Lloyd deMause, findet sein Sprachrohr in der öffentlichen Diskussion, die ihrerseits die Familienstuben beeinflußt. Es ist ein sehr komplizierter Prozeß, in dem familiale und mediale Sozialisation zusammenwirken; viel spricht für deMauses These (und das vorliegende Buch hat sie sich zu eigen gemacht), daß die Massenmedien, welche das öffentliche Forum herstellen, aufgreifen, womit sich die Generationen von Bürgern eines Landes in den häuslichen vier Wänden auseinandersetzen. Ende der fünfziger Jahre, als die Bundesrepublik Deutschland sich wirtschaftlich stabilisiert und politisch eine relative Souveränität erlangt hatte, war eine Generation junger Westdeutscher (aus der sich später zuerst die außerparlamentarische, dann die studentische Oppositionsbewegung rekrutierte) nachgewachsen, die *auf Rechenschaft bestand* und den republikanischen Dorf-Frieden störte: auf Aufklärung darüber, wie ihre Eltern und diejenigen, die in unserer Republik Eltern-Funktionen ausüben, sich im Dritten Reich verhalten hatten.

Anfang der sechziger Jahre, so Lutz Rosenkötter, habe er in seinen psychotherapeutischen Behandlungen eine „Trennungslinie" verspürt, welche die westdeutsche Bevölkerung, wie zuvor die deutsche des Dritten Reiches, spaltete: in die „Masse der begeistert Zustimmenden bis vorsichtig Billigenden; auf der anderen Seite die Gruppe der Ablehnenden, vom zielgerichteten Widerstand bis hin zu den innerlich Distanzierten, die von den politisch Herrschenden diffamiert wurden und Nachteile aller Art bis hin zu Folterung und physischer Vernichtung zu fürchten hatten" (6).

Deutschlands psychosoziale Vergangenheit läßt sich nicht ablegen; sie wird, und das ist der beunruhigende Befund der Arbeit von Lutz Rosenkötter, weiter einsozialisiert (7). Allerdings ist fraglich, ob man von einer aufspaltenden „Trennungslinie" sprechen kann, welche ein Bild suggeriert, nach dem die Einstellungen zum Nationalsozialismus (denen ja komplexe Sozialisationsformen zugrunde liegen) sich so sortieren lassen, wie es Aschenputtel konnte: die guten ins Töpfchen, die schlechten ins Kröpfchen. Der mittlere Bereich tief ambivalenter Einstellungen gerät bei einer groben Typisierung aus dem Blickfeld: die seltsamen Mischverhältnisse aus verbaler Ablehnung, widerwilliger Faszination, Nachgeben, Einschüchterung und Trotz gegenüber dem Nazi-Terror. Die Frage bleibt, und sie ist die Lebensfrage unserer Republik: Wie können wir eine versöhnliche, nicht ausgrenzende und zugleich aufrichtige Form der Auseinandersetzung über unsere nationalsozialistische Vergangenheit finden?

Zurück zum Paul-May-Film. Er erzählt die Geschichte einer Versöhnung. Petra Jensen hat eine ähnliche Aufgabe zu erfüllen wie Prinzessin Elisabeth von Bayern im Ernst-Marischka-Film „Sissi": sie soll die Fechners aussöhnen und die aufgescheuchten Kürzlinger beruhigen, daß sie *keine* verfolgende Landärztin ist. In einer spannend erzählten Notoperation rettet sie der hochschwangeren Afra und deren Kind das Leben, assistiert vom (endlich) liebevollen Doktor Rinner und von Frau Seestaller, dem guten Geist von Kürzlingen; sie erlöst Frau Fechner von der Schuld-Last, ihre Tochter schwer verletzt zu haben. Sie soll die Paranoia vertreiben. – Petra Jensen, Afra und ihr Baby sind wohlauf, kommt in die Stube der Fechners. Es ist Abend, ein schummriges Licht brennt, weil die hellen Glühbirnen herausgenommen und für den Raum verwandt wurden, in dem ein notdürftiger Kreißsaal eingerichtet worden war. Bauer Fechner steht von seinem Platz auf. Frau Fechner sitzt über einem Becher Kaffee gebeugt am Tisch, mit dem Rücken zur Tür, sie sieht Petra Jensen nicht, sie hört sie nur eintreten. Wortlos schiebt sie ihr den Becher hin: eine rührende Geste des Danks und der Aussöhnung. Und während Petra Jensen ihn in beide Hände nimmt, lächeln sich die Frauen an, zum ersten Mal. Bauer Fechner spricht das einzige Wort dieser Szene aus: „Danke".

Der Film ist noch nicht zu Ende: Die Versöhnung, das *happy ending*, muß noch gefeiert werden. Der Höhepunkt ist die wärmende Szene einer Hochzeitsfeier. Die Fechners haben die Kürzlinger zur Vermählung ihrer Tochter mit dem jungen Herrn Ziffhauser eingeladen. Bürgermeister Fechner dankt der Ärztin und kritisiert die eigene Unzulänglichkeit: „Wir haben alle nicht begriffen, daß es darauf ankommt, daß man Vertrauen haben muß. Und dann muß ich noch was sagen, aber das hört sie nicht gern: *Die* Fräulein Doktor hat ein großes Angebot bekommen von einer feinen Klinik. Und was soll ich euch sagen, Leute? Sie hat sich entschlossen, hier zu bleiben als *unser* Fräulein Doktor!" Petra Jensen, die gute westdeutsche Tochter, steht auf und antwortet liebenswert-verlegen: „Ich wollte sagen: ich bleibe da, weil ich das Gefühl habe, daß ich hierher gehör'. Das wär's!" Die Kürzlinger klatschen begeistert Beifall. Das Bild einer einträchtigen Familienfeier: die junge Ärztin aus der Stadt und die ängstlichen Kürzlinger umarmen sich verbal. Paul Mays Kino-Utopie für die trostbedürftigen Westdeutschen, die für ein paar Minuten ihren Frieden, der 1958 im Land nicht herrschte, miteinander im Filmtheater machen können.

Paul May, der mit der Spielfilm-Trilogie „08/15" (nach dem Roman von Hans Helmut Kirst) seinen größten Kino-Erfolg hatte, einer soldatischen Klamotte (die Joachim Fuchsberger als den Gefreiten Asch bekannt machte) mit freundlichem *happy ending*, ist der Regisseur beruhigender Nachkriegsfilme. In der Rezension des „Fuchs von

Paris" (1957; mit Marianne Koch, Martin Held und Hardy Krüger) kritisiert Dietrich Kuhlbrodt, daß Paul May einen „ebenso bequemen wie gefährlichen Mythos von der Kollektiv-Unschuld der Deutschen verbreite (8). „Urlaub von der Geschichte", resümierte der verstorbene Kritiker Walther Schmieding, machten viele westdeutsche Filmstreifen (9). Der „Urlaub" der Westdeutschen ist selbst in einem Film wie der „Landärztin" gefährdet: Die Gegenwart der Bundesrepublik läßt sich aus dem Kino-*plot* nicht herausdrängen. Und was ist schlecht an einem Urlaub im Kino-Kürzlingen, das in der Nähe des Tegernsees liegt? „Die Landärztin" ist ein bescheidener Film: die Bundesrepublik wird im kleinen Zuschnitt präsentiert, die Kürzlinger, zu denen sich auch der Kölner Willy Millowitsch verirrt hat, pflegen etwas von der Solidarität der Nachkriegszeit. In die kleinbürgerliche Enge strahlt die oberbayrische Sonne – für einige Kino-Minuten. Marianne Koch muß es dort gut gefallen haben: sie hat 1985 ihre oberbayrische Ärztin-Praxis eröffnet. Rudolf Prack, im hellbraunen Cord-Jackett, sonst ein zergrübelter Uniformierter, als Arzt, Förster oder Offizier, macht gar keine schlechte Figur als wortkarger, borstiger Tierarzt. In der letzten Szene rollen die beiden, Marianne Koch und er, in seinem weißen VW Cabriolet über eine bayrische Landstraße, wahrscheinlich in die Flitterwochen. Das westdeutsche Kino war häufig wie ein warmes Bad: Es entspannte für ein paar Minuten.

LITERATUR

1 Pauline Kael: 5001 Nights at the Movies. London: Elm Tree Books 1983
2 Lutz Rosenkötter: Schatten der Zeitgeschichte auf psychoanalytischen Behandlungen. PSYCHE 11/1979, S. 1024–1038
3 Wolfgang Schleif: Die Mädels vom Immenhof, 1955;
Volker von Collande: Hochzeit auf Immenhof, 1956;
Hermann Leitner: Ferien auf Immenhof, 1957
4 Heinrich Böll: Brief an meine Söhne. DIE ZEIT Nr. 12 vom 15.3.85
5 Lloyd deMause: Hört ihr die Kinder weinen (Hrsg.). Frankfurt: Suhrkamp 1977
Lloyd deMause: Foundations of Psychohistory. New York: Creative Roots 1982
6 wie unter 2
7 Das Verbum „einsozialisieren" ist von Alfred Lorenzer: Zur Begründung einer materialistischen Sozialisationstheorie. Frankfurt: Suhrkamp 1972
8 Dietrich Kohlbrodt: Der Fuchs von Paris. in: FILMKRITIK 1/58, S. 22
9 Walther Schmieding: Kunst oder Kasse. Der Ärger mit dem deutschen Film. Hamburg: Rütten & Loening 1961

PAUL MAYS FILME:

Der Edelweißkönig. D: 1938
Waldrausch. D: 1939
Links der Isar, rechts der Spree. D: 1940
Violanta. D: 1942
Duell mit dem Tod. Ö: 1949
König für eine Nacht. BRD: 1950
Zwei Menschen. BRD: 1952
Junges Herz voll Liebe. BRD: 1953
Null-acht-fuffzehn. BRD: 1954
Phantom des großen Zeltes. BRD: 1954
08/15, 2. Teil. BRD: 1955
08/15 in der Heimat. BRD: 1955
Oberarzt Dr. Solm. BRD: 1955
Flucht in die Tropennacht. BRD: 1956
Weil du arm bist, mußt du früher sterben. BRD: 1956
Der Fuchs von Paris. BRD: 1957
Weißer Holunder. BRD: 1957

Heiße Ware. BRD: 1958
Die Landärztin. BRD: 1958
Heimat – deine Lieder. BRD: 1959
Und ewig singen die Wälder. Ö: 1959
Der Schleier fiel. BRD: 1960
Soldatensender Calais. BRD: 1960
Via Mala. BRD: 1961
Freddy und der Millionär. BRD/I: 1961
Barras heute. BRD: 1962
Waldrausch. Ö: 1962
Scotland Yord jagt Dr. Mabuse. BRD: 1963
Mittsommernacht. BRD: 1967

Illustrierte Film-Bühne
VEREINIGT MIT Illustr. Film-Kurier
Nr. 4893

HEINZ ERHARDT in

Natürlich die Autofahrer

Die deutsche Klamotte oder:
Der Vater als Wadenbeißer
„Natürlich die Autofahrer!" (1959)

Sommer 1976, am späten Abend. Im New Yorker „Loews Astor Plaza" läuft Alan J. Pakulas Film über die beiden Washingtoner Journalisten, Carl Bernstein und Bob Woodward (Dustin Hoffman und Robert Redford), die den Watergate-Skandal recherchierten – „All the President's Men" („Die Unbestechlichen"). Die gut zweitausend Sitze im riesigen Kino-Saal sind fast alle besetzt. In den ersten Sekunden präsentiert Alan J. Pakula eine schmerzendweiße Leinwand – (die für ein leeres weißes Blatt Papier steht) – ein Buchstabe wird knallend ins Bild getippt: die Schreibmaschine als Schußwaffe. Das Ende des Films: Der Lärm der Schreibmaschinen, in welche die beiden *muckrakers* ihre story hineinhämmern, Maschinengewehr-Garben gleich, übertönt den Fernseh-Bericht vom zum zweiten Male zum Präsidenten gekürten Richard Nixon: Der böse Bube aus dem Weißen Haus wird journalistisch erschossen. Im Filmtheater wird für politische Gerechtigkeit gesorgt. Minutenlang klatscht das Kino-Publikum Beifall, während der Nachspann die an „All The President's Men" beteiligten Künstler auflistet.

Freitags, im Winter 1983, 23.00 Uhr: Spätvorstellung im Kölner Programmkino SAVOY. Freie Plätze sind um diese Zeit rar im einhundertfünfzig Sitze kleinen Vorführraum. Überwiegend studentisches Publikum. Muntere, gar nicht gedämpfte Gespräche über die Sitzreihen hinweg. Fröhliche Begrüßungsszenen. Lachen, Gedränge um die letzten

Plätze. Zusammenrücken. Aus den Lautsprechern vor der Leinwand haucht Marylin Monroe ihr „I wanna be loved by you, just you, and nobody else but you" heraus, das Tony Curtis in Billy Wilders 1959 entstandenem Kino-Spaß „Manche mögen's heiß" galt. 23.05 Uhr: ein von mildem Klatschen begleitetes Raunen setzt ein, als der Raum verdunkelt und der Vorhang aufgezogen wird. Der dreifache, erlösende Gong, der in den alten Filmtheatern den Hauptfilm ankündigte, fehlt. Einige Augenblicke verstreichen, bis der Kino-Vorführer den Vorhang aufs schmale Leinwand Format des Heinz-Erhardt-Films gezogen hat.

„Natürlich die Autofahrer!" ist ein Schwarz-Weiß-Film. Die Titelmusik, welche die Vorspann-Daten begleitet, enthält einige Hup-Geräusche – etwas ähnlich dem von George Gershwin komponierten „Ein Amerikaner in Paris", den Vincente Minnelli mit Gene Kelly 1951 zum Film machte. Das Klatschen hält an. Die Kino-Begeisterung der sonntäglichen Frühvorstellungen lebt hier wieder auf, allerdings weniger ungestüm und nicht so kindlich.

Die Namen der Autoren, Techniker, Komponisten, des Regisseurs und der Darsteller werden kommentiert. Heinz Erhardts Name wird mit freudigem Klatschen begrüßt: ein alter Bekannter. Bei Maria Perschy, Heinz Erhardts Film-Tochter, höre ich meinen Nebenmann fragen: „Kennst du die?" Trude Herr ist in Köln keine Unbekannte, der vor ein paar Jahren verstorbene Peter Frankenfeld, dessen Markenzeichen ein großkariertes, wuchtig wattiertes Jackett war, auch nicht. In der ersten Reihe klatscht ein junger Mann im Takt der Musik.

Ein junges Kino-Publikum, ohne große Reserve diesem 1959 entstandenen westdeutschen Nachkriegsfilm gegenüber – eine andere Generation, die das Etikett kritischer

Verachtung nicht teilt, welches auf den bundesdeutschen Kino-Produkten der fünfziger Jahre klebt: „Papas Kino", die Epitome filmischer Ausschußware, welche zu „Opas Kino" gesteigert werden konnte, treibt hier niemanden aus dem Klappsessel. „Opas Kino", dieser Ausbund an spießiger Belanglosigkeit, wurde von den anspruchsvollen Kinogängern so gemieden wie die grell gemusterten Tapeten in den engen Mietwohnungen der Nachkriegsjahre.

Der westdeutsche Nachkriegsfilm: unter aller Kanone. Auf den internationalen Filmfestivals in Berlin, Cannes und Venedig war kaum ein Kino-Produkt aus westdeutschen Landen präsentabel. Seltsamerweise scheint das heutige Publikum von Zwanzigjährigen, aufgewachsen mit den ausgetüftelten Produkten der amerikanischen Aufregungsindustrie, diese (schamvolle) Einschätzung nicht zu teilen. Im Gegenteil: Es sucht hier sein Vergnügen. Welches? Damals resümierte die Katholische Filmkommission den Film „Natürlich die Autofahrer!": „Gutmütige kleine Lachunterhaltung mit Heinz Erhardt in der Rolle des diensteifrigen Polizeibeamten, der sich hernach als Autobesitzer zum gar nicht tugendhaften Verkehrsteilnehmer ‚entwickelt'" (1). In der „gutmütigen kleinen Lachunterhaltung" schwingt ein herablassender Ton mit, die freundlich getönte Verachtung des Kritikers, der diesen Satz aufschrieb. Filme mit Heinz Erhardt hatten 1983 in den Programmkinos der bundesdeutschen Großstädte Hochkonjunktur.

Eine ampellose Kreuzung in Göttingen. Die Autos der fünfziger Jahre rollen vorbei, aus heutiger Sicht gut erhaltene Oldtimer: die Messerschmitt-Kabinenroller, die „Leukoplastbomber" Lloyds (Kaufpreis 1958: dreitausendfünfhundertachtzig Mark), die Opel Rekords („Opel, der Zuverlässige"), die Goggomobile (mit den dünnen

Rädern, die aussahen, als würden sie wegknicken), die großen Borgwards, die wuchtigen Mercedes, die Ford Taunus mit dem Globus im Kühlergrill, die Käfer. Auf seiner Verkehrsinsel steht Eberhard Dobermann (Heinz Erhardt), Hauptwachtmeister, ein übergewichtiger Herr um die Fünfzig, auf ihn scheint das Entspannungsmotto der Aufbaujahre zugeschnitten zu sein: „Immer mit der Ruhe und einer dicken Zigarre". Dieser Herr trägt bestimmt Hosenträger. Herr Dobermann, werden wir bald erfahren, kann auch ungemütlich werden; Dickhäuter sind dünnhäutig.

Noch regelt Eberhard Dobermann den Verkehr, penibel, geschäftig, mit aufgerecktem Kopf: ein Polizeibeamter, der seine Macht-Position schätzt. Die Fußgänger sind an der Reihe, dank Herrn Dobermann. Ein älterer Herr schreitet über den Zebrastreifen, sehr gemächlich, und zieht seinen Hut vor diesem Vertreter der „Ordnungshüter", die ihrer weißen Sommeruniform wegen „weiße Mäuse" hießen und mit der treuherzigen *public relations*-Formel für sich warben: „Die Polizei – dein Freund und Helfer". Zu „Bullen" wurden sie ja erst in den sechziger Jahren. Ein Autofahrer, der in seinem offenen US-Cabrio warten muß, ein junger Mann, dessen Vorname Walter (Erik Schumann) bald fällt, reagiert ungeduldig: er hupt und drängelt sich an dem Fußgänger vorbei. Er kommt nicht weit. Eberhard Dobermann, vom Ami-Schlitten unbeeindruckt, pfeift Walter an die Straßenseite. Der Herr Hauptwachtmeister: „Darf ich um Ihre Papiere bitten?" Eine rhetorische Frage, deren tückische Höflichkeit Walters Ohnmacht bloß vergrößert. Walter zuckt zusammen, als wäre er bei einem Jungenstreich ertappt worden, und lamentiert über den Passanten, der den Zebrastreifen doch hätte schneller überqueren können. Der Hauptwachtmeister: „Für Fußgänger gibt es keine Mindestgeschwindigkeit. Und außerdem: Im Straßenverkehr hat nur einer recht – das ist der Verkehrspolizist". Keine Widerrede: Walter hat zu kuschen. Jovial lehnt sich Eberhard Dobermann auf Walters Wagentür und predigt den freundlichen Umgangston: „Wir wollen doch nett zueinander sein!" (Mit diesem Satz warb jener Hamburger Verleger, der in den sechziger Jahren das Angriffsobjekt der Protestbewegung wurde, für seine Druck-Erzeugnisse). Walter atmet auf und verspricht, sich künftig daran zu halten. Der Herr Hauptwachtmeister heißt nicht zufällig mit Nachnamen Dobermann: er zückt seinen Block mit den Strafzetteln: „Und damit Sie sich's ganz bestimmt merken, darf ich Ihnen eine gebührenpflichtige Verwarnung erteilen". Walter protestiert: „Aber Sie haben doch gesagt, wir sollen nett zueinander sein!" Der Hauptwachtmeister, ungerührt: „Jaa – in Zukunft!"

Ein Opel Kombi überfährt des Polizeibeamten Handzeichen. Jutta Schmalbach (Ruth Stephan), von Eberhard Dobermann an die Verkehrsinsel herangewunken, strahlt den Polizisten an. Eberhard Dobermann: „Sie heißen?" Jutta: „Du bist wohl verrückt!" Der Hauptwachtmeister unterscheidet scharf zwischen Dienst und Privatleben: „Weil Sie es sind, will ich es überhört haben. Ich müßte Sie sonst zur Anzeige bringen wegen Beamtenbeleidigung". Jutta Schmalbach muß zahlen, zähneknirschend. Wechsel in Eberhards Tonfall: „Jutta – du kommst doch morgen abend zu unserer kleinen Feier, nicht?" Sprachlos und empört prescht Jutta Schmalbach davon. Zurück bleibt der perplexe Verkehrspolizist. „Aber Jutta", ruft Eberhard Dobermann ihr nach, „man weiht doch nur einmal im Leben ein Eigenheim ein!"

In Eberhard Dobermanns gerade bezogenem Einfamilienhaus: Jutta Schmalbach und Karin Dobermann (Maria Perschy), Eberhards Tochter, schmieren die Schnittchen fürs kalte Büffet zur Einweihungsfeier, zu welcher Eberhard seine Kollegen eingeladen hat. Der Hauptwachtmeister hat eine bildschöne, gertenschlanke, blonde Tochter, (im Film) neunzehn Jahre alt und noch nicht volljährig – die Prinzessin aus der Nachbarschaft. Karin trägt ein tief dekolletiertes Kleid – und drückt einen ansehnlichen Busen heraus. Der weite Rock, von einem Petticoat ausgestellt, schwingt bei jeder Bewegung mit. Karin ist eine gute Tochter, brav belegt sie (in ihrem für andere Zwecke geschnittenen Kleid) die Butterbrote. Jutta Schmalbach, in einem taillierten, ärmellosen und (leicht) dekolletierten Kleid, ist gar nicht schmal. Jutta, wie Eberhard verwitwet, möchte den Hauptwachtmeister schon heiraten, aber dessen Sträuben versteht sie nicht. Vor allem ärgert sie sich über das Protokoll von gestern.

Ein Auto hupt. Karin bindet sich die Schürze los und stürzt nach draußen. Walter, der drängelnde junge Mann im US-Cabriolet, wartet. Die beiden kennen sich schon länger. Ein hastiger, verschämter Begrüßungskuß, mehr eine Pflicht, die Karin unter den Augen der (unsichtbaren) Nachbarn absolviert – offenbar hat sie die westdeutsche Disziplinierungsformel im Kopf, welche lautete: „Was sollen bloß die Leute denken?" Wer sich aufreizend anzieht, muß sich wenigstens artig geben. Walter möchte mit Karin eine Wochenendfahrt unternehmen, „über Nacht" bleiben. Sehr verständlich. Aber für Karin eine unmögliche Idee. Was würde nur ihr Vater dazu sagen? Erst einmal, schlägt sie vor, müsse Walter ihren Vater kennenlernen, dann vielleicht... was Walter gar nicht behagt: Eltern seien ja doch nur Störenfriede, meint er. Walter ahnt nicht, daß er mit Karins Vater breits kollidiert ist. Karin versucht, ihm die Scheu vor ihrem Vater zu nehmen. Aber Walter schwant, daß mit Vätern attraktiver Töchter nicht gut Kirschen essen ist. Am Ende läßt er sich von Karin überreden, zur Einweihungsfeier zu kommen, um sich Herrn Dobermann vorzustellen.

Jutta Schmalbach hat die Platten mit den Broten im Wohnzimmer abgestellt. Der Bowle-Topf aus klobigem Steingut wird aufgefüllt. Eberhard Dobermann kommt vom Dienst zurück, aufgeräumt schwärmt er Jutta und Karin von den Vorzügen des Eigenheims vor und stibitzt sich ein Brot von einer der Platten. Karin interveniert: „Laß das, Vater!" Widerspruchslos legt Eberhard Dobermann das Schnittchen auf den Teller zurück und klopft sich die Finger sauber; daß er gerade die Regel gastlicher Hygiene verletzt hat, stört ihn nicht.

Marschmusik dringt ins Haus. Eberhards Kollegen, Musiker wie er, treffen ein. Vom Balkon aus bläst Eberhard seine Posaune. Dem Ständchen folgt Eberhards Ansprache, die er mit jenen Kalauern bestreitet, welche einst zum Witze-Repertoire des bundesdeutschen Alltags gehörten: „Dies ist mein Anwesen, in dem ich ab heute mein Unwesen treibe. Kommt rein, hängt euch auf – auf daß das Haus und wir alle voll werden!" Eng ist es in Eberhard Dobermanns Eigenheim. Der Hausbesitzer offeriert die kalten Platten, die Bowle, eine Kiste Zigarren. In der Küche schmiert Jutta Schmalbach neue Schnittchen. Die Band spielt auf. Das Schlagzeug wird von einem hölzern wirkenden Polizeibeamten gestreichelt, der offenbar in einer Mietwohnung zu üben gewohnt ist. Karin tanzt mit Eberhards Kollegen einen milden Boogie Woogie – vor einer herangesenkten Filmkamera, die Karins Drehungen und das Wippen ihres Petticoats verfolgt. Der Wunsch, von Karin mehr zu sehen, wird geschürt, aber nicht erfüllt.

Die Einweihungsfeier hat die Qualität einer turbulenten Groß-Familienfeier, die Atmosphäre einer erotischen Frotzelei. Eberhard Dobermann schiebt Jutta Schmalbach mit winzigen Schritten durch den schmalen Hausflur, als müßte er mit ihr in einer Telefonzelle Foxtrott tanzen. Vom Flur geht auch die Toilettentür ab. Ein Kollege nach dem anderen windet sich an dem tanzenden Paar vorbei ins Klosett hinein – eine Invasion urinierender Kollegen, die die Wasserspülung gründlich bedienen. Lautes Wasserrauschen. Stoisch preist Eberhard sein Haus. Auf dem Balkon bemerkt er zu Jutta: „Ich muß dir ein Geständnis machen. Wir verstehen uns doch so gut, und da wär's doch schade, wenn wir heiraten würden".

Ein Autohupen belebt Eberhard Dobermanns Lebensgeister. „Wo ist mein Quittungsblock?" ruft der von Jutta Schmalbach erlöste Hauptwachtmeister und rennt vors Haus. Dort trifft er Walter. Verduzt sind sie beide: Walter, der in Karins Vater den Verkehrspolizisten ausmacht, und Eberhard, der den Schnösel von der Straßenkreuzung wiedererkennt. Eine unglückliche Begegnung. Vater Dobermann liest diesem aufdringlichen Burschen die Leviten. Aber dieses Mal ist Walter gewitzt: er fährt dem Hauptwachtmeister davon. Aufgebracht wie einer, dessen Faustschlag nur die Luft traf, droht Eberhard Dobermann, in Juttas Gegenwart, Walter hinterher: „Dieser Lümmel! Wenn ich den erwische, ist er aber dran!" Jutta: „Wo dran?" Ein Wortspiel. Walter wußte, weshalb er dem Hauptwachtmeister ausbüchste: dessen Absicht, den „Lümmel" packen zu wollen, enthält eine sehr bedrohliche Bedeutung – das Wort „Lümmel" meint ja nicht nur den jugendlichen Flegel, sondern auch den Penis (2). Der Hauptwachtmeister Dobermann, der Walter wie ein Kettenhund anblafft und sein Territorium verteidigt, will dem Verehrer seiner Tochter offenbar nicht nur an die Waden.

Eberhard Dobermann und Jutta Schmalbach gehen ins Haus zurück. Jutta berichtet Eberhard, daß Karin einen Freund habe. Eberhard will es nicht glauben. Später, er liegt bereits im Bett, ruft er Karin zu sich ins Schlafzimmer und stellt ihr die Gewissensfrage: „Würdest du jemals unser Häuschen gegen einen jungen Mann eintauschen?" Karin zögert mit der Antwort. Ihr Vater aber drängt weiter: „Würdest du deinen Vater alleinlassen?" Karin, unter Druck, verspricht, es nicht zu tun. Erleichtert und selig drückt Eberhard Dobermann (im kräftig gestreiften Schlafanzug) seine attraktive Tochter, die noch immer ihr tief ausgeschnittenes Sommerkleid trägt, fest an sich, gar nicht wie ein Vater, der das Alter seiner zur jungen Frau herangewachsenen Tochter respektiert. Der Vater zu seiner Tochter: „Hörst du?" Karin versteht nicht. Eberhard Dobermann: „Diese Stille –". Amüsiert über ihren Vater schüttelt Karin den Kopf.

Soweit die ersten Minuten des von Erich Engels inszenierten Filmstreifens. In eine Geschichte, die einen packt und beutelt (wie sie Hollywood regelmäßig anbietet), verwickelt Erich Engels den Kinogänger nicht; sein Film witzelt sich von Episode zu Episode durch die Handlung. „Kabarettstil" nannten die Filmkritiker Ulrich Gregor und Enno Patalas diese Erzählweise. Langweilig wird es dennoch nie, lustig geht es zu. „Natürlich die Autofahrer!" provoziert kräftige Lacher, woran der Schauspieler und Autor Heinz Erhardt, der mit eigenen Lach-erprobten Dialogen aufwartet, großen Anteil hat. Sieben Mal sah ich im Kölner SAVOY „Natürlich die Autofahrer!". Jedes Mal breitete sich eine losprustende Lustigkeit aus.

Am Lachen läßt sich die Art des Vergnügens ausmachen.

Das Lachen ist hier vor allem ein Auslachen. Der sadistische Spaß dominiert: am gegenseitigen Auflaufen-lassen. Wenn Eberhard Dobermann Walter und Jutta Schmalbach als Regel-Verletzer schurigelt, wird er wenig später selbst von beiden düpiert; der Hauptwachtmeister steht dann wie der sprichwörtliche begossene Pudel da: wie ein kleiner Junge, dessen Urin am Bein hinunterläuft und eine Lache hinterläßt. In dem so heiter wirkenden Film steckt eine tiefe *Scham-Problematik*. Eberhard Dobermann, der Hauptwachtmeister mit dem Nachnamen einer Respekt verbreitenden Hunderasse, der von K.F.L. Dobermann (1834–1894) gezüchteten Polizei- und Schutzhunde, erweist sich als Bundesbürger, auf den das Sprichwort zutrifft: Hunde, die bellen, beißen nicht. Ähnlich Müttern, die ihren Kindern hinter dem Rücken der Väter signalisieren, daß sie deren Zornesausbruch nicht ernst nehmen müssen, zwinkert Erich Engels dem Kinogänger zu, daß dieser Hauptwachtmeister wenig taugt. Heinz Erhardt wird als der Familienvater eingeführt, den keiner für voll nimmt. Eberhard Dobermann macht sich laufend lächerlich. Als Karins Vater ist er eifersüchtig wie ein Liebhaber, als Jutta Schmalbachs Freund gebremst wie ein naher Verwandter, als Erzieher seines Sohnes Felix hilflos und als Polizeibeamter überpedantisch. Eberhard Dobermann ist ein *entwerteter Vater*, dessen Inkompetenz ihn zu einem schwierigen Vater macht: er ist reizbar und leicht zu kränken. Woher rührt seine Verletzbarkeit?

Aus einem schweren Verlust. Eberhard Dobermann lebt seit längerem ohne Partnerin – ein westdeutsches Nachkriegsschicksal. Über die Geschichte seiner Witwerschaft erfahren wir nichts. Auch nichts darüber, wie er unter der Nazi-Herrschaft gelebt und die Katastrophe des verlorenen Krieges überstanden hat. Den Tod seiner Frau (wann immer sie starb) hat Eberhard Dobermann, darüber läßt der Film keinen Zweifel, nicht verkraftet: er ist ihr buchstäblich treu geblieben. Eine neue Partnerin hat der Hauptwachtmeister für sich nicht gewonnen – Jutta Schmalbach vergrault er regelmäßig. Und seine Tochter Karin hat er, was der Heidelberger Familientherapeut Helm Stierlin beschrieb, „als gebundene Delegierte rekrutiert" (3): als Ersatzpartnerin für seine verstorbene Frau. Für Karin hat Eberhard Dobermann die ökonomische Last des Einfamilienhauses auf sich genommen; wie in einem Verließ möchte er seine hübsche Tochter festbinden und verhindern, daß Karin sich jemand anderem zuwendet. Familiäre Rekrutierungsprozesse haben ihren Preis: die Grenzen zwischen den Generationen lösen sich auf. Hier ist der Erich-Engels-Film genau. Eberhard Dobermann hat seine Vater-Rolle verloren – er ist zum Kind seiner Kinder geworden, naschhaft und trotzig, ein kleiner Junge, den Karin nicht alleinzulassen wagt für eine Wochenend-Fahrt mit Walter. Eberhard Dobermann: Ein Vater, den seine Kinder in die Tasche stecken, kein Vorbild für Erwachsensein, auf das Karin und Felix stolz sein können.

Das ist die Ausgangsposition des westdeutschen Familiendramas in „Natürlich die Autofahrer!" Wird das Göttinger Dornröschen von den väterlichen Ketten befreit? Und entwickelt sich der verbiesterte Hauptwachtmeister Eberhard Dobermann zu einem freundlichen, vorbildlichen Familienvater, der eine Partnerin für sich gewinnt? So, daß die Dobermann-Kinder wieder funktionierende Eltern bekommen? In einer funktionierenden Familie aufzuwachsen, ist das Standard-Thema westdeutscher Nachkriegsfilme – und eine bundesdeutsche Sehnsucht. Das Dritte Reich, der verlorene Weltkrieg, die zerstörten Städte, das geteilte Deutschland: diese Schocks haben die Funktionsfähigkeit der Familien (als schützende, sozialisierende und versorgende Einheiten) erschüttert. Der Konflikt zwischen den Generationen sitzt tief. Westdeutschlands Nachkriegsfilme haben zum größten Teil versucht, die Konflikte, die in Westdeutschlands Familienstuben rumorten (bis sie Ende der sechziger Jahre aufbrachen), im Kino-Saal zu vertagen: so groß war das Trost-Bedürfnis, war der Wunsch nach Verleugnung und Versöhnung zugleich. Andere Filme mit diesem Thema sind: Wolfgang Schleifs „Meine Kinder und ich" (1955) mit Grete Weiser als verwitweter Taxifahrerin; Günther Lüders „Vater, unser bestes Stück" (1957) mit Ewald Balser als generösem Pädagogik-Professor und Adelheid Seeck als kluger Ehefrau; Eric Odes „Ohne Mutter geht es nicht" (1958) mit Ewald Balser und Adelheid Seeck, die in Kur fährt, in denselben Rollen; Peter Beauvais „Ist Mama nicht fabelhaft?" (1958) mit der verwitweten Luise Ullrich, die ein Kindermodengeschäft hat; Wolfgang Liebeneiners „Die Trapp-Familie" (1956) und „Die Trapp-Familie in Amerika (1958) mit Ruth Leuwerik und Hans Holt als ideale Eltern.

Natürlich mausert sich Eberhard Dobermann zum akzeptabeln Vater, den seine Kinder am Ende des Films vorzeigen können. In der Mitte des Films spielt folgende rührende und wärmende Szene: Eberhard Dobermann kommt nach Hause und trifft Felix und dessen Freunde Rock'n Roll-Musik spielend an. „Tag, die Herrschaften!" ruft der Hauptwachtmeister den jungen Leuten zu – eine sehr ambivalente Begrüßung: Neid, Abwertung und Bewunderung vermischen sich in einer Anrede, welche die Dienstboten in großbürgerlichen Haushalten benutzen. „Das soll wohl Musik sein", drängelt sich Eberhard Dobermann in die jugendliche Band kommentierend hinein. „Ihr spielt wohl den Fliegendreck auf den Noten mit.

Jetzt zeig ich euch mal, was richtige Musik ist". Eberhard Dobermann rivalisiert mit seinem Sohn Felix um die musikalischen Kennerschaft: Er spielt auf seiner Trompete ein getragenes Lied vor. Felix, auf seiner Klarinette, und sein Freund, der Schlagzeuger, fallen in des Vaters langsames Tempo ein und folgen dessen Melodie. Schneller Rhythmus-Wechsel: das Lied wird verjazzt, die ganze Band spielt auf, und Eberhard Dobermann hält mit. Anerkennender Beifall in der Freundes-Gruppe für den fünfzigjährigen Hauptwachtmeister. Felix ist auf seinen Vater *stolz:* „Das war eine dufte Sache, Vater". Der Vater, geschmeichelt und gerührt: „Kunststück – alter Polizeimusiker". Die musikalische Umarmung von Vater und Sohn. Die Erfüllung der Sehnsucht nach familiärem Frieden, der, so muß man hinzudenken, in den bundesdeutschen Haushalten nicht bestand.

Unfrieden brach beispielsweise über die musikalischen Differenzen aus: das Interesse für die importierte „Neger-Musik", die „Radau-Musik" Hüften-schwingender Interpreten vom Format eines Elvis Presley und Bill Haley, war ein Kampfmittel der jugendlichen Emanzipation – und im Streit um die Lautstärke wurde der Konflikt zwischen den Generationen ausgetragen. Die Eltern-Generation, für die das dröhnende Krachen der Nazi-Katastrophe allmählich abklang, bestand auf einer ängstlichen Ruhe, die ihre politische Form in jenem Motto fand, das Konrad Adenauer gepredigt hatte: „Keine Experimente!" Aber die Kinder-Generation weigerte sich, die Lautsprecher auf Zimmer-Lautstärke zu drehen – sie bestand auf deutlicher „Rechenschaft" (Helm Stierlin) ihrer Eltern über deren nationalsozialistische Vergangenheit. Darüber findet in „Natürlich die Autofahrer!" kein Dialog statt; die Umarmung bleibt stumm, die Versöhnung vorläufig.

Es geht um die Rehabilitierung des Hauptwachtmeisters. Eberhard Dobermann besitzt nämlich keine Fahrerlaubnis. Am Straßenverkehr nimmt er als Radfahrer teil, der sich von den Autofahrern kujonieren lassen muß. In einer Szene wird Eberhard Dobermann von Herrn Birnbaum (Peter Frankenfeld), einem Ingenieur, der sich um Jutta Schmalbach sehr bemüht, klatschnaß gespritzt, als der seinen Opel „Kapitän" schadenfroh durch eine Pfütze steuert. Mit seinem Führerschein, den er in einer turbulenten Fahrprüfung erwirbt, reiht sich Eberhard Dobermann in die Reihe jener Bundesbürger ein, die etwas vorzuweisen haben. Das Film-Märchen nimmt seinen besonderen Lauf: Bei einer Tombola spielen Karin und Walter Eberhard ein Glückslos zu, mit dem er ein VW Cabrio gewinnt (und damit Walter zumindest einholt). Am Ende des Films kann sich der Hauptwachtmeister als stolzer Autobesitzer seiner Familie präsentieren.

Am Ausgang der fünfziger Jahre war der Autobesitz keine Selbstverständlichkeit, sondern eine rare Errungenschaft. Das Glückslos hatte übrigens Walter gezogen; seine Idee war es, dem künftigen Schwiegervater das funkelnagelneue Cabriolet zukommen zu lassen. Der Prinz kauft seine Prinzessin mit einem großzügigen Geschenk frei. Das Familiendrama wird mit einem undramatischen *happy ending* eskamotiert. Die Prinzessin ist frei, der König entschädigt. Pappi hat sein Spielzeug bekommen und kann sich jetzt Jutta Schmalbach zuwenden. Ende gut, alles gut?

Nicht ganz. Der Film-Titel „Natürlich die Autofahrer!" muß noch erläutert werden. „Natürlich die Autofahrer!" ist die vorwurfsvolle Artikulation einer Ohnmacht, der Stoßseufzer angesichts einer Gewißheit: daß die bundesdeutschen Autofahrer allesamt Ellenbogen-Bürger sind, unter denen man entweder zu leiden hat oder, falls man in deren Kreis aufsteigen sollte, sich ihnen anpaßt (und somit überlebt), ob man will oder nicht. Eberhard Dobermann, kaum sitzt er hinter dem Steuer des Fahrschul-VW, kehrt den Rüpel heraus. „Natürlich die Autofahrer!" enthält den Stoßseufzer über die Herrschaftsverhältnisse des bundesdeutschen Alltags. Die Autofahrer sind es, die sich hier und da einen Vorsprung ergattern und das Versprechen demokratischer Lebensverhältnisse verhöhnen. Das verbitterte Wort von der „eingebauten Vorfahrt" entstand damals; es war auf jene Fahrzeuge gemünzt, auf deren Kühler ein dreizackiger Stern prangte und deren Besitzer im Straßenverkehr ein Herrschaftsgebaren zu entfalten schienen. Der Filmtitel „Natürlich die Autofahrer!" formuliert ein bundesdeutsches Stereotyp: die sozialen Differenzen werden auf den Straßenverkehr verschoben, welcher damit zum Ausdrucksfeld für bundesdeutsche soziale Konflikte wird. Das erklärt die enorme Bedeutung des Automobils in der Bundesrepublik; des „Deutschen liebstes Kind", wie es der SPIEGEL einst nannte, wurde zum Kompensationsmittel sozialer Unterschiede, aber auch zum Kampf-Vehikel um soziale Herrschaft.

Und das Stereotyp „Natürlich die Autofahrer!" nimmt die bundesdeutsche Wirklichkeit gar nicht so sehr verzerrt wahr. Im Straßenverkehr ließen sich die Herrschaftsverhältnisse, die undemokratische Ausübung von Macht, am schärfsten ablesen. Der „Herrenfahrer", wie jene Wagenbesitzer in Hut, Handschuhen und hochgebauter (schwarzer) Limousine ironisch genannt wurden (das Wort ist heute nur noch selten zu finden), war der erste Kanzler der Bundesrepublik. Der SPIEGEL berichtete am 11.6.1958:
„Konrad Adenauer, 82, ließ auf der Fahrt von Bonn nach

Hannover sämtliche Autobahnabschnitte, die wegen Ausbesserung der einen Doppel-Fahrbahn als gewöhnliche Landstraßen (mit Gegenverkehr) deklariert waren, polizeilich zu Einbahnstraßen erklären, damit er freie Fahrt hatte. Dadurch wurde der allgemeine Verkehr derart behindert, daß sich kilometerlange Autoschlangen bildeten" (S. 65).

Der Erich-Engels-Film spielt auf das Verhalten Adenauers nicht an, wohl aber auf diese Episode: Am 29.4.1958 überfuhr Konrad Kaiser, der Fahrer des damaligen Verteidigungsministers Franz Josef Strauß, das Handzeichen des Bonner Hauptwachtmeisters Siegfried Hahlbohm. Der SPIEGEL berichtete darüber:

„Vor den Augen Hahlbohms hatte Fahrer Kaiser damals die Kreuzung überquert, obwohl seine Fahrtrichtung nicht freigegeben war, und dadurch den Führer eines Straßenbahnzuges zu einer Notbremsung gezwungen. Nachdem Polizist Hahlbohm dem Strauß-Fahrer Vorwürfe gemacht hatte, stellte der Minister den Verkehrsregler militärischzackig zur Rede.

Später erstattete Strauß auch noch Strafanzeige gegen Hahlbohm wegen fahrlässiger Verkehrsgefährdung durch irreführende Zeichengebung und reichte beim nordrheinwestfälischen Innenministerium eine Dienstaufsichtsbeschwerde ein. Darin verlangte Strauß, daß der Beamte nicht nur gemaßregelt, sondern auch in Zukunft nicht mehr als Verkehrspolizist in Bonn verwendet werde.

Das Ermittlungsverfahren gegen Hahlbohm wurde Ende September 1958 eingestellt, da keine Verfehlung des Polizisten feststellbar war. Fahrer Kaiser dagegen wurde wegen der Verkehrsübertretung vom Amtsgericht Bonn am 25. Oktober 1958 mit einer Geldstrafe von 100 Mark, ersatzweise zehn Tage Haft, bestraft" (21/1962, S. 20).

Erich Engels hat diesen Alltags-Skandal beiläufig in den Film eingearbeitet. Anderntags regelt Eberhard Dobermann wieder den Straßenverkehr von seiner Verkehrsinsel aus. Ein dunkler Mercedes 170 (kein mausgrauer BMW V8, den Leonhard Kaiser in Bonn bewegte) huscht vorbei, ohne das Handzeichen des Hauptwachtmeisters zu beachten. Eberhard Dobermann notiert die Autonummer und erstattet Anzeige. Der Fahrer des Mercedes ist Eberhard Dobermanns Vorgesetzter, der Polizeipräsident. Zu ihm wird er gerufen. Die Kollegen spotten: „Die Zigarre, die du kriegst, möchte ich nicht rauchen". Eberhard Dobermann trägt's mit Galgenhumor: „Ich bin Nichtraucher".

Eine Audienz findet statt. Der Polizeipräsident (Hans Paetsch) *sitzt* hinter seinem Schreibtisch, der Hauptwachtmeister *steht* vor dem hochherrschaftlichen Möbel, in artiger Haltung: ein Schüler, der seine Standpauke erwartet, weniger ein erwachsener Beamter, der sich sicher ist, korrekt gehandelt zu haben. Wer sich schnell unterwirft, hofft in Ruhe gelassen zu werden. So einfach macht der Polizeipräsident es seinem Hauptwachtmeister nicht: Eindringlich befragt er Eberhard Dobermann, ob er ihn auch dann angezeigt hätte, wäre ihm die Identität des Mercedes-Fahrers bekannt gewesen. Keine Frage für Eberhard Dobermann. Der Polizeipräsident läßt nicht locker: Er, Eberhard Dobermann, kenne wohl keine *„hohen Tiere"*. Der Hauptwachtmeister verweist auf den Gleichheitsgrundsatz, der auch im Straßenverkehr gelte. Frage des Polizeipräsidenten: Was er, Eberhard Dobermann, dazu sagen würde, wenn er erführe, daß sein Vorgesetzter nur vergessen habe, das Blaulicht einzuschalten? Der Hauptwachtmeister, so flink wie (normalerweise) auf seiner Verkehrsinsel: „... diese blöden Ausflüchte..." Und schlägt sich die Hand vor den Mund, für das herausgerutschte, unpassende Wort sich entschuldigend. Indigniert schaut der Polizeipräsident den Hauptwachtmeister über den Rand seines Brillengestells an. Schließlich gibt er seinem Polizeibeamten recht: „Dann muß ich ja wohl zahlen. Aber werden Sie mir nicht zu stolz, Herr Dobermann!" Er fügt hinzu: „Das ist mein erstes Protokoll in all den Jahren". „Und hoffentlich auch das letzte", ergänzt Eberhard Dobermann, erneut wie ein vorlauter, altkluger Schüler, der auf ein Fleißkärtchen aus ist. Vor seinem Vorgesetzten verkleinert sich der Hauptwachtmeister zum naseweisen Schüler, der sich respektlos vorwagt und sich damit seinem Lehrer ausliefert.

Eine kurze, spaßige Szene. Sie setzt uns zurück in jene aufregenden Schulzeiten, als das (liebevolle) Anrempeln des Lehrers (mit welchen Stör-Mitteln auch immer) dessen Sanktionen provozierte. Wer erinnert sich nicht des Studienrats, der am aufsässigen, aber geständniswilligen Pennäler mit Wohlbehagen eine schmerzende „Nuß" zelebrierte? Der Trick dieser kleine Szene besteht in dem, was die psychoanalytische Theorie der Traum-Arbeit als „Verschiebung" bezeichnet: Die Regelverletzung des Polizeipräsidenten wird ins pubertäre, homoerotische Rechteck des Klassenzimmers transponiert: Nicht der Polizeipräsident, der Hauptwachtmeister muß sich für die (vermeintliche) Keckheit seiner Strafanzeige rechtfertigen. Der politische Fall wird zum Autoritätskonflikt, und Eberhard Dobermann zum zehnjährigen Schüler, der vorm mächtigen Lehrer zurückzuckt aufs sichere Terrrain jungenhaften Verhaltens. Als Polizeibeamter, der ja auch Kollege des Polizeipräsidenten ist, begegnet er seinem Vorgesetzten nicht. Wieso unterwirft sich Eberhard Dobermann so bereitwillig? Hat er etwas verbrochen?

Im Film wird nur die halbe Wahrheit gesagt: daß Eberhard Dobermann Witwer ist. Aber der Hauptwachtmeister hat nicht nur seine Frau, sondern auch seine politische Identität verloren – in irgendeiner Weise muß er, der zu Beginn des Zweiten Weltkrieges etwa dreißig Jahre alt war, am Untergang des Nationalsozialismus beteiligt gewesen sein. Die nationale Katastrophe hat ihre Spuren in den Individuen hinterlassen. Sie macht Eberhard Dobermanns dauernde Gereiztheit verständlich, seine pieksende Art, als Spaß verbrämt, mit welcher er Jutta Schmalbach, Walter und seine Kinder traktiert: Er kämpft mit seiner Niederlage, die ihn in seinem Selbstbewußtsein verletzt hat, er schämt sich und er fühlt sich schuldig. Deshalb führt er sich seinem Vorgesetzten gegenüber wie ein reuiger Junge auf, der eine Fensterscheibe zerdeppert hat und auf seine Bestrafung wartet.

Kino-Filme haben häufig eine beschwichtigende Funktion. Peter Rubeau und Wolfgang Westermann vermuten, daß nach 1945 „die kollektiven und persönlichen Schuldgefühle ungeheuer belastend gewesen sein müssen" (4). Im Film „Natürlich die Autofahrer!" klingt dies nur in Eberhard Dobermanns Unterwerfungsbereitschaft, bei der man ein Strafbedürfnis vermuten kann, an. Kino-Filme deuten aber manchmal enorm präzise eine Zeit-Stimmung. In dem unter der Regie von Helmut Weiß 1944 entstandenen Film „Die Feuerzangenbowle" (die Verfilmung des Heinrich-Spoerl-Romans) ist die ganze Tragödie des Dritten Reiches verdichtet – in eine aufgedrehte Kino-Komödie verdreht. Depressive Verfassungen lassen sich durch manische Anstrengungen vertreiben. Insofern kann man sich immer fragen, was ein Spielfilm verdecken möchte, wenn es darin zugeht wie in einem unglaublich lustigen Tollhaus. Hans Pfeiffer (Heinz Rühmann), promovierter Autor, geht als Oberprimaner verkleidet in eine Schulklasse und inszeniert dort das Paradies der Streiche; am Terror der Lehrer, die für etliche Minuten wie ausgemachte Trottel aussehen, wird Rache genommen: die alte deutsche Schüler-Phantasie. Wie der deutsche Lehrer-Terror vor dem zweiten Weltkrieg ausschaute, darüber geben Alfred Andersch (5) und Friedrich Torberg (6) bittere Auskunft. Die Lehrer der „Feuerzangenbowle" stehen für die verhaßten Väter, mit denen die Nationalsozialisten abzurechnen versprachen. Deutsche Väter, schrieb Erik H. Erikson in seinem Buch „Kindheit und Gesellschaft" (7), waren selten politisch bewußte Bürger, selten ein demokratisches Vorbild: „Der durchschnittliche deutsche Vater präsentierte nur zu oft die Gewohnheiten und die Ethik des Oberfeldwebels oder kleinen Beamten – der, ‚in ein wenig kurz während Autorität gekleidet', nie *mehr* sein würde, hingegen ständig in Gefahr stand, weniger zu werden. Er hat sein Geburtsrecht des freien Mannes für einen Titel oder eine Pension verkauft" (S. 327). Er war ein Erwachsener, „der Jugend und Idealismus verraten hat und Schutz in einem kleinlichen und servilen Konservatismus sucht" (S. 328).

Adolf Hitler, glaubt Erikson, habe daraus eine politische Handlungsform entwickelt und ein politisches Versprechen abgeleitet: Er war „der Jugendliche, der sich weigerte, ein Vater in irgendwelchem Sinne zu werden... Er war der Führer; ein verklärter älterer Bruder, der Vorrechte des Vaters übernahm, ohne sich zu sehr mit ihm zu identifizieren... Er war der *ungebrochene Jüngling*, der sich eine Laufbahn fern dem zivilen Glück, der merkantilen Geruhsamkeit, dem geistigen Frieden gewählt hatte: ein Bandenführer, der die Jungens zusammenhielt, indem er ihre Bewunderung herausforderte, Schrecken verbreitete und sie geschickt in Verbrechen verwickelte, aus denen es keinen Weg zurück gab. Und er war ein rücksichtsloser Ausbeuter der Fehler der Eltern" (S. 321). Die *gang* als politische Organisation und politisches Programm.

In der „Feuerzangenbowle" kehrt das Nazi-Versprechen in den Schüler-Streichen wieder, mit denen der Pädagogen-Terror zurückgezahlt wird. Aber die Revanche erfüllt sich nicht in einem *happy ending*. Am Ende des Films gesteht Hans Pfeiffer, daß er die Geschichte vom Oberprimaner Pfeiffer nur für den Abend der Feuerzangenbowle, welchen er mit seinen Schulkameraden verbringt, erfunden habe – der Tagtraum von der Revolution im Klassenzimmer wird noch nicht einmal im Kino-Saal wahr. Der Kinogänger geht mit einer milden Kater-Stimmung ins Freie – ähnlich dem Erwachen aus einem schönen Traum am Morgen. Der Film wurde 1944 fertiggestellt. Mit Hans Pfeiffers Worten: „Träume, die wir spinnen, Sehnsüchte, die uns treiben, damit wollen wir uns bescheiden" – wird das Filmbild abgeblendet. Der Rat, auf die Erfüllung rachsüchtiger Wünsche zu verzichten, kündigt das Erwachen an, welches 1945 ein Erschrecken war über das Ausmaß der nationalsozialistischen Zerstörungswut. Die Orgie mörderischer Streiche, von den Nationalsozialisten versprochen und ausgetobt, hinterließ das deutsche Trauma.

Und eine tiefe Kränkung und eine enorme Schuld-Last. Damit sollten die Westdeutschen ihre politische Identität als *freie Bürger* finden? In einer (zum zweiten Mal) aufgezwungenen parlamentarischen Staatsform? Einem geschenkten Gaul guckt man nicht ins Maul. Die Bundesrepublik entwickelte sich zu einem Staat, dem eine tiefe Ambivalenz entgegengebracht wurde. Das läßt sich beispielsweise ablesen an den Konnotationen des Substantivs „Bundesbürger": das Wort klingt ironisch, lächerlich, pompös, unsicher. Können sich die Westdeutschen als Bürger *ihres* Staates fühlen? Als Bürger, die ihre staatlichen Institutionen respektieren und schätzen?

Die fünfziger Jahre sind geprägt von der Auseinandersetzung mit dieser bundesdeutschen psychosozialen und politischen Ambivalenz. Bemerkenswert, wie genau der Film „Natürlich die Autofahrer!" dies Grundgefühl trifft: das geringe Zutrauen in die demokratische Funktionsfähigkeit bundesrepublikanischer Organe und die Neigung, unseren Staat eher zu verhöhnen als zu achten. Die politische Realität sah im Fall des Bonner Hauptwachtmeisters (glücklicherweise) ganz anders aus: dank des verbissenen *muckraking* des SPIEGEL (der sich wirklich engagierte für die westdeutsche Demokratie und die Geschichte des Verkehrspolizisten ans öffentliche Licht zerrte), feierte Siegfried Hahlbohm als der „Held von Bonn" seinen demokratischen Triumph, er erhielt Gratulations-Blumensträuße, und er wurde von seinem Vorgesetzten nicht suspendiert.

Eberhard Dobermann als den Göttinger Kino-Helden zu feiern, riskiert Erich Engels in seinem Filmstreifen nicht. Darf sich bundesdeutsche Rechtsstaatlichkeit nicht auch auf der Leinwand bewähren? Eberhard Dobermann wird nur ein pubertärer Triumph gestattet: seine Führerscheinprüfung gerät zur überdrehten Klamotte. Das Wort „Klamotte" entstammt der Gaunersprache und meint eine wertlose Sache; ursprünglich wurde damit nur ein zerbrochener Mauer- oder Ziegelstein bezeichnet. Als „Klamotten" gelten auch jene robusten Spaß-Stücke, die ein Großteil der westdeutschen Filmproduktion ausmachten; in ihnen geht es buchstäblich drunter und drüber; der Spaß wird vom aggressiven Wunsch gespeist, möglichst viel zu ramponieren: Mobiliar, Häuser, Autos. Die Dressur-

Formel „Ordnung ist das halbe Leben" gilt hier einmal nicht. Bundesdeutsche Wirklichkeit wird ramponiert. Eberhard Dobermann macht aus seiner Prüfung eine Farce, aus dem strengen Prüfer einen winselnden Mitfahrer.

Schießende Bankräuber passieren das Prüfungsauto. Der Hauptwachtmeister verfolgt sofort die Gangster. Vom prüfenden Ingenieur, dem Herrn Birnbaum, läßt sich der Prüfling nicht dreinreden. Herrn Birnbaum wird schlecht, die Fahrlehrerin (Trude Herr) murmelt wie in Trance: „Nur nicht aufregen". Die Dramaturgie der „Feuerzangenbowle" bestimmt das Geschehen. An einem Rondell stoppen die beiden Autos. Eberhard Dobermann, endlich ein bissiger Dobermann, boxt einen der Gangster nieder, die zu einer Film-Crew gehören, welche einen Kriminalfilm dreht. Die Fahrlehrerin rechnet mit dem gescheiterten Kandidaten Dobermann und geht auf Herrn Birnbaum zu, der erschöpft ausruft: „Der Mensch macht mich wahnsinnig! Klar hat er bestanden! Glauben Sie denn, daß ich mit dem noch einmal eine Prüfung mache!"

Eberhard Dobermann, der kleinbürgerliche *underdog*, hat zugebissen; im bundesdeutschen Straßenverkehr kann er, wie die kampfesdurstige Vokabel heißt, künftig „mitmischen". 1952 wurde ein Schlager populär, den Peter Alexander und Leila Negra sangen und dessen Refrain vier Zeilen aufweist:

„Die süßesten Früchte fressen nur die großen Tiere,
nur weil die Bäume hoch sind und diese Tier groß sind;
die süßesten Früchte schmecken dir und mir genauso,
doch weil wir beide klein sind, erreichen wir sie nie."

Im Lied sind politische Ohnmacht und politische Aufgeklärtheit in einem formuliert: an den bundesdeutschen Herrschaftsverhältnissen ist nicht zu rütteln, wird hier besungen; Zustimmen und Sich-Abwenden heißt die Devise. In den Kino-Klamotten werden Herrschaftsverhältnisse etwas geschüttelt; das *happy ending* renkt die Ordnung wieder ein.

Kino-Klamotten artikulieren einen Protest, indem sie die Bundesrepublik für ein Weilchen auf den Kopf stellen. Der kurze Spaß am Durcheinander entschädigt fürs Zähne-Zusammenbeißen. Zur Flick-Affäre schrieb Hans Magnus Enzensberger: „Unter diesen Umständen ist es nicht die vielbeschriebene ‚Verdrossenheit' über die Parteien, die mich wundert und die mir zu denken gibt, sondern die uferlose Gutmütigkeit, die unerhörte Toleranz, mit der ihre Herrschaft hingenommen wird. Dieses halb verächtliche, halb großmütige Gewährenlassen hat eine lange Vorgeschichte und mannigfache Wurzeln... ‚Die Politik verdirbt den Charakter'; ‚Politik ist ein schmutziges Geschäft'; solche Sätze haben in Deutschland den Status jahrhundertealter Sprichwörter. Ihre Geltung hat zweifellos etwas mit den demokratischen Defiziten unserer Geschichte zu tun. Sie kann sich aber auch auf die Erfahrung stützen, daß die Berufspolitiker wenig unterlassen und viel getan haben, um das zähe Vorurteil zur unbestrittenen Gewißheit werden zu lassen" (8).

Ende der fünfziger Jahre spielte der erste Kanzler der Republik das Spiel: Wer wird mein Nachfolger? Konrad Adenauer demütigte den damaligen Wirtschaftsminister Ludwig Erhard, der als sein „Kronprinz" in den Medien gehandelt wurde, regelmäßig als einen inkompetenten Politiker, dem die Regierungspartei aber die Wucht einer Wahl-Lokomotive zutraute. Eine Polit-Klamotte. Anfang der achtziger Jahre wird ein anderes Spiel gespielt: Von der Erneuerung der Moral ist die Rede, aber es wird nur um politische Macht gekungelt. Auch eine Klamotte. In den sechziger und siebziger Jahren hatte sich ein politischer Protest durchgesetzt: eine neue Politik war versucht worden. Heute, wie Ende der fünfziger Jahre, kursiert in der Bundesrepublik der politische Hohn, der einer staunenden Ohnmacht entspringt.

„Das lateinische *caulis*, eigentlich für Strunk, Stengel, Stiel benutzt und im Land der Germanen als Bezeichnung für das von den römischen Legionären mitgeführte Gemüse über kol, koli, cholo schließlich zum deutschen Kohl gewordene Zeichen ist zahlreichen Menschen der Republik und ihres halbstädtischen Anhängsels Name und Last. Von ‚Bei dir ist doch alles Kappes‘ bis zu ‚Ein Blick in deinen Ausweis und ich fühle mich verkohlt‘ reicht die Palette des Spotts, und unter Aufschwung verstehen sie seit vergangenem Herbst die überschäumende Angriffslust der Witzbolde" (9).

Die Kino-Klamotte feiert mit Heinz Erhardt, und neuerdings, mit Didi Hallervorden („Der Doppelgänger", 1983; „Didi und die Rache der Enterbten", 1985) ihre Wiederkehr. Heinz Erhardt, der Autor-Schauspieler (in Riga am 20. Februar 1909 geboren und in Hamburg am 5. Juni 1979 gestorben), ist der Prototyp des kleinbürgerlichen Protests und des geschlagenen Westdeutschen. Partnerlos ist er in Erich Engels „Witwer mit fünf Töchtern" (1957), in Hans Deppes „Der Haustyrann" (1958), in Eric Odes „So ein Millionär hat's schwer" (1958), in Wilhelm Thieles „Der letzte Fußgänger" (1960), in Wolfgang Schleifs „Ach Egon" (1961), in Paul Mays „Freddy und der Millionär" (1961), in Geza von Cziffras „Kauf dir einen bunten Luftballon" (1960). Sein Witz hat das Entwicklungsniveau des trotzigen kleinen Jungen, der schmollt und tritt, wenn ihm die Süßigkeiten verwehrt werden. „All The President's Men", die auch des Bundeskanzlers oder des Verteidigungsministers sein könnten, werden in einem westdeutschen Kino-Film noch nicht gestellt.

Auch in dem ambitionierten Volker-Schlöndorff-Film „Die verlorene Ehre der Katharina Blum" (1975) nicht, der Verfilmung der gleichnamigen Heinrich-Böll-Erzählung. Der Film packt westdeutsche Realität nicht richtig an. Er endet mit einem *showdown* in Trance: Katharina Blum (Angela Winkler) erschießt den Revolver-Journalisten Tötges (Dieter Laser) – und mit einer ironischen Rede auf die bundesdeutsche Pressefreiheit. Hier müßte der Film weitergehen und die Frage nach den Chancen unserer Presse, der vierten demokratischen Macht, stellen. Richard Schmid hat darauf hingewiesen, daß die journalistische Aufklärung des Watergate-Einbruchs bei uns hätte kaum stattfinden können: „Kein Publizist hätte bei uns ähnliches riskieren können. Für die bei solchen Aktionen unvermeidlichen Ungenauigkeiten, Übertreibungen, Unrichtigkeiten, Beweisschwierigkeiten wäre er, wenn nicht strafrechtlich, so doch zivilrechtlich mit ruinösen Sanktionen belegt worden" (10). Die Spielfilme, die unserem Rechtssystem zum Triumph verhelfen, stehen noch aus. Die SPIEGEL-Affäre 1962, der Spenden-Skandal 1983/84 wären gute Themen für einen westdeutschen Kino-Film. So bleibt die filmische Auseinandersetzung mit unserer Republik auf dem Niveau des ohnmächtigen Spotts. Und Heinz Erhardt, kein *muckraker*, sondern ein „muckmaker", biß den mächtigen Herren nur ins Bein.

LITERATUR

1 Filme 1959–61. Düsseldorf: Verlag Haus Altenberg o. J.
2 Heinz Küppers: Wörterbuch der deutschen Umgangssprache. Bd. VI: Jugenddeutsch von A bis Z. Hamburg; Classen 1970
3 Helm Stierlin: Der Dialog zwischen den Generationen über die Nazizeit. FAMILIENDYNAMIK 1/1982
4 Peter Rubeau und Wolfgang Westermann: Asche auf unser Haupt. Was schulden wir Amerika? psychologie heute 2/1984
5 Alfred Andersch: Der Vater eines Mörders. Zürich: Diogenes 1980
6 Friedrich Torberg: Der Schüler Gerber. München: Deutscher Taschenbuch Verlag 1977
7 Erik H. Erikson: Kindheit und Gesellschaft. Stuttgart: Klett 1965
8 Hans Magnus Enzensberger: Ein Bonner Memorandum. DER SPIEGEL 48/1983
9 Wir Kohls. TRANSATLANTIK 2/1984
10 Richard Schmidt: Die Freiheit und die Meinung des anderen. NEUE RUNDSCHAU 4/1976

ERICH ENGELS' FILME:

Unsterblicher Valentin (Co-Regie). D: 1934/36
Kirschen in Nachbars Gartens. D: 1935
Donner, Blitz und Sonnenschein. D: 1939
Autobanditen. D: 1939
Das himmelblaue Abendkleid. D: 1941
Dr. Crippen an Bord. D: 1942
Freitag, den 13. D: 1944
Mordprozeß Dr. Jordan. BRD: 1949
Die Dame in Schwarz. BRD: 1951
Keine Angst vor Schwiegermüttern. BRD: 1954
Kirschen in Nachbars Garten. BRD: 1956
Dr. Crippen lebt! BRD: 1957
Witwer mit fünf Töchtern. BRD: 1957
Grabenplatz 17. BRD: 1958
Vater, Mutter und neun Kinder. BRD: 1958
Natürlich die Autofahrer! BRD: 1959
Im Namen einer Mutter. BRD: 1960

HEINZ RÜHMANN

Nach den weltberühmten
Pater Brown-Kriminalgeschichten
von Gilbert K. Chesterton

Das schwarze Schaf

KARL SCHÖNBÖCK · MARIA SEBALDT · SIEGFRIED LOWITZ
LINA CARSTENS · FRITZ RASP · ROSL SCHÄFER · HERBERT TIEDE · FRIEDRICH DOMIN
Musik: Martin Böttcher · Bild: Erich Claunigk · Bau: Hans Berthel, Robert Stratil · Herstellungsleitung: Werner Fischer
REGIE: HELMUTH ASHLEY   BUCH: ISTVAN BEKEFFI, HANS JACOBY
EINE UTZ UTERMANN/CLAUS HARDT-PRODUKTION DER BAVARIA-FILMKUNST IM BAVARIA-FILMVERLEIH · WELTVERTRIEB: OMNIA

Heinz, der gute Junge
„Das schwarze Schaf" (1960), „Er kann's nicht lassen" (1962), „Mein Schulfreund" (1960), „Der Hauptmann von Köpenick" (1956)

Gefragt, wie er die „re-education" der Westdeutschen nach 1945, deren Erziehung zu Demokraten, betrieben hätte, schreibt der in Berlin (am 8. Februar 1894) geborene Emigrant Ludwig Marcuse in seiner 1960 erschienenen Autobiographie „Mein Zwanzigstes Jahrhundert":

„Deutsche hätten Deutsche erziehen sollen. Unbarmherzig hätte man aufzeichnen sollen, was in Deutschland zwischen 1933 und 1945 geschehen war: sehr Konkretes, sehr Charakteristisches, Unglaubliches. Man hätte den respektiertesten Persönlichkeiten Deutschlands die Möglichkeit geben sollen, sich von der Wahrheit der Dokumente zu überzeugen... und sie mit ihrem Namen zu bezeugen. Und man hätte jeden Morgen, vor der ersten Schulstunde, in der Universität, zum Beginn des Gottesdienstes, in den Betrieben dies Schriftstück verlesen sollen, immer wieder. Auf daß die Fakten nicht so leicht vergessen werden können" (1).

Zum Beispiel dies: „Erinnerst du dich: Berlin, Meineckestraße, ein kleines Lebensmittelgeschäft, in dem ich einkaufte. Und ich ging, keine zwanzig Jahre alt, vorbei an den alten Damen mit dem Judenstern und ließ mich bedienen, denn ‚Arier' hatten den Vortritt. Mein Gott, was war mit uns los, daß wir es zuließen?" Das berichtete Henri Nannen, einstiger Chefredakteur des STERN, in seiner wöchentlichen Kolumne „Ja, ich war zu feige..." – veröffentlicht am 1. Februar 1979, wenige Tage nach der ersten Ausstrahlung der amerikanischen Fernseh-Serie „Holocaust" in den Dritten Programmen der ARD. „Was war mit *uns* los, daß *wir* es zuließen?" Der Plural des ersten Personalpronomens signalisiert, daß es in der Frage, wie man sich mit dem Dritten Reich arrangiert hatte, ungeheuer schwer ist, von *sich* zu sprechen: herauszufinden, wieso *ich* mich im Lebensmittelladen nicht anstellte, sondern an den jüdischen Kunden vorbeischob. Henri Nannens Kolumne ist ehrenwert, aber ist seine Erklärung, zu *feige* gewesen zu sein, ausreichend? Das Adjektiv „feige" gehört in den Sprachschatz des Jugendlichen: in die Zeit, als man sich vom Verdacht, zu feige zu sein, zu waghalsigen Unternehmungen anstacheln ließ – als der Heranwachsende herausfinden mußte, welchen Idealen und welcher Moral er zu folgen beabsichtigt. Das „feige" hat etwas vom Pioniergeist des Abenteurers. „Feige" lautete auch Steve Leeds (Charlton Heston) Vorwurf an James McKay (Gregory Peck), der erklärte, den Spaß eines Faustkampfes nicht zu teilen (William Wyler: Weites Land, 1958). In einem Western ist die pubertäre Vokabel angebracht. James McKay prügelt sich doch. Gilt sie auch für das Verhalten im Dritten Reich? Im Adjektiv „feige" steckt auch die Phantasie: wäre ich nur mutig gewesen, hätte ich etwas ausrichten können gegen den Nazi-Terror. Mit dieser erprobten Western-Phantasie operierte die US-Serie „Holocaust", mit dem Unterschied, daß mit den Erzähl-Mitteln der gefühlsaufschäumenden *soap operas*, den Seifen-Opern, die dieses Etikett deshalb erhielten, weil sie in den vierziger Jahren vor allem von den Seifen-Herstellern finanziert wurden und den Hausfrauen die Trübsal des Bügelns vertrieben (2), dramatisches Katastrophen-Kino geboten wurde: die Ermordung der Juden ist nicht aufzuhalten. Das *showdown* fand nicht statt – zu viele Darth Vaders und zu wenige Luke Skywalkers und Han Solos. Das war schwer auszuhalten, was eine medienpsychologische Untersuchung der US-Serie „Holocaust" herausfand (3). „Holocaust" löste eine tiefe Beschämung aus. Die Serie war vom Kölner WDR für eine gute halbe Million Dollar erworben worden. Die verantwortlichen Redakteure, Ivo Frenzel und Peter Märthesheimer, gaben ein Taschenbuch heraus, welches die öffentliche Reaktion in der Bundesrepublik im Untertitel „Eine Nation ist betroffen" bilanzierte (4). Sicher, „betroffen". Betroffen, enorm bestürzt waren nach 1945 viele Deutsche gewesen, als das Ausmaß der Nazi-Verbrechen bekannt wurde. Ist denn 1979, nach der Ausstrahlung der Serie „Holocaust", etwas verstanden worden?

Zurück zum Adjektiv „feige". Es paßt in die Zeit des Faustrechts, der Mutproben, entwicklungspsychologisch und politisch. Es fehlt die *selbstverständliche Übereinkunft*: daß der demokratische Respekt eine Diskriminierung verbietet, daß das Faustrecht des Vordrängelns undemokratisch ist, respektlos ist. Diese demokratische Selbstverständlichkeit war im Deutschland der Weimarer Zeit nicht selbstverständlich. Sie ist es auch heute noch nicht. Das ist abzulesen am gelegentlichen Spott über unser Rechtssystem, der freiheitlich demokratischen Grundordnung in Anführungszeichen; im Spott steckt die Beunruhigung, daß die westdeutschen Behörden vielleicht doch mit einem machen können, was sie wollen, daß bundesdeutsche Politiker Recht brechen können, wenn sie wollen: weil das demokratische Korrektiv, die Öffentlichkeit, nicht richtig funktioniert. Die Willkürherrschaft der Nazis liegt noch nicht weit zurück. 1978 rechtfertigte der aus seinem Ministerpräsidentenamt gedrängte Unionspolitiker Hans Filbinger sein Hinrichtungsurteil vom 16. März 1945 an dem Deserteur Walter Kröger mit der Formel: Daß, was im Dritten Reich Recht war, in der Bundesrepublik kein Unrecht sein könne (5).

Hans Filbinger demissionierte verbittert; er fühlte sich im Recht. Er ist Jahrgang 1913. Man muß, um diesen Mann zu verstehen, sich an die deutsche Sozialisation erinnern. An die strengen Väter, die, wenn sie abends nach Hause kamen, ihre Frauen zum Rapport bestellten und ihre Kinder prophylaktisch bestraften. Grausame Väter implantieren ein rigides Gewissen und eine rigide Moral: den Terror einer hermetischen Regelhaftigkeit. Erik H. Erikson hat die Sozialisation des deutschen Reichscharakters, wie er es nennt, der Wilhelminischen und der Weimarer Zeit, in seinem psychohistorischen Buch „Kindheit und Gesellschaft" beschrieben (6). Er fand eine „merkwürdige Kombination aus idealistischer Auflehnung und gehorsamer Unterwerfung", wofür er das „deutsche Gewissen" (das auch die politische Moral enthält) verantwortlich macht: es ist, schreibt er, „selbstverleugnend und grausam, aber seine Ideale wechseln und sind, wie zuvor, heimatlos. Der Deutsche geht gefühllos mit sich selbst und anderen um; aber extreme Härte ohne innere Autorität erzeugt Bitterkeit, Furcht und Rachsucht" (7).

George Orwells im November 1945 publizierter Aufsatz „Rache ist sauer" (8), gemeint ist die Rache an den geschlagenen Deutschen, ist ein britischer Text, geschrieben aus Respekt vor dem anderen. „Punishing an enemy brings no satisfaction": die Bestrafung des Feindes bringt keine Befriedigung. Die Erniedrigung eines Menschen ist unmenschlich. Während der deutschen Luftangriffe auf London 1940 versuchte die Stadtverwaltung die Einwohner davon abzuhalten, die U-Bahn-Stationen als Bunker zu benutzen. Die aber, berichtet George Orwell, stürmten nicht die Sperren, sondern erwarben Fahrkarten, welche sie zu Fahrgästen machte – und es gab keine Überlegung der Verwaltung, sie dennoch hinauszuwerfen (9). „The fair trial", der anständige Gerichtsprozeß, ist ein angelsächsisches Versprechen. Das im Strafprozeß gebräuchliche englische Wort für den deutschen *Angeklagten* ist *the defendant* – der zu Verteidigende. Das klingt anders. Das fühlt sich im Gerichtssaal sicherlich auch anders an. Das deutsche Gewissen schlägt schnell und heftig: die Vergeltung eines harten, einfühlungslosen Vaters wird befürchtet. Rache ist süß, und Schadenfreude ist die schönste Freude. Ist die von unserem Grundgesetz versprochene Würde wirklich unantastbar? Muß man nicht sehr auf der Hut sein? Von der Angst vor den alliierten Verfolgern ist gesprochen worden; aber nach 1945 wurden auch die Verfolger im eigenen, westdeutschen Lager vermutet. So wurden Fragen vermieden, Fragen erstickt.

Kein Wunder, daß Ludwig Marcuse, Berliner aus Los Angeles, der am 2. August 1971 in München starb, eine radikale Kur empfahl. Aber der Patient war noch nicht kräftig genug. Eine demokratische Tradition muß wachsen; sie muß mühsam erstritten werden: ein Rechtssystem muß sich bewähren können. Dann läßt die Angst nach, und das Zutrauen nimmt zu. Dann verlaufen auch die Sozialisationsprozesse anders. Der Düsseldorfer Majdanek-Prozeß ist das Beispiel für die demokratische westdeutsche Republik: Den KZ-Wärtern und KZ-Wärterinnen wurde ein fairer Prozeß gemacht. Eberhard Fechners Fernseh-Dokumentation „Der Prozeß", 1984 in den Dritten Programmen der ARD gesendet, schildert die Anstrengung, mit den Mitteln der bundesdeutschen Rechtsordnung die Verbrechen in den Konzentrationslagern zu klären und zu bestrafen.

Der kürzlich verstorbene Filmkritiker Joe Hembus veröffentlichte im Herbst 1961 eine zornige Bilanz des westdeutschen Films unter dem Titel „Der deutsche Film kann gar nicht besser sein". Wieso nicht? Seine Fünf-Sätze-Antwort: „Er ist schlecht. Es geht ihm schlecht. Er macht uns schlecht. Er wird schlecht behandelt. Er will auch weiterhin schlecht behandelt bleiben" (10). Joe Hembus im Kapitel „Mach' dir ein paar schöne Stunden mit der unbewältigten Vergangenheit":

„Denn vom ersten Augenblick der westdeutschen Nachkriegsproduktion an waren Autoren, Regisseure und Schauspieler, die auch im Dritten Reich eifrig und durchaus nicht unpolitisch gewirkt hatten, wieder dabei, um sich selbst zu rehabilitieren, indem sie zeigten, daß die Katastrophe, die man gerade hinter sich gebracht hatte, eigentlich nur die Maße einer milden Filmtragödie aufwies".

Die Stunden im Filmtheater, mit Frank Wisbars Film „Haie und kleine Fische", mit Rudolf Jugerts „Meineidbauer" verbracht, waren nicht angenehm. Das hätte Joe Hembus wahrscheinlich nicht bestritten. Er war, wie viele seiner Kollegen, die in den dreißiger Jahren (und später) geboren wurden, verbittert. Sein Hohn über das westdeutsche Kino entsprach auch der Enttäuschung, daß die (ehemals) deutschen Film-Künstler nicht die Moral hatten, in präzise erzählten Geschichten Rechenschaft über ihre Vergangenheit zu geben.

Heinz Rühmann, in Essen am 7. März 1902 geboren, war ein in der Weimarer Zeit und im Dritten Reich sehr erfolgreicher Schauspieler. Als sich Joachim Kaiser „zum 80. Geburtstag unseres populärsten Komödianten" an Heinz Rühmann erinnert, zählt er diese Filme auf: „Paradies der Junggesellen" (Kurt Hoffmann, 1939), „Der

Mustergatte" (Wolfgang Liebeneiner, 1937), „Die Feuerzangenbowle" (Helmut Weiß, 1944), „Die drei von der Tankstelle" (Wilhelm Thiele, 1930; Thiele emigrierte 1935, kehrte Ende der fünfziger Jahre in die Bundesrepublik zurück und starb 1975), „Quax, der Bruchpilot" (Kurt Hoffmann, 1941), „Der Mann, der Sherlock Holmes war" (Karl Hartl, 1937), „13 Stühle" (E. W. Enno, 1938) (11). Kein Wort über Heinz Rühmanns Engagement im Kino der nationalsozialistischen „Gleichschaltung".

Was ist mit Heinz Rühmanns westdeutschen Filmen? Schauen wir in vier Spielfilme hinein, in denen er die Hauptrolle spielte, und fragen wir, ob seine Nachkriegserfolge etwas mit der Geschichte unserer Republik zu tun haben.

„Das schwarze Schaf" und „Er kann's nicht lassen"

Eine Gemeinde in Irland. Ferris, der Schwerenöter des Ortes, ist während der Morgen-Messe ermordet worden. Zwei junge Frauen haben ihn entdeckt. Schnell scharen sich einige Gemeinde-Mitglieder um den Toten. Pater Brown (Heinz Rühmann), eben noch im Meßkleid beim Zelebrieren der Messe, jetzt in der Soutane, kümmert sich um die Leiche. Er faltet die Hände, zum Gebet. „Schickt die Kinder weg", lautet sein erster Kommentar. „Schade ist es nicht um den", zischt eine Frau. Pater Brown: „Es gibt keinen Menschen, um den es nicht schade wäre". Inspektor Graven (Herbert Tiede) kommt hinzu. „Er ist erschlagen worden, Inspektor, mit einem Hammer", konstatiert der Pater. „Die Feststellung der Todesursache würde ich doch lieber mir überlassen, Pater Brown". Inspektor Graven möchte seine Arbeit allein erledigen.

Pater Brown verstellt dem Inspektor den Weg. „Wollen

Sie jetzt Platz machen, Pater? Der arme Teufel kann mit Ihrem geistlichen Beistand nichts mehr anfangen!" „Da bin ich mir gar nicht so sicher. Neben dem Hause Gottes ist es furchtbar. Furchtbar für den Ermordeten und vielleicht noch furchtbarer für den Mörder". „Hat er etwa auch Ihr Mitgefühl – der Mörder?" Pater Brown: „Gewiß, er lebt und ist allein mit dieser schrecklichen Tat". Der Arzt kommt, und Inspektor Graven bittet Pater Brown, ihm Platz zu machen. „Wenn es Ihnen recht ist, bleibe ich". Der Inspektor: „Es ist mir nicht recht". „Wenn es Ihnen nicht recht ist, bleibe ich auch". „Ich habe leider nicht die Möglichkeit, Sie daran zu hindern". „Nein", so der Pater, „Sie vergessen, daß ich hier zu Hause bin". Dieser Pater besteht auf seinem Heimrecht; einen Leichnam vor der eigenen Haustür läßt er sich nicht entgehen. Der Doktor untersucht die Art der Verletzung: nur ein großer, kräftiger

Mann könne Ferris mit einem Hammer ermordet haben. Der Pater geht; offenbar hat er einen Plan.

Er trifft seine Haushälterin, Frau Smith (Lina Carstens); er kündigt ihr einen Besuch an, den er in zehn Minuten ins Pfarrhaus mitbringen möchte. Frau Smith ermahnt den Pater, sich nicht einzumischen. Der Pater widerspricht. Er fügt hinzu: „Und wenn Sie wissen wollen, wen ich mitbringe – den Mörder". Das Wort „Mörder" spricht er genüßlich aus: so erschreckt ein Bub seine Mutter, wenn er ihr erklärt, daß er zum Balancieren auf dem Brückengeländer verabredet ist. „Und mit dem trinke ich dann Tee". Frau Smith ist aufgebracht: „Na, das fehlt noch. Nur über meine Leiche!" Pater Brown: „Eine genügt, Frau Smith!"

Barnes, der Schmied des Ortes, wird von Inspektor Graven des Mordes verdächtigt. Pater Brown bringt ihn ins Pfarrhaus, dort kann er nicht verhaftet werden. Barnes ist beunruhigt, ob er nicht doch verhaftet werden könne. Pater Brown erklärt ihm, daß das Gesetz, welches ihn schütze, zwar aus dem Mittelalter stamme, aber niemals aufgehoben worden sei. Inspektor Graven fährt vor, Pater Brown schickt Frau Smith mit dem Schmied in die Sakristei, nicht, ohne ihm dessen Tasse Tee nachzureichen. Der Inspektor verlangt die Auslieferung des Verdächtigen. Pater Brown fragt nach den Verdachtsgründen und empfiehlt ihm, „mehr mit dem Herzen und weniger mit dem Verstand zu denken". Der Pater hält den Schmied für unschuldig. Der Inspektor: „Ich ersuche Sie, Barnes herauszugeben. Ich bin hier für die Ordnung in der Gemeinde verantwortlich". Pater Brown: „Ich auch. Aber einem anderen als Ihnen, Inspektor. Barnes ist unschuldig".

Der Inspektor argumentiert rechtsstaatlich: „Wenn sich seine Unschuld erweisen sollte, dann wird der Haftbefehl gegen ihn aufgehoben". Er droht: „Pater Brown, Sie überschreiten Ihre Befugnisse!" Der Pater lächelt glücklich: „Das ist das erste Mal, daß ich mit Ihnen übereinstimme. Ich wollte ihn nur eine Viertelstunde bei mir behalten zum Tee; denn ich habe geglaubt, daß Sie nicht länger brauchen werden, um den wirklichen Mörder zu finden. Aber ich sehe nun, daß mir nichts anderes übrig bleibt, als ihn selbst zu suchen. So ungern ich es tue. Ich werde damit nur Unannehmlichkeiten haben". „Unannehmlichkeiten?! Sie werden mehr als Unannehmlichkeiten haben", verspricht Inspektor Graven, „dafür werde ich sorgen!" Wütend geht er.

Pater Brown wird zu seinem Bischof bestellt – nachdem er den richtigen Mörder überführt hatte. Wir erleben das Vergnügen einer Bestrafung. Geduckt, den Kopf eingezogen, als erwarte er eine Ohrfeige für seine widerständlerischen Kapriolen, betritt Pater Brown den Saal Seiner Exzellenz, des Bischofs. Der empfängt den Pater mit liebevoller Ironie: „Da ist ja unser Meisterdetektiv. Gratuliere! Gratuliere! Das haben Sie ja erstklassig gemacht!" Pater Brown: „War nicht der Rede wert, Eure Exzellenz". „Gut sehen Sie aus, richtig fotogen. Ein Tag vorher war auf dieser Seite die Brigitte Bardot zu sehen, ein Tag später – unser Pater Brown". Wird hier ein Held gefeiert? Pater Brown ist auf der Titelseite der „The Irish Press". Kann man seinem berühmten Jungen etwas abschlagen? Den Bischof beunruhigt Pater Browns Interesse für das Verbrechen. Pater Brown gesteht, daß ihn stets zweierlei faszinierte: das Leben der Heiligen und – Kriminalromane. Er ist in guter Gesellschaft: auch Konrad Adenauer liebte die Detektivgeschichten als Nacht-Lektüre. Es wird ernst. Der Bischof (Friedrich Domin) eröffnet Pater Brown, weshalb er ihn gerufen habe. Einmal, um ihm zu gratulieren. Pater

Brown versucht, seinem Dienstherrn zuvorzukommen wie der Schüler, der seinen Lehrer auffordert, ihm doch endlich die Klassenarbeit mit dem „Mangelhaft" zurückzugeben: „Ich nehme an, Exzellenz, daß damit der erfreuliche Teil der Mitteilungen ein Ende erreicht hat".

„Sein abruptes Ende!" dröhnt der Bischof, der dem Pater erläutert, daß er, Brown, sowohl seine als auch die Autorität der Polizei „unterminiert" habe; denn er hatte dem Pater jegliche detektivische Aktivität untersagt. Der Pater, ein gefügiger aufsässiger Schüler: „Ich bitte demütigst, dafür bestraft zu werden". Der Bischof, schlagfertig: „Ich bin dabei, Ihre Bitte zu erfüllen". Der Pater wird in eine andere Gemeinde strafversetzt. Aber Pater Brown läßt sich nicht unterkriegen; er macht noch einen Punkt. Beim Hereinkommen hatte er den Bischof über eine Schach-Partie grübeln gesehen; er deutet an, daß er einen den Bischof befreienden Zug wüßte. Der Bischof ist interessiert. Pater Brown verweigert seinen Einfall: „Ich würde mir niemals anmaßen, Eurer Exzellenz einen Rat zu erteilen. Das verbietet mir meine christliche Demut". Er geht und läßt den verdutzten Bischof zurück.

Das erste Drittel des Films haben wir hinter uns. Helmuth Ashley hat „Das Schwarze Schaf" inszeniert; der Streifen kam am 19. Dezember 1960 in die Filmtheater. Gilbert Keith Chestertons britische Geschichten vom Geistlichen mit detektivischem Geschick sind die literarische Vorlage. „Hammer of Good" (Gottes Hammer) ist der Titel der Geschichte, welche den *plot* für die erste halbe Stunde abgibt (12). Der Film ist nicht als eine Literatur-Verfilmung gedacht, die Drehbuch-Autoren, István Békeffy und Hans Jacoby, weisen es im Vorspann aus. Mit Chestertons nachdenklicher Geschichte hat er nichts gemein. Der britische Geistliche ist ein getarnter Westdeutscher; in der fremden Soutane läßt sich manches einfacher sagen. Schmecken wir die Vergnügen nach, welche uns Pater Brown bereitet.

Er mischt sich in die Ermittlungen des Inspektors ein; er verhöhnt ihn, er reizt ihn. Aber der Beamte kann dem irischen Pater nichts anhaben: der Priester-Status schützt. Pater Brown wird zu seinem Dienstherrn bestellt, der ihm die Leviten liest, aber am Ende der Szene nimmt er ihn doch auf den Arm. Der jugendliche Tagtraum vom unschlagbaren Schüler, der mit dem Lehrer umspringt, wie sonst der mit ihm, erfüllt sich: Pater Brown ist der Klassen-Primus, der seine Lehrer hetzt. Ein sadistischer Spaß. Kinder erlauben ihn sich im Zoo, wenn sie ein Raubtier necken. Wäre das nicht ein Spaß, diejenigen, die man fürchtet, in einen Käfig zu stecken und zu quälen? Wer so tagträumt, muß gequält worden sein.

Der Helmuth-Ashley-Film bewegt eine Rache-Phantasie. Revanche wofür? Das Trauma des Nazi-Terrors wirkt nach. Inspektor Graven, Repräsentant deutscher Obrigkeit, wird vom findigen Pater zerzaust. Ihm wird die faschistische Einschüchterung heimgezahlt. „Identifizierung mit dem Aggressor" nannte Anna Freud das Mittel, mit einer Angst bereitenden Person zurechtzukommen; am Beispiel eines kleinen Jungen, der vom Zahnarzt kommt und anschließend seine Bleistifte traktiert, hat sie es beschrieben: der Junge fügt den Stiften zu, was ihm an Schmerzen zugefügt wurde (13). Pater Brown wehrt sich gegenüber dem Beamten; er versteckt den (unschuldigen) Schmied. Er macht etwas gut, er verhält sich anders als im Dritten Reich: er duckt sich nicht; er schaut nicht an seinen mit dem Davidstern stigmatisierten jüdischen Mitbürgern vorbei. Pater Brown beruhigt die deutsche Scham; er ist nicht – „feige". Betrachten wir die Szene mit dem Bischof.

Im Audienz-Saal Seiner Exzellenz begegnen sich Großvater und Enkel. Die beiden Schauspieler, Friedrich Domin und Heinz Rühmann, sind gleichaltrig; aber Heinz Rühmann macht sich so gekonnt klein, und Friedrich Domin, einen Kopf größer als er, wirkt so massig, unterstützt von den Kamera-Einstellungen, welche die Hierarchie betonen, daß Pater Brown wie der ertappte Junge ausschaut, der regelmäßig nascht und mit der Taschenlampe unter der Bettdecke schmökert. Dieser Enkel hofft auf eine milde Bestrafung; er rechnet damit, daß Großvater ihm nicht böse sein kann. Und Großvater mag, wie wir gesehen haben, seinen Enkel. Daß die westdeutsche Not, die Angst vor einer massiven Bestrafung, in ein pubertäres Beziehungsverhältnis transportiert wird, ist oft verspottet worden. Wilfried Berghahn (Kritiker des Jahrgangs 1930) schrieb über „Das Schwarze Schaf:" „Heinz Rühmann träumt diesen Traum (von den im Grunde guten Menschen; d. Verf.) auf sympathische Weise. Wir wollen ihn nicht aufwecken" (14). Heinz Rühmann träumte nicht allein; viele Kinozuschauer wollten mitträumen. Man muß diese für das westdeutsche Kino typische Transposition auf das Entwicklungsniveau der „Feuerzangenbowle" (Oder „Natürlich die Autofahrer!") als Reaktion auf die deutsche Verletzung verstehen: als Ausdruck des Grundgefühls vieler Westdeutscher, sich angesichts ihrer Vergangenheit als nicht erwachsen zu erleben.

Gehen wir weiter. Eine kleine Episode. Pater Brown und Frau Smith stehen vor der Kirche der neuen Gemeinde. Dialog zwischen den beiden: „Häßlich ist die". „Es gibt keine häßliche Kirche". „Doch es gibt. Wenn der Bischof die häßlichste und unwichtigste für Sie gefunden haben wird, bin ich nur neugierig, wo er Sie dann hinschicken wird". „Ich werde ihm keine Gelegenheit geben, mich strafzuversetzen„. „Es ist eine Schande, einem Priester nicht zu glauben, aber ich glaube Ihnen trotzdem nicht". Natürlich wird Pater Brown in ein kriminalistisches Abenteuer verwickelt, und natürlich versetzt ihn der Bischof am Ende erneut. Daraus bezieht der Film sein Vergnügen und seine Spannung. Der unartige Enkel ist nicht zu bremsen. Schauen wir uns die Beziehung des Priesters zu seiner Haushälterin an. Pater Brown versetzt die alte, stattliche Dame in immer neue Aufregungen, ihr Protest nützt nichts. So springt ein Enkel mit seiner Großmutter um, die er mit seinen Kapriolen prächtig unterhält, und sie reagiert entnervt, aber selig. Im Helmuth-Ashley-Film darf ein zehnjähriger Junge über die Stränge schlagen, und keiner nimmt's ihm übel. Dies war die Phantasie der „Feuerzangenbowle", dies ist die Phantasie in „Das Schwarze Schaf": man müßte noch einmal zehn sein und so klug wie heute, dann müßte man sich nicht so schrecklich schämen. So kann dieser altkluge, aufdringliche Bengel eine Soutane überstreifen und an jeder Tür lauschen und sich in diese oder jene Ehe einmischen; er kann nicht verantwortlich gemacht werden.

Ein Jahr zuvor hatte Günter Grass seinen Roman „Die Blechtrommel" veröffentlicht; Oskar Matzerath ist der Dreijährige, der sich vornahm, nicht weiter zu wachsen: so nahm keiner Anstoß, daß er genau registrierte, was in deutschen Familien passierte – Oskar war ein erzählerischer Kunstgriff. In Helmuth Ashleys Film führt Pater Brown vor, wie man sich um seinen Erwachsenen-Status herumträumen kann. Und im nächsten Pater-Brown-Streifen arbeitet Heinz Rühmann unter Axel von Ambessers Regie, mit Rudolf Forsters Hilfe, der Friedrich Domin als den wohlwollend-strengen Bischof ersetzt, weiter an der Aufgabe, Westdeutschlands Vergangenheit im geschichtslosen Paradies der Streiche verschwinden zu lassen.

Robert Siodmak, in Memphis am 8. August 1900 geboren und in Locarno am 10. März 1973 gestorben, gehört zu den deutschsprachigen Film-Künstlern, die, wie der gebürtige Wiener Billy Wilder, 1933 emigrierten (15). Robert Siodmak war 1930 durch seine Co-Regie des halb-dokumentarischen Films „Menschen am Sonntag", der die Freizeit-Vergnügen junger Berliner und Berlinerinnen schilderte, bekannt geworden; die anderen Mitarbeiter des Films waren: Billy Wilder, Eugen Schüfftan, Edgar Ulmer, Fred Zinnemann. Siodmak ging nach Hollywood und inszenierte einige Filme der sogenannten „Schwarzen Schafe" der vierziger Jahre, darunter die „Wendeltreppe" (1945). 1954 kehrte Robert Siodmak in die Bundesrepublik zurück und lieferte eine der künstlerisch erfolgreichsten Filmarbeiten der Nachkriegszeit: „Nachts, wenn der Teufel kam" (1957). „Mein Schulfreund" entstand 1960. Am Drehbuch arbeiteten: Robert Adolf Stemmle, der, so gut es ging, Filme inszenierte, welche zum nationalsozialistischen Verständnis querlagen, und Johann Mario Simmel, der das Schauspiel „Mein Schulfreund" verfaßt hatte und der später als Autor populärer Romane reüssierte. Robert Siodmaks „Mein Schulfreund" packt den Zuschauer in den Szenen, in denen die Wirklichkeit des letzten Kriegsjahres und später, in der Bundesrepublik, die Not bei der Klärung nationalsozialistischer Schuld beschrieben wird. Der Film leidet an kabarettistischen Zwischentönen und Kino-Zugeständnissen, welche aus dem Ernst ein schnelles Vergnügen machen.

März 1944. Wir sind im zerbombten München. Der Geldbriefträger Ludwig Fuchs (Heinz Rühmann) kommt von seiner Arbeit, die in dem Kriegschaos keine Arbeit

mehr ist, nach Hause. Wir sehen ihn, wie er im zerstörten Treppenhaus langsam zu seiner Etagen-Wohnung hochgeht. Ludwig Fuchs ist Witwer, seine Frau, so der Film, starb 1940 an Diabetes wegen Insulin-Mangels; er hat eine knapp zwanzig Jahre alte Tochter Rosi (Loni von Friedel). Rosi hat ihren gleichaltrigen Freund Paul (Fritz Wepper) in ihrer Wohnung versteckt. Paul ist von einer Flak-Einheit, die bei einem Flieger-Angriff aufgerieben wurde, desertiert. Ludwig Fuchs entdeckt ihn im Schlafzimmer.

Ein heftiger, verzweifelter Streit über das Aufgeben, eine Form der Opposition, entsteht. Ludwig Fuchs: „Bist du verrückt?" Paul: „Was soll ich denn machen?" Ludwig

Fuchs: „Weißt du, was sie mit dir machen? Du bist ein Deserteur. Lieber Gott im Himmel, als ob man nicht schon genug Sorgen hätte!" Zur Tante in Westfalen will Ludwig Fuchs Paul nicht schicken: um sie nicht „hineinzureißen", zudem würde ihrem Mann der Bauernhof weggenommen. Ludwig Fuchs: „Ein Regime ist das – ein unmenschliches Regime". Er gesteht, daß ihn quält, 1940, als Post-Beamter, der dazu gedrängt wurde, in die NSDAP eingetreten zu sein: „... in meiner *„Feigheit"*, in meiner Angst, um dich, um mich, um meine Arbeit – genau wie viele andere". Die Sirenen heulen: Flieger-Alarm. Paul bekommt von Ludwig Fuchs, der seiner Tochter nachgibt, trotz seiner Angst vor dem Ortsgruppenleiter Krögelmeier, den er im Luftschutz-Keller des Hauses erwartet, Jacke und Lodenmantel. Es eilt. Die Bomben schlagen ein. Herr Krögelmeier (Alexander Golling), ein massiger Mann, dröhnend, roh, mit Nasenflügeln wie Nüstern, kommt und sieht Paul ohne Uniform: „Der Herr hat sich abmontiert. *„Feiger* Hund!" Ludwig Fuchs: „Lasssen Sie doch den Jungen". Krögelmeier versucht, Paul zu zwingen, zu dessen Flak-Stand zurückzugehen. Paul läuft ihm davon, rennt die Treppen hinunter und stürzt auf die Straße in einen Granaten-Hagel hinein. Er ist sofort tot. – Krögelmeier ist entsetzt, er hat ein schlechtes Gewissen, das er übertönt, indem er Ludwig Fuchs anblafft: „Was starren Sie mich so an? Ich verbitte mir das! Dafür kann ich doch nichts. Parteigenosse Fuchs – ich lasse mich nicht von Ihnen anstarren, als ob ich ein Verbrecher wäre!"

Das ist eine eindringliche Sequenz: das Chaos, welches die Bombardierungen hinterlassen, der schnelle Tod, die solidarische Geste, die an einem Nazi-Bonzen scheitert, der seine Schuldgefühle unterdrückt, der hilflose, gebeutelte

Geldbriefträger, der die Übersicht und seine Anständigkeit zu verlieren droht.

Dann tut Ludwig Fuchs etwas Seltsames: Er schreibt dem Reichsmarschall Hermann Göring, seinem „Schulfreund" aus Rosenheim, einen Brief, in dem er ihn auffordert, den sinnlosen Krieg zu beenden, solange noch die Chance bestünde, einen anständigen Frieden zu schließen. Seltsam ist dieser Brief, weil der ganz gewitzte Geldbriefträger eine Selbstanzeige verfaßt – „Wehrkraftszersetzung" hieß die Nazi-Formel, welche ein schnell und schwer geahndetes Verbrechen meinte: die Kritik an den Lügen der Nationalsozialisten. Heinz Rühmann spielt keinen Deppen. Die politische Naivität eines Sechsjährigen, der zu Nikolaus seine Schuhe vor sein Zimmer stellt, paßt nicht zur Lebensklugheit eines knapp Fünfzigjährigen, der Geldbriefträger ist. Dieser Zweispalt, typisch für Filme mit Heinz Rühmann, durchzieht den Robert-Siodmak-Film.

Die Herren im Vorzimmer des Reichsmarschalls: Hauptmann Kühn (Ernst Schröder) und der einarmige Hauptmann Sander (Alexander Kerst, der an Gregory Peck erinnert); Kühn ist verblüfft über den Brief des Geldbriefträgers Ludwig Fuchs. Wir wohnen einer Lektion in vergeblichem Widerstand bei. Hauptmann Kühn liest den Brief vor. Hauptmann Sander nimmt das Schreiben vom Tisch seines Kollegen und stopft es in den Papierkorb. Hauptmann Kühn holt es heraus. Hauptmann Sander: „Menschenskind, wenn der Brief weitergeht, ist doch der Mann erledigt!" Hauptmann Kühn will den Brief nicht verschwinden lassen: Hermann Görings wegen, der davon erfahren könnte, Ludwig Fuchs wegen, der noch einmal schreiben könnte, wenn sie, nicht im Dienst, den Brief nicht abfangen könnten... Hauptmann Sander widerspricht, er reißt Kühn den Brief aus der Hand – er möchte nicht an noch mehr Todesurteilen schuld sein, schreit er –, stößt Hauptmann Kühn in dessen Arbeitssessel und versucht, den Brief zu verbrennen. Aber er bekommt mit seiner einzigen Hand das Feuerzeug nicht gezündet. Hauptmann Kühn verlangt eine telefonische Verbindung mit der Gestapo-Außenstelle. Sander gibt auf und reicht Kühn die beiden Brief-Bögen; der streicht sie glatt, versieht sie mit dem Eingangsstempel und murmelt ein „Na also, blöder Hund". Wer wird denn etwas für einen Mitbürger riskieren? Hauptmann Kühn, wohlgenährt, mit einem Moral-losen Gewissen und von Ernst Schröder schneidig gefühllos (gut) gespielt, hat sich eingerichtet in der Macht der Nationalsozialisten.

Reichsmarschall Hermann Göring verschont Ludwig Fuchs. Das hat er Hauptmann Sander zu verdanken. Sander sucht den Geldbriefträger bei dessen psychiatrischer Untersuchung auf und fordert vom Leiter der Klinik, Professor Strohbach (Hans Leibelt), auf Befehl des Reichsmarschalls, eine psychiatrische Diagnose, welche Ludwig Fuchs für schuldunfähig im Sinne des Paragraphen 51 (welcher seit der Strafrechtsreform vom 2. Januar 1975 durch den Paragraphen 20 StGB ersetzt wurde) erklärt: so entgeht Fuchs der Anklage des „Volksgerichtshofs". Professor Strohbach, der sich widerwillig angepaßt hat und mit schlechtem Gewissen die Serien von Sterilisationen an Patienten anordnet, erkennt in Ludwig Fuchs einen „pathologischen Querulanten". Strohbach fühlte sich von seinem Oberarzt Dr. Lerch (Robert Graf) gedrängt, einem scharfen, auf die Ideologie der Rassen-Reinheit eingeschworenen Nazi, der schnell Karriere machen möchte. Lerch hält Ludwig Fuchs für einen Simulanten. Der Klinik-Leiter setzt sich durch, auf Hauptmann Sanders

Zuspruch. Ludwig Fuchs wird für schuldunfähig erklärt und aus dem Postdienst entlassen.

Szenen-Wechsel. In der Wohnung von Ludwig Fuchs. Frau Wenzel (Carsta Löck) hörte die von den Nationalsozialisten verbotene Londoner BBC. Der Ortsgruppenleiter Krögelmeier lauschte an ihrer Wohnungstür und kündigte an, sie aufzusuchen. Rosi, Ludwig Fuchs und die verzweifelte, aufgelöste Frau Wenzel warten auf den Nazi-Funktionär. Wir ahnen: Mit dem psychiatrisch geschützten Briefträger wird's nicht so schlimm werden. Ludwig Fuchs erklärt, daß er an den von Krögelmeier festgestellten Zeiten die BBC empfangen habe – in jenem triumphierenden Heinz-Rühmann-Tonfall, der signalisiert, daß der böse, beschränkte Lehrer gerade in die Falle des Schülers getappt ist. Krögelmeier, kein Schnell-Denker, ist verblüfft: „Was denn? Sie erklären freiwillig, daß Sie am 29. und 30. London gehört haben?" Ludwig Fuchs, in Hochform: „Nicht nur am 29. und 30. – ich höre jeden Abend London, nur am Samstag, da höre ich auch noch Moskau um Mitternacht, weil ich mich ausschlafen kann am Sonntag!" Krögelmeier schäumt vor ohnmächtiger Wut, er droht. Er muß noch mehr ertragen. Ludwig Fuchs präsentiert ihm ein Parteibuch und Parteiabzeichen: er trete aus. Krögelmeier: „Das gibt es nicht". Fuchs: „Das gibt es schon. Gehen Sie zur Kreisleitung und melden Sie das, Herr Krögelmeier!" Krögelmeier: „Für Sie noch immer Ortsgruppenleiter, Parteigenosse Fuchs! Spannen Sie den Bogen nicht zu weit. So ein Jagdschein ist nicht alles". Fuchs, souverän: „Aber er hilft. Was wollen Sie denn. Ich bin doch verrückt. Das habe ich schriftlich. Aber wollen Sie sagen, daß es in der Partei Verrückte geben darf?" Krögelmeier mit feierlicher Inbrunst: „Sie können nicht aus der Partei austreten. Das kann niemand. Jetzt schon gar nicht".

Ludwig Fuchs wirft ihm die Nazi-Insignien in dessen Mütze: „Ich schon. Sie nicht. Heil Hitler!" Heinz Rühmann kann. Fanfaren-Stöße beenden diese Abrechnung.

Die zweite folgt. Ein Jahr später. Die Amerikaner besetzten das zerstörte München (am 30. April 1945 zogen sie ein). Ludwig Fuchs, obgleich nicht mehr im Dienst, hält das vergitterte Postamt samt der Kasse mit den 17.000 Mark in Ordnung. Krögelmeier, verschwitzt und abgerissen auf der Flucht vor den Amerikanern, fleht Ludwig Fuchs an, er möge ihn einlassen. Widerwillig, aber gutmütig schließt er das Gitter auf. Krögelmeier bestürmt Fuchs, ihm eine Briefzusteller-Uniform zu geben. Er bekommt sie – gegen Quittung, welche Ludwig Fuchs ihn unterzeichnen läßt auf einem mit Schutt und Staub bedeckten Tisch. Ordnung muß sein, auch im Durcheinander. Krögelmeier platzt die zu enge Uniform; er steht wie ein kleiner Junge da, der in die Hose gemacht hat. Ludwig Fuchs: „Mit Ihnen hat man nur Scherereien. Ihren (Adolf Hitler-)Schnurrbart haben Sie sich auch abgenommen". Krögelmeier: „Jetzt spotten Sie auch noch. Was habe ich denn getan? Geglaubt habe ich, aus vollem Herzen". Ludwig Fuchs: „Geglaubt. Ja. Das werden wir ja jetzt wohl alle sagen. Bißchen weniger glauben und bißchen mehr denken, dann müßten wir uns jetzt nicht so in die Hosen scheißen".

Ein wenig später bemerkt Fuchs über Krögelmeier: „Vor so was habe ich Angst gehabt". Ein Granaten-Einschlag im Postamt. Ein Hitler-Porträt kracht auf den Boden, der Rahmen zerspringt, das Bild kippt nach vorn heraus und fällt flach auf die Erde. Dieser faschistische Schurke ist erledigt. Ludwig Fuchs: „Stellen Sie ihn an die Wand!" Der entmachtete Ortsgruppenleiter stellt das entrahmte Porträt, von einem „Jawoll!" begleitet, aufrecht gegen die Wand: Jetzt könnte Adolf Hitler, wenn der *plot* es zuließe, als Dart-Scheibe für einen Wurf-Wettbewerb benutzt werden.

Das ist der erste Teil des Robert-Siodmak-Films. Der Spaß an der westernähnlichen Demütigung und Exekution des Nazi-Gegners ist vorbei. Der zweite Teil handelt von der bitteren Odyssee des arbeitslosen Geldzustellers Fuchs, der seinen schuldunfähigen Status nicht los wird. Die 1944 an seiner Affäre Beteiligten wollen oder können nicht bezeugen, daß mit der psychiatrischen Diagnose versucht worden war, Fuchs vorm Zugriff des „Volksgerichtshofs" zu schützen: Doktor Lerch nicht, der – wir sind im Jahre 1952 –, gerade aus russischer Gefangenschaft entlassen, sich mit seiner Weigerung für seine Leiden revanchiert; Professor Strohbach nicht, der, als Signatar inhumaner Eingriffe, eine psychosomatische Schreib-Lähmung hat, die ihn an weiteren Unterschriften zu geben hindert; Hauptmann Sander nicht, er stirbt, bevor er Ludwig Fuchs helfen kann; Hauptmann Kühn nicht, der, weil er kurz vor Kriegsende einen Deserteur erschoß, nicht in ein Gerichtsverfahren verwickelt werden möchte als inzwischen angesehener Industrieller.

Das Jahr 1958 ist erreicht. Ludwig Fuchs erzwingt eine neue psychiatrische Untersuchung. Gedämpfte Fanfaren-Klänge, welche an das Finale im Ritter-Turnier auf Camelot erinnern (Henry Hathaway: Prinz Eisenherz, 1954): Heinz Rühmann auf dem Weg zum Postamt. *Showdown* in München. Ludwig Fuchs demoliert die Einrichtung, verschüttet Tinte, der Oberpostrat muß sein Jackett reinigen lassen, und ohrfeigt seinen ehemaligen Vorgesetzten. Die Polizei wird gerufen, und Ludwig Fuchs läßt sich so fröhlich abführen wie (ein Jahr zuvor) der Held des Spionage-*thrillers* „Der unsichtbare Dritte", in dem Roger O. Thornhill (Cary Grant) eine Chicagoer Auktion dermaßen stört mit unorthodoxem Bieten, daß die Polizei ihn abführt und rettet vor seiner Ermordung. Verhandlung der Sachbeschädigung. Ein neues psychiatrisches Gutachten wird erstellt. Ludwig Fuchs gewinnt: er war, als er im Postamt auftrumpfte, schuldfähig; er wird bestraft: ein Monat auf Bewährung. Und er erhält, für seine ausgefallene Dienstzeit, eine Entschädigung von sechsundzwanzigtausend Mark. Ludwig Fuchs, inzwischen im Pensionsalter, kann sich über seinen späten Erfolg nicht richtig freuen; vierzehn Jahre beanspruchte der Kampf um seine Rehabilitation.

„Ein deutsches Märchen" nannte Carl Zuckmayer sein am 5. März 1931 in Berlin uraufgeführtes Drama „Der Hauptmann von Köpenick" (16). Dem Theaterstück lag dieses Ereignis zugrunde: am 16. Oktober 1906 hielt der mehrfach vorbestrafte Schuhmacher Wilhelm Voigt in Hauptmannsuniform Soldaten an, stellte sie unter sein Kommando und fuhr mit ihnen nach Köpenick, verhaftete den Bürgermeister und beschlagnahmte die Stadtkasse; er wollte sich dort einen Paß ausstellen, aber er wußte nicht, daß im Köpenicker Rathaus kein Paßamt existierte. Carl Zuckmayer (am 27. Dezember 1896 in Nackenheim, Rheinhessen, geboren und im Wallis am 18. Januar 1971 gestorben) karikierte das Untertanen-Deutschland der Wilhelminischen Zeit: das Ducken vor der Macht.

Das Stück wurde sofort unter der Regie von Richard Oswald (in Wien am 5. November 1880 geboren und in Düsseldorf am 11. September 1963 gestorben), Emigrant und Heimkehrer wie Zuckmayer, aber anders als Zuckmayer in der Bundesrepublik erfolglos, verfilmt; am 22. Dezember 1931 kam „Der Hauptmann von Köpenick" in die Filmtheater. Der 18. Juni 1956 ist das Uraufführungsdatum des von Helmut Käutner (geboren in Düsseldorf am

25. März 1908 und in Castellina am 20. April 1980 gestorben) inszenierten *remake* mit Heinz Rühmann in der Rolle des Schusters Wilhelm Voigt. Helmut Käutner, Westdeutschlands Regie-Hoffnung, war Mitte der fünfziger Jahre auf dem Höhepunkt seiner Karriere; sein Film war, für bundesdeutsche Streifen bemerkenswert, auch an der internationalen Kinokasse erfolgreich und wurde vielfach ausgezeichnet. In der Bundesrepublik sahen ihn in den ersten fünf Monaten der Laufzeit zehn Millionen Zuschauer; ein enormer Erfolg. Sehen wir in Helmut Käutners Film hinein.

Die ersten Bilder, von Marsch-Musik unterlegt, in der Sepia-Tönung der alten braunen Fotos der Jahrhundertwende: Eine Gruppe Soldaten in blau-schwarzen Uniformen zieht strammen Gleichschritt an uns vorbei; die schweren, schwarzen Knobelbecher klatschen auf das Pflaster der Straße; auf dem Bordstein versucht ein älterer, schäbig gekleideter Mann mit einem verschnürten Karton den Rhythmus mitzugehen – wie ein Kind, das neben dem Parade-Zug herläuft. Der Mann ist der Schuhmacher Wilhelm Voigt (Heinz Rühmann), der vom Gedanken fasziniert ist, solches Schuhwerk in einer eigenen Werkstatt herzustellen. Er ist aus dem Gefängnis, wo er eine zehnjährige Strafe verbüßte, entlassen worden; begleitet wird er von seinem Kumpel Kalle (Wolfgang Neuß), den die preußische Soldaten-Truppe abstößt.

Wir sind im Wilhelminischen Berlin des Jahres 1894. Wilhelm Voigt sucht, zu Kalles Gespött, Arbeit. Er steht vor der Schaufenster-Auslage des Herrenschneiders Adolph Wormser, das „Königlicher Hoflieferant" prangt in goldenen Buchstaben auf der Scheibe. Er zögert, öffnet die Tür, die Klingel lärmt, und steckt seinen Kopf in den Verkaufsraum hinein. Adolph Wormser (Leonhard Stekkel) fordert seinen Sohn Willi (Walter Giller) auf. „Was will denn der Mensch an der Tür? Sieh mal nach!" „Der Mensch" zieht seinen Kopf sofort zurück und geht. Wir bleiben in dem gediegenen, mahagonigetäfelten Geschäft mit seinen großen Regal-Fächern, in denen die Tuch-Ballen lagern, und den Kommoden mit den Messing-Beschlägen. Hauptmann von Schlettow (Erich Schellow) probiert seinen preußisch-blauen Offiziersrock an; er ist mit der Anordnung der Gesäß-Knöpfe nicht einverstanden. Wormser beruhigt ihn: „Das ist Stöffchen, Herr Hauptmann. Das kriegen bei mir sonst nur die königlichen

Prinzen. Wie so'n frisch gewichster Pferde-Popo". Er lacht zu seinem drastischen Vergleich. Der Hauptmann besteht darauf, die Gesäß-Knöpfe nachzumessen; er hat recht. Herr Wormser komplimentiert ihn: „Von Ihnen möcht' ich erschossen werden. Sie treffen 'nen Flohstich mittenmang in die Mitte. Die Knöpfe sitzen tatsächlich ein Viertel Zentimeter zu weit". Und Willi, der mit eingezogenem Kopf und gekrümmt durch das Geschäft geht, sozialisiert er: „Willi, halt dich gerade! Sieh dir den Hauptmann an, das ist 'ne Figur. Der stellt was dar im Leben! Und woher hat er die Figur? Er hat sich geradegehalten!"

Wilhelm Voigt ist auf der Arbeitssuche erfolglos. In einem Fabrik-Kontor stellt er sich an einer langen Theke, welche den Raum aufteilt, an; hinter der Theke, von einem Gitter weggesperrt, sitzen die beiden die Arbeitskräfte auslesenden Angestellten. Prokurist Knell (Willy Maertens), ein fünfzigjähriger Herr mit schütterem Haar und elegantem Schnäuzer, sitzt hinter der Gitter-Öffnung, einen Krug helles Bier neben sich; er ist fröhlich und singt: „Wenn meine Frau sich auszieht, wie die dann aussieht, die Beene wie zwei Kiepen, das ist zum Piepen". Er prüft die Papiere der Arbeitssuchenden. Vor Voigt steht ein Mann, der vom Prokurist interviewt wird. „Haben Sie gedient?" „Jawoll, Herr Prokurist!" „Wo haben Sie gedient?" „Bei den Leibern... bei dem Leibregiment". Er ist mit dem Rapportieren offenbar aus der Übung. „Ah, Bayer, recht so! Wann haben Sie gedient?" „Neunundachtzig auf Einundneunzig, Herr Prokurist!" „Gut der Mann! Wie heißt der Mann! Dem Mann kann geholfen werden! Zeigen Sie mal Ihre Papiere!" Der Prokurist schaut gar nicht in die Papiere hinein, er ist mit seinem Lied beschäftigt: „Hat Been wie zwei Säulen, das ist zum Heulen"; schließlich stempelt er ein Blatt ab: „Geht in Ordnung. Morgen Punkt sieben angetreten!" Er trällert selbstgefällig weiter.

Wilhelm Voigt ist dran. Dieses Einstellungsinterview verläuft anders. „Haben Sie gedient?" Forsch überhört Wilhelm Voigt diese peinliche Frage: „Ich bin in Maschinenarbeit ausgebildet". „Ich meine: wo haben Sie gestanden?" „Gestanden? Ich habe nur gesessen". „Waren Sie niemals Soldat?" „Dazu bin ich erst gar nicht gekommen". „Aha, vorbestraft –". „Das sage ich Ihnen jetzt lieber gleich, als daß es nachher rauskommt. Ich denke mir, in der Industrie, da sind sie großzügig". „Kommt ja gar nicht in Frage. Ohne richtige Papiere kann ich Sie nicht einstellen". „Die kriege ich ja nicht, solange ich keine Arbeit –". Prokurist Knell biegt das lange Lineal vor seiner Brust wie eine Peitsche und näselt: „Jeder Mann hat seinen Stammrollen-Auszug tadellos in Ordnung zu halten. Wenn Sie gedient hätten, wären Ihnen das in Fleisch und Blut übergegangen". „Ich hab' gedacht, das hier wär'ne Fabrik. Hab' nicht gewußt, daß das 'ne Kaserne ist". Prokurist Knell: „Unerhört! *Raus!*"

Ohne Meldebestätigung keinen Arbeitsvertrag, und keinen Arbeitsvertrag ohne Meldebestätigung: mit diesen Auskünften irrt Wilhelm Voigt, der zu zwei Haftstrafen von insgesamt fünfundzwanzig Jahren verurteilt wurde (einmal wegen Fälschung eines Schecks über einen Betrag von dreihundert Mark, und zum anderen wegen Urkunden-Fälschung eines Paß-Dokuments auf den Namen „Ernst Schröder"), von einer Behörde zur anderen. Schließlich verlangt er einen Paß; auch dieses Dokument wird ihm nicht ausgestellt. Er bricht in ein Ordnungsamt ein mit seinem alten Kumpel Kalle, und während der die Geldkassette sucht, füllt Wilhelm Voigt bei kleinem Licht die Paß-Papiere aus; er stutzt bei der Rubrik, in die er seine

Augenfarbe eintragen muß. Der Einbruch zieht sich hin und wird entdeckt. Wilhelm Voigt wird zu einer Haftstrafe von zwölf Jahren verurteilt.

Helmut Käutner hat einen quälenden Film inszeniert. Wir werden eingestimmt in den Terror des undemokratischen Berlins des vorigen Jahrhunderts: in die Behörden-Willkür, in den Triumph der Macht-Ausübung, in den Anpassungsdruck, in den Aberwitz der Verehrung militärischer Insignien, in die Verachtung des Individuums. Käutner präsentiert eine unglaublich enge Gesellschaft, die unter einem mächtigen psychosozialen Druck steht – man ahnt, wieso Deutschland in den ersten Weltkrieg explodierte.

Aber Helmut Käutner rekonstruiert nicht nur das Wilhelminische Deutschland, sondern er packt, mit dem Drama des „Hauptmann von Köpenick", den Kinozuschauer auch an dessen Nachkriegs-Befindlichkeit. Bekannte Töne klingen an: die depressive Klage über ein ungerechtes Schicksal (Olga Ahrends in „Sauerbruch", 1954); die Wut über die eigene Heimatlosigkeit und das Gefühl einer unverdienten Bestrafung (Lüder Lüdersen in „Grün ist die Heide", 1951); die tiefe Beschämung über den eigenen sozialen Status eines Lebens aus dem Karton (Herzogin Ludovika in „Sissi", 1955). Mitte 1956 kommt der Käutner-Film in die Kinos. Seit sieben Jahren besitzt die Bundesrepublik eine demokratische Verfassung. Seit einem Jahr ist sie Mitglied des NATO-Bündnisses. Aber die internationale Rehabilitierung bedeutet: Westdeutsche müssen, wie es damals hieß, einen „Wehrbeitrag" leisten. Das Wort der Nachkriegsjahre „Nie wieder Krieg!", das wie ein Schwur klang, ist gebrochen. Das Militär hält Einzug in die junge Republik, die langsam wohnlich wird.

Wilhelm Voigt fühlt sich als Opfer einer ungerechten Gesellschaft. Und der westdeutsche Kinogänger, der Helmut Käutners Film verfolgt? Seine Verfassung ähnelt sehr der des Schuhmachers aus Berlin. Aber an der kindlichen Freude, welche Wilhelm Voigt zu Anfang des Films empfand, als er neben den stramm marschierenden Soldaten herlief, hat er kein Vergnügen. Es ist, als würde der Film die Begeisterung eines sechsjährigen Jungen für schnelle Autos erzählen, von dem wir wissen, daß er dreißig Jahre später gegen die Mauer rasen wird; dessen Tod spart der Film aus.

Käutners Film ist so unangenehm wie ein fatalistisches *desaster movie*, das man mit gesträubten Haaren und ständigem Kopf-Schütteln und mit dem Wunsch verfolgt, die Katastrophe zu stoppen. Der Kinozuschauer von 1956 weiß: Die Wilhelminische Katastrophe kulminierte in den Jahren zwischen 1938 und 1945. Es bleibt beim Kopf-Schütteln, beim Entsetzen, beim Mitleid für den Schuhmacher Voigt, der schwer gebeutelt wird. Westdeutsche Filme, auch wenn sie dem Zuschauer viel zumuten, wollen trösten, beruhigen, versöhnen. Erst die Arbeit, dann das Vergnügen. Zwölf Jahre Haft sitzt Wilhelm Voigt ab. 1906, anders als im Zuckmayer-Stück, wird er entlassen. Sein Versuch, eine Aufenthaltsgenehmigung in Rixdorf zu erhalten, scheitert. Er erinnert seine Lieblingslektüre „Das Exerzier-Reglement für die Infanterie" und die beiden Macht-Sätze: „Der Offizier wird allein durch sein Rangabzeichen legitimiert. Ein Kommando unter Gewehr verleiht ihm absolute Befehlsgewalt".

Also besorgt er sich eine Hauptmanns-Uniform, stellt eine Truppe Soldaten zusammen, reist mit ihnen nach Köpenick, besetzt das Rathaus, erfährt, daß dort keine Pässe ausgestellt werden, stiehlt die Kasse, verhaftet den

Bürgermeister Dr. Obermüller (Martin Held) und den Kassierer Rosenkranz (Siegfried Lowitz) und läßt die Herren nach Berlin expedieren. Die Polizei fahndet nach dem „Hauptmann von Köpenick"; eine Belohnung ist ausgesetzt. Wilhelm Voigt stellt sich und schildert, unter der Bedingung, daß er einen Paß erhalte, seine Geschichte. Der Polizeipräsident von Jagow (Robert Meyn) und seine Mitarbeiter haben einen Heiden-Spaß am pfiffigen Schuhmacher, den sie mit Portwein und Butterbroten versorgen. Carl Zuckmayers „deutsches Märchen" endet mit der Gewißheit, daß Wilhelm Voigt seinen Paß erhalten wird. Im Käutner-Film wird ein Fest gefeiert: der Schuster wird Star, zur V.I.P., er macht mit dem Verkauf seiner Postkarten ein Geschäft (zwei Jahre später macht Heinz Rühmann als „Der Eiserne Gustav" unter Georg Hurdaleks Regie ein ähnliches Geschäft), der Gefängnisdirektor (Friedrich Domin) überreicht ihm den in feines Papier eingeschlagenen Paß. Am Ende geht er, von spielenden Kindern als „Hauptmann von Köpenick" bejubelt, einer Marsch-Musik spielenden Soldaten-Truppe entgegen, präzise im Takt mehr tanzend als schreitend. Die Kamera bleibt bei Heinz Rühmann, der an einem Strauch stehenbleibt und sich eine Blüte in das Knopfloch des Revers steckt. Er dreht der Kamera den Rücken zu und geht die Straße hoch: ein fröhlicher Gewinner, kein armer Teufel, kein *Vertriebener* – nein, Heinz Rühmann.

In seinen autobiographischen Erinnerungen erzählt Heinz Rühmann, daß in Meersburg am Bodensee ein Schüler das gleiche Schild wie in der „Feuerzangenbowle" aufgehängt habe: „Wegen Bauarbeiten bleibt die Schule heute geschlossen". Heinz Rühmann: „Diese meisterhaft von Heinrich Spoerl geschriebene Geschichte mit dem ‚Pfeiffer mit drei F' hat unendlich viel Frohsinn, Heiterkeit und Erinnerungen an die unvergessene Schulzeit in vielen geweckt" (17). Pfeiffer: das war der promovierte Autor, der am Abend einer Feuerzangenbowle mit seinen Freunden den Planausheckt, sich auf ein Gymnasium als Oberprimaner noch einmal einschulen zu lassen. Der Tagtraum vom Schüler, dem der Lehrer nichts anhaben kann und der tüchtig zurückzahlt, was er einsteckte. Pfeiffer: das ist der vierzigjährige Mann, der sich sträubt, erwachsen zu werden. Pfeiffer: das ist der Prototyp des Kino*plots*, welcher dem Schauspieler Rühmann gestattete, in die Rolle zehnjähriger Jungen, die von ihren Streiche-Abenteuern tagträumen, zu schlüpfen. Die Streiche, die ja auch *Mut*-Proben sind, gehören in jene Entwicklungsphase, in der die Präpubertierenden für ihre aggressiven Impulse nicht so arg bestraft werden. Wie kann man ihnen in ihren kurzen Hosen auch böse sein? Wie kann man sie verantwortlich machen für die zerdepperten Fenster-Scheiben? Das hat der Junge doch gar nicht gewollt, beruhigt die Mutter den ärgerlichen Vater. Die Streiche sind eine herrliche Tarnkappe: Der Scherz versteckt das ganze Ausmaß der eigenen Schuld.

Nichts gegen Streiche. Alles zu seiner Zeit. Aber ist es nicht merkwürdig, daß der Schauspieler Heinz Rühmann, der dem Kinogänger ständig zuzuzwinkern scheint, auf der Leinwand die „Feuerzangenbowle" im Nachkriegsdeutschland fortsetzt? Er zieht sich eine Offiziers-Uniform an und verhöhnt den Wilhelminischen Staat. Mit dem Etikett eines Schuldunfähigen versehen, kann er den widerlichen Nazi-Bonzen die Wahrheit sagen. Er schlüpft in eine Soutane und wird zum Widerstandskämpfer. Es geht um die Beschwichtigung einer ungeklärten, unklaren deutschen Schuld und einer unreifen politischen Moral.

„Mord in unserer kleinen Stadt" überschreibt Herbert

Riehl-Heyse seinen Bericht über den Widerstand in den letzten Kriegstagen, am Beispiel seines Heimatorts Altötting. Herbert Riehl-Heyse, Journalist der SÜDDEUTSCHEN ZEITUNG, Jahrgang 1941 (18). Am 28. April 1945 nahmen einige Bewohner, darunter auch der Vater des Journalisten, die örtlichen Nazi-Funktionäre in Schutzhaft. Am 29. April 1945 wurden sie mit Genickschüssen ermordet. Die beiden hauptverantwortlichen SS-Leute wurden verurteilt, zu acht und zu fünf Jahren Zuchthaus. Zuschauer des Gerichtsverfahrens, so Herbert Riehl-Heyse, „hätten die harten Urteile nicht verstanden". Waren es keine Morde? Die Tendenz zum Herunterspielen enthüllt ein nagendes Schuldgefühl, von dem man sich hier und da entlasten muß. Und eine tiefe Unsicherheit über demokratische Ideale. Martin Broszat bemerkt zur bundesdeutschen Schwierigkeit mit dem Nationalsozialismus:

„Vielmehr griff sie (die Bundesrepublik; d. Verf.) beim Wiederaufbau in hohem Maße zurück auf die alten Funktionseliten, die schon dem NS-Regime gedient hatten. Damit war, kompensatorisch sozusagen und mit Rücksicht auf die westlichen Besatzungsmächte und späteren Bündnispartner, eine klare offizielle Distanzierung von der Nazi-Vergangenheit notwendig: einerseits nachsichtiges Vergeben und Verschweigen der *konkreten* persönlichen Mitverantwortung in der NS-Zeit, andererseits das Regulativ *grundsätzlicher* Ablehnung des Nationalsozialismus als Voraussetzung für jegliche Art von Repräsentation in der neuen Gesellschaft und Staatsordnung. Wie immer es mit der Bereitschaft zur ehrlichen Auseinandersetzung mit der NS-Vergangenheit wirklich aussah, offene Verstöße gegen die Norm hatten mit scharfen Sanktionen zu rechnen" (19).

Was hat Heinz Rühmann damit zu tun? Am 9. August 1924 heiratete er die jüdische Schauspielerin Maria Bernheim. Die Nazis bedrängten ihn, er suchte Schutz bei Gustaf Gründgens, der zu Hermann Görings Frau einen guten Kontakt hatte. Er wird – wann, sagt er nicht – zum Propaganda-Minister Joseph Goebbels bestellt. Der besteht auf Rühmanns Trennung von dessen Frau. An dieser Stelle schreibt Heinz Rühmann:

„Ich verständigte Maria, auch sie empfand diese Lösung unter den gegebenen Umständen als die beste und heiratete einen schwedischen Schauspieler. Ich bekam eine Devisenausfuhrgenehmigung, die nur äußerst selten bewilligt wurde, so daß ich Maria monatlich einen beträchtlichen Betrag nach Stockholm überweisen konnte" (20).

Man kann es dieser Passage entnehmen: er versuchte gutzumachen mit einer finanziellen Unterstützung. Aber: zwei Sätze zu einer doch sicherlich nicht einfachen Scheidung. Heinz Rühmann und seine Frau hatten sich auseinandergelebt (21). Die Nazis forcierten die Trennung, halfen nach. Wie lebt ein Mann damit? Man darf vermuten: eine Schuld blieb zurück. 1938 lernte er bei den Dreharbeiten zu dem Streifen „Lauter Lügen", den er inszenierte, seine spätere Frau Herta Feiler kennen, eine, in der NS-Klassifizierung, „Vierteljüdin". Sie heirateten am 1. September 1939. Seine erste Frau Maria kehrt in seiner Biographie, nachdem er sie „verständigt" hatte, nicht wieder.

LITERATUR

1 Ludwig Marcuse: Mein Zwanzigstes Jahrhundert. München: List 1960
2 Harold Wentworth und Stuart Berg Flexner: Dictionary of American Slang. New York: Thomas Y. Crowell 1975
3 Ahren, Melchers, Seifert und Wagner: Das Lehrstück ‚Holocaust'. Opladen: Westdeutscher Verlag 1982
4 Peter Märthesheimer und Ivo Frenzel (Hrsg.): Im Kreuzfeuer: Der Fernsehfilm ‚Holocaust'. Eine Nation ist betroffen. Fischer Taschenbuch 1979
5 Rosemarie von dem Knesebeck: In Sachen Filbinger gegen Hochhuth. rororo Taschenbuch 1980
6 Erik H. Erikson: Kindheit und Gesellschaft. Stuttgart: Klett-Cotta 1965
7 wie unter 6, S. 329; eigene Übersetzung
8 George Orwell: Revenge Is Sour. Aus: The Collected Essays, Journalism and Letters of George Orwell Vol. 4. Penguin Books 1971
9 George Orwell: The English People. Aus: The Collected Essays, Journalism and Letters of George Orwell Vol. 3. Penguon Books 1971
10 Joe Hembus: Der deutsche Film kann gar nicht besser sein. München: Rogner und Bernhard 1981
11 Joachim Kasier: Heinz Rühmann oder Der schlendernde Deutsche. Süddeutsche Zeitung 6./7. März 1982
12 Gilbert Keith Chesterton: The Innocence of Father Brown. Penguin Books 1977
13 Anna Freud: Das Ich und die Abwehrmechanismen. München: Kindler 1964
14 Wilfried Berghahn. FILMKRITIK 5/61, S. 251
15 Reclams Deutsches Filmlexikon, 1984 in Stuttgart erschienen, gibt als Robert Siodmaks Geburtsort Dresden an; Ephraim Katz nennt in seiner The International Film Encyclopedia Memphis, Ten.: auf einer Geschäftsreise wurde er geboren; sein Bruder Curt kam in Dresden zur Welt.
16 Joseph Gregor: Der Schauspielführer. Stuttgart: Hiersemann 1954
17 Heinz Rühmann: Das war's. Erinnerungen. Frankfurt/Main: Ullstein 1984
18 Herbert Riehl-Heyse: Mord in einer kleinen Stadt. Süddeutsche Zeitung vom 27./28. 4. 1985
19 Martin Broszat: Plädoyer für eine Historisierung des Nationalsozialismus. MERKUR 435, Mai 1985
20 Heinz Rühmann, wie unter 17, S. 133

21 Gregor Ball und Eberhard Spiess: Heinz Rühmann und seine Filme. München: Goldmann 1982

AXEL VON AMBESSERS FILME:

Drei, von denen man spricht. Ö: 1953
Und der Himmel lacht dazu. Ö: 1954
Ihr erstes Rendez-vous. BRD/Ö: 1955
Die Freundin meines Mannes. BRD: 1957
Frau im besten Mannesalter. BRD: 1958
Der Pauker. BRD: 1958
Bezaubernde Arabella. BRD: 1959
Die schöne Lügnerin. BRD/F: 1959
Der brave Soldat Schwejk. BRD: 1960
Der Gauner und der liebe Gott. BRD: 1960
Eine hübscher als die andere. BRD: 1961
Er kann's nicht lassen. BRD: 1962
Kohlhiesels Töchter. BRD: 1962
Frühstück im Doppelbett. BRD: 1962
Das habe ich von Papa gelernt. BRD/Ö: 1964
Heirate mich, Chérie. BRD/Ö: 1964
Die fromme Helene. BRD: 1965
Das Liebeskarussell (Episode). Ö: 1965

HELMUTH ASHLEYS FILME:

Das schwarze Schaf. BRD: 1960
Mörderspiel. BRD: 1961
Das Rätsel der roten Orchidee. BRD: 1961
Weiße Fracht für Hongkong. BRD/I/F: 1964
Die Rechnung – eiskalt serviert. BRD/F: 1966

HELMUT KÄUTNERS FILME:

Kitty und die Weltkonferenz. D: 1939 (nach der Uraufführung verboten)
Frau nach Maß. D: 1939/40
Kleider machen Leute. D: 1940
Auf Wiedersehen, Franziska! D: 1940/41
Anuschka. D: 1941/42
Wir machen Musik. D: 1942
Romanze in Moll. D: 1942
Große Freiheit Nr. 7. D: 1943/44

Unter den Brücken. D: 1944/45
In jenen Tagen. BRD: 1946/47
Der Apfel ist ab. BRD: 1948
Königskinder. BRD: 1949
Epilog. BRD: 1950
Weiße Schatten. BRD: 1951
Käpt'n Bay-Bay. BRD: 1952/53
Die letzte Brücke. A/YU: 1953/54
Bildnis einer Unbekannten. BRD: 1954
Ludwig II. – Glanz und Elend eines Königs. BRD: 1954
Des Teufels General. BRD: 1955/56
Himmel ohne Sterne. BRD: 1955
Ein Mädchen aus Flandern. BRD: 1955/56
Der Hauptmann von Köpenick. BRD: 1956
Die Zürcher Verlobung. BRD: 1956/57
Monpti. BRD: 1957
The Restless Years (Zu jung). USA: 1957/58
Stranger in My Arms (Ein Fremder in meinen Armen): USA: 1958
Der Schinderhannes. BRD: 1958
Der Rest ist Schweigen. BRD: 1959
Die Gans von Sedan. BRD/F: 1959
Das Glas Wasser. BRD: 1960
Schwarzer Kies. BRD: 1960/61
Der Traum vom Lieschen Müller. BRD: 1961
Die Rote. BRD/I: 1962
Das Haus in Montevideo. BRD: 1963
Lausbubengeschichten. BRD: 1964

ROBERT SIODMAKS FILME:

Menschen am Sonntag. D: 1930
Abschied. D: 1930
Der Mann, der seinen Mörder sucht. D: 1931
Voruntersuchung. D: 1931
Stürme der Leidenschaft. D: 1931
Quick. D: 1932
Brennendes Geheimnis. D: 1933
Le sexe faible. F: 1933
La crise est finie. F: 1934
Le Roi des Champs-Elysées. F: 1935
La via parisienne. F: 1936
Le grand refrain. F: 1936
Mister Flow. F: 1936

Cargaison blanche (Weiße Fracht für Rio). F: 1937
Mollenard. F: 1938
Ultimatum. F: 1938
Pièges (Fallensteller). F: 1939
West Point Widow. USA: 1941
Fly By Night. USA: 1942
The Night Before the Divorce. USA: 1942
My Heart Belongs to Daddy. USA: 1942
Someone to Remember. USA: 1943
Son of Dracula. USA: 1943
Cobra Woman. USA: 1944
Phantom Lady (Zeuge gesucht). USA: 1944
Christmas Holiday (Weihnachtsurlaub). USA: 1944
The Suspect (Unter Verdacht). USA: 1945
The Strange Affair of Uncle Harry (Onkel Harrys seltsame Affäre). USA: 1945
The Spiral Staircase (Die Wendeltreppe). USA: 1945
The Killers (Rächer der Unterwelt). USA: 1946
The Dark Mirror (Der schwarze Spiegel). USA: 1946
Time out of Mind. USA: 1947
Cry of the City (Schrei der Großstadt). USA: 1948
Criss Cross (Gewagtes Alibi). USA: 1949
The Great Sinner (Der Spieler). USA: 1949
Thelma Jourdan (Strafsache Thelma Jourdan). USA: 1950
Deported. USA: 1950
The Whistle at Eaton Falls. USA: 1951
The Crimson Pirate (Der rote Kosar). GB: 1952
Le grand jeu (Die letzte Etappe). F/I: 1954
Die Ratten. BRD: 1955
Mein Vater, der Schauspieler. BRD: 1956
Nachts, wenn der Teufel kam. BRD: 1957
Dorothea Angermann. BRD: 1959
The Rough and the Smooth (Das Bittere und das Süße). GB: 1959
Katia (Katja, die ungekrönte Kaiserin). F: 1959
Mein Schulfreund. BRD: 1960
L'affaire Nina B. (Affäre Nina B). F: 1961
Tunnel 28. BRD/USA: 1952
Der Schut. BRD/F/I/YU: 1964
Der Schatz der Azteken. BRD/F/I/YU: 1965
Die Pyramide des Sonnengottes. BRD/F/I/YU: 1965
Custer of the West (Ein Tag zum Kämpfen). USA: 1968
Kampf um Rom. BRD/I/RU: 1968

Titel nur im Original: Kein deutscher Verleihtitel.

Vor den Vätern starben die Söhne
„Kirmes" (1960)

Wolfgang Staudte brachte seinen Film „Kirmes" am 18.10.1960 in die bundesdeutschen Filmtheater, zwei Monate früher als Helmuth Ashleys „Das Schwarze Schaf", jene Heinz-Rühmann-Version des Themas: wie die Bundesrepublik Deutschland die deutsche Vergangenheit bearbeitet. Wolfgang Staudte, in Saarbrücken am 9. Oktober 1906 geboren und am 19. Januar 1984 bei Dreharbeiten in Jugoslawien gestorben, drehte in den ersten Nachkriegsjahren Filme, deren Titel allein Auskunft über seine künstlerischen Absichten geben: „Die Mörder sind unter uns" (DDR, 1949), „Der Untertan" (DDR, 1951), der, weil er offenbar zu heikel war für Westdeutschlands Verfassung, erst 1957 in unsere Kinos kam und inzwischen mehrmals im Fernsehen gesendet wurde. „Kirmes" ist ein nicht weniger bitterer Film.

Ein Eifel-Dorf im Jahre 1959. Ein Traktor, dessen Heck zur Kamera weist, knattert auf eine große, aus Bruchsteinen gebaute Scheune zu und biegt rechts in eine Straße ein. Ein Radfahrer kommt uns entgegen; er hält an einer Bretter-Wand, auf die Plakate geklebt sind, eins lautet „Unser Heer". Gemeint ist die Bundeswehr. Auf dieses Plakat klebt er seines: „Kirmes". Vom „Heer" ist kaum noch etwas zu sehen. Der Plakate-Kleber passiert eine Bruchstein-Mauer, auf die „Atomtod droht" gemalt ist, fährt zur nächsten Wand und pappt seine „Kirmes"-Ankündigung auf ein eingerissenes CDU-Wahlplakat, welches Konrad Adenauer mit dem Slogan „Keine Experimente" offeriert. Zwei Kino-Plakate sind zu sehen: „Der Gorilla läßt schön grüßen" (Bernard Borderie; 1958 mit Lino Ventura), „Der Garten des Bösen" (Henry Hathaway, 1954; mit Susan Hayward, Gary Cooper und Richard Widmark). Für eine „Triumph"-Korsage wird auch geworben.

Die Kirmes lärmt im Dorf. Ein Schausteller hat sich verspätet; seine Mitarbeiter graben ein tiefes Loch für die mächtige Achse des Karussells. Die Kamera fährt auf das Loch zu. Der Kinogänger weiß, daß hier der *plot* startet. Bilder vom Rummelplatz-Vergnügen. Es wird von einem seltsamen Fund unterbrochen: ein deutscher Stahlhelm wird ausgebuddelt, ein verwittertes Feuerzeug, eine Waffe, welche ein Polizeibeamter als „MP 12" ausmacht, ein Skelett (das wir nicht sehen) – ein deutscher Soldat wird in den Überresten, welche in eine Plane eingeschlagen und zu dem Bauern Mertens transportiert werden, vermutet.

Im Wohnzimmer der Familie Mertens; rechts in der Ecke steht der große, schwarze Kohle-Ofen, an der Stirnseite des Raumes das Buffet, der Eßtisch mit den Stühlen in der Mitte, und an den beiden Fenstern ist eine Sitzgruppe aufgestellt. Frau Mertens (Maja Behrens), Mitte Vierzig, die blonden Haare zu einem Dutt gekämmt, in einem weitgeschnittenen Kostüm, ist sicher, daß es sich bei dem Toten um ihren Sohn Robert handelt; sie möchte ihn auf der Grabstätte der Familie beerdigen. Der Bürgermeister Georg Hölchert (Wolfgang Reichmann), ein massiger, angegrauter Mann im Straßenanzug mit Weste und einer Kirmes-Blume im Knopfloch des Revers, möchte gehen. Frau Mertens bittet ihn zu bleiben. Er bleibt, zögernd. Natürlich könne sie, lenkt er ein, ihren Sohn auf ihrer Grabstätte begraben, nur müsse sie es beweisen. „Die

Vergangenheit wird aufgewühlt, Frau Mertens". "Wir haben nichts zu verbergen, Herr Hölchert". Der Priester (Fritz Schmiedel), Herr Waldhausen (Benno Hoffmann) und zuletzt Herr Mertens (Hans Mahnke) treten ins Wohnzimmer ein. Hans Mahnke wirkt wie ein Sechzigjähriger: übergewichtig, niedergedrückt, die Akne hat ihre Spuren in seinem Gesicht hinterlassen, das ein wenig an den Schauspieler Emil Jannings erinnert.

Georg Hölchert geht auf Herrn Mertens zu: "Sprechen Sie doch mal mit Ihrer Frau, die hat sich in den Kopf gesetzt, daß es Ihr Sohn Robert ist, den sie ausgebuddelt haben". Herr Mertens antwortet nicht. Der Priester wendet sich Frau Mertens zu, groß ragt er ins Bild hinein, und fragt bedrohlich-freundlich: "Frau Mertens, woher wollen Sie das denn so genau wissen?" Ein Erwachsener beugt sich über ein Kind, dessen Erzählung er nicht glaubt. Frau Mertens schaut ihn groß an: "Sie wissen es genauso gut wie ich, Hochwürden". Er geht auf Frau Mertens zu: "Frau Mertens, es ist besser für Sie und – (er pausiert) für uns alle, Sie bewahren das Bildnis Ihres Sohnes im Herzen und lassen die schreckliche Vergangenheit – (er pausiert erneut) ruhen". Frau Mertens: "Sie ruht aber nicht". Sie geht zum Fenster. Mit einem beschwichtigendem „Aber Martha!" geht ihr Mann ihr nach. Groß im Profil, ein wuchtiger Kopf: Bürgermeister Hölchert spricht zu Martha Mertens in einem beiläufigen Ton, als würde er ihr den Weg in die nächste Stadt beschreiben: "Wenn es ein unbekannter Soldat ist, wie es Tausende und Tausende gibt, dann kann ich ihn schon morgen auf den Helden-Friedhof überführen lassen, das ist ganz einfach: er wird registriert –". "Mein Junge wird nicht registriert", fährt Frau Mertens in den Satz des Bürgermeisters, sie setzt sich in den Sessel am Fenster und dreht Georg Hölchert den Rücken zu, ihr

Mann hat sich in den zweiten Sessel, ihr gegenüberstehend, erschöpft fallenlassen, „und irgendwo verscharrt; er soll endlich in geweihter Erde wohnen".

„Nun überlegen Sie doch mal selber, Frau Mertens", doziert der Bürgermeister, die Hände unter seinem Bauch gefaltet, der Priester und Herr Waldhausen stehen neben ihm, eine Drei-Männer-Front, „die Einheit Ihres Sohnes ist im Hürtgenwald aufgerieben worden". Georg Hölchert setzt sich an den Eßtisch, der Priester und Herr Waldhausen auch. Er dreht sich Frau Mertens zu: „Ihr Sohn aber wird hier im Dorf auf dem Anger gefunden – nach fünfzehn Jahren! Nach fünfzehn Jahren – wollen Sie die Ehre Ihres Sohnes in den Schmutz ziehen?" Frau Mertens ist entsetzt – wir sehen sie in der Groß-Einstellung –: „*Was* sagen Sie da?" „Naja, dann hätte er ja seine Kameraden im Stich gelassen, nicht?" Der Priester: „Der Name Ihres Sohnes steht auf der Ehrentafel unter denen, die den Heldentod gestorben sind. Wollen Sie, daß der Name dort verschwindet?" Und Herr Waldhausen, den Kopf nach vorn gebeugt, den Blick auf das Tischtuch gerichtet, plädiert: „Ja, um Himmels willen, das ist doch alles Unsinn. Warum denn die alten Geschichten aufwärmen? Wir wollen froh sein, daß alles vorbei ist".

Drei Männer bestürmen eine Frau. Martha Mertens wendet sich hilfesuchend an ihren Mann, er möge etwas sagen – die Wahrheit von damals. Herr Mertens richtet sich im Sessel auf und beugt sich seiner Frau entgegen: „Martha, es wird schwer sein zu erklären, wie es damals gewesen ist, den Kindern, Erika, Gertrud, den Jungen". Herr Waldhausen steht vom Tisch auf: „Dem armen Kerl da draußen ist es egal, wo seine Knochen liegen. Aber für dich, Mertens, ist es nicht egal, wenn im Dorf erzählt wird, daß dein Sohn ein Vaterlandsverräter war". „Heute nicht mehr". „Sehr richtig", der Bürgermeister hat sich neben ihn gestellt, „diese verrückten Zeiten sind vorbei. Wir haben jetzt wieder ein Heer. Wir haben wieder Begriffe von Ehre, Glauben und Treue". Herr Mertens hört ungläubig zu; seine Kirmes-Blume stopft er, als finde er diesen Schmuck unangemessen, in die Stecktasche seines Jacketts, aber das drahtige Gesteck drückt sich heraus.

Der Priester, der auch aufgestanden ist und, auf einer Linie mit dem Bürgermeister und Herrn Waldhausen stehend, eine Phalanx gegen Frau Mertens bildet: „Und noch eins: Gesetzt den Fall, es ist wirklich Ihr Sohn, dieser Unbekannte... –" „Das sagen *Sie*, Hochwürden? Aber das ist doch die Wahrheit!" „Wahrheit?" Der Bürgermeister lacht. „Was wollen Sie mit einer Wahrheit, die nicht bewiesen ist und – die den armen Hund da draußen höchstens der Verachtung der Jugend ausliefert, und nicht nur der Jugend". „Verachtung, Hölchert?" krächzt Herr Mertens heraus und richtet sich in seinem Sessel auf. Groß, von unten her gefilmt, ragt das Gesicht des Bürgermeisters ins Bild, der selbstverständlich antwortet: „Na ja, Verachtung. Oder ist es nicht verachtenswert (er beschleunigt sein Sprech-Tempo), sein Vaterland im Stich zu lassen in der Not?"

Der Priester: „Der Satz kommt mir sehr bekannt vor. Man kann langsam schon wieder Angst vor Ihnen bekommen wie schon einmal". Hastig antwortet Georg Hölchert: „Ich habe damals nur meine Pflicht getan!" Der Priester: „Dann waren Sie damals besser dran als ich. Ich war wohl zu *feige* dazu". Frau Mertens ist aufgestanden, Herr Mertens geht ihr nach und hält sie an den Oberarmen, flehend, fest: „Martha, nimm dich doch zusammen!" „Bitte, laß mich!" Sie wendet sich ab. Herr Mertens: „Ich höre die Kinder kommen. Wir wollen uns doch nichts anmerken lassen, *Mutter*. Es ist doch besser so, glaub mir doch". Er wirkt verzweifelt. Die Kinder kommen herein: aufgedreht, lustig. Frau Mertens atmet schwer durch. Ihr Mann lädt die Kinder ein: „Heute wollen wir mal alle Fünfe gerade sein lassen". Er und Herr Waldhausen haken Martha Mertens unter; gequält läßt sie sich mitnehmen zur Kirmes.

Elf Minuten benötigt Wolfgang Staudte für diese Exposition. Westdeutschlands Vergangenheit wird ausgegraben. Es stellt sich heraus, daß sie so lebendig ist wie vor fünfzehn Jahren in den letzten Kriegstagen, im Frühjahr 1945. Eine Wunde ist nicht verheilt. Frau Mertens hat den Tod ihres Sohnes Robert nicht verkraftet. Sie kämpft mit ihrer mühsam gebremsten, enormen Empörung über Roberts Tod. Man kann es ablesen an der Beziehung ihrem Mann gegenüber. Frau Mertens abweisende Formel „Bitte, laß mich" dürfte ihr Standard-Appell an ihren Mann sein, sie nicht zu berühren. Die Gemeinsamkeiten dieses Ehepaares sind offenbar aufgebraucht. Herr Mertens wirkt verzweifelt: als könne er sie nicht erreichen; ein Mann, der seine Frau vergeblich zu beruhigen sucht, der sich hilflos an sie wendet, mit „Mutter" anspricht: ein Vater, dessen männliche Identität zerbrochen ist. Etwas geschah vor fünfzehn Jahren, das diese Eheleute entfremdete.

Auf der anderen Seite: der Bürgermeister Georg Hölchert, der Priester und Herr Waldhausen. Sie pflegen eine von Wolfgang Staudte, der mit Claus Hubalek das Drehbuch schrieb, präzise wiedergegebene Rhetorik des Vertuschens, welcher die geheime oder verabredete Vereinbarung zugrunde liegt: wir halten *dicht*. Wie Jugendliche, die nach einem Streich, der einige Schaufensterscheiben kostete, anderen das Versprechen abnehmen, nichts zu sagen: so tauchen diejenigen, die andere anstifteten und die Steine warfen, in der Gruppe solidarischer Gleichaltriger unter – nach der individuellen Schuld kann dann nicht mehr gefragt werden. Mitgegangen, mitgehangen. Das ist die terroristische Moral einer *gang*. Mit erwachsenen Männern, die ein reifes Gewissen besitzen, haben wir es im Wolfgang-Staudte-Film nicht zu tun.

Das Ehepaar Mertens zieht mit den Kindern, dem Bürgermeister, dem Priester und Herrn Waldhausen zum Rummelplatz. Sie passieren die Bruchstein-Mauer mit dem Graffiti „Atomtod droht", über dem, etwas undeutlich, das Reklame-Schild für das Pils aus Bitburg befestigt ist. Eine langsame Überblendung, begleitet vom anschwellenden Dröhnen, welches marschierende Soldaten-Stiefel erzeugen. Auf der Mauer erscheint" ein gepinseltes „Psst!" – für den Appell der Nationalsozialisten, wachsam zu sein, denn „der Feind hört mit" –; vor der Mauer steht ein Soldat in seiner Uniform, ohne Rangabzeichen. Wir sind im Krieg.

Wolfgang Staudte erzählt den Film (bis auf die eine Minute des Schlusses) in der Rückblende. Ein Exekutionskommando erschießt den Soldaten, der in einer Pfütze zusammenbricht und liegengelassen wird. Georg Hölchert, jetzt der Ortsgruppenleiter (wie Krögelmeier in Robert Siodmaks „Mein Schulfreund"), ein strammer Nationalsozialist, beaufsichtigt die Herstellung eines Schildes aus Pappe (die Rückseite einer „Persil"-Reklame). Neben ihm steht der Priester, den wir eben kennenlernten; er ist nicht einverstanden; er protestiert auf sublime Weise: indem er Hölchert fragt, was mit dem erschossenen Soldaten wird. Hölchert korrigiert ihn: daß jener Soldat „ein *Schwein*" sei und daß die Pappe, auf welcher die Formel „Weil er den Führer verriet" zu lesen ist, gegen die Leiche zur Mahnung gelehnt würde, daß jeder Deserteur und seine Familie hingerichtet würden. Wir erleben den Alltag der nationalsozialistischen Einschüchterung.

Erika Mertens, die noch nicht schulreife Tochter, spielt im Wohnzimmer mit einer Puppe, die sie so fallenläßt, wie ein bei einer Hinrichtung Ermordeter fällt, und plappert den Satz nach, etwas variiert: „Weil *ich* den Führer verriet. Weil ich den Führer verriet". In Erikas Artikulation hat der Satz die Melodie eines Kinder-Verses. Wir sehen die Veränderung, welche der Nazi-Druck in der Mertens-Familie hinterläßt. Herr Mertens befürchtet, seine Tochter Erika, die später, wenn sie vom Spielen heimkommt, die Eltern mit „Heil Hitler!" begrüßen wird, könnte kritische Bemerkungen von ihm oder seiner Frau ausplaudern. Die familiäre Solidarität reibt sich auf.

Die Taktik nationalsozialistischer Propaganda, die Kinder gegen die Eltern aufzuhetzen und sie zu Komplizen der Rache zu machen, zeigt Wirkungen in der Mertens-Familie: Der Vater fühlt sich von seinem Kind *verfolgt*, er regrediert zum Kind seines Kindes. Wolfgang Staudte beschreibt, was geschieht: Das familiäre Gefüge wird auf den Kopf gestellt; die Eltern werden entmachtet, die Kinder übermächtig, was ihnen entwicklungspsychologisch schadet: ihre Sozialisation entgleist. Wolfgang Staudte deutet diesen Effekt an; er beschreibt vor allem Herrn Mertens Regression: dieser Vater ist, je mehr der *plot* sich enfaltet, mehr und mehr überfordert. Der Ortsgruppenleiter Hölchert, verheiratet, kinderlos, seine Frau ist wegen der herannahenden Kriegsfront zu ihren Eltern gezogen, schnüffelt im Hause der Mertens herum – ein Bengel, der sich einnistet in der Ersatz-Familie, für die die Mertens herhalten müssen. Mehr und mehr bröckelt Herrn Mertens Widerstandkraft.

Ein Soldat ist desertiert. Es ist Robert Mertens (Götz

George). Frau Mertens entdeckt ihn in der Küche. Er fleht seine Mutter an, Vater nichts zu sagen. Halten wir hier kurz ein. Roberts Drängen klingt so selbstverständlich. Der Sohn kommt mit einer miserablen Klassenarbeit nach Hause und bittet seine Mutter, Vater gegenüber zu schweigen. Es ist nicht selbstverständlich. Roberts Ansinnen ist das Resultat der weit verbreiteten deutschen Sozialisation: Der Sohn hält seine Mutter für stabiler als seinen Vater; die Koalition zwischen Sohn und Mutter liegt so nahe – so erschreckend nahe.

Der Vater, ohne innere Autorität, wie es Erik H. Erikson sagte, wird an die familiäre Peripherie gedrängt und weiter geschwächt. Die Nationalsozialisten beuteten dieses familiale Muster aus. Es hatte auch Adolf Hitler geprägt; dessen schwacher Vater starb, als er dreizehn Jahre alt war, und er hatte offenbar sehr mit seiner Mutter (die vierundzwanzig Jahre jünger war als ihr Mann) gegen ihn koaliert (1). Im Wolfgang-Staudte-Film sehen wir die katastrophalen Folgen dieser Sozialisationsform. Frau Mertens erzählt ihrem Mann, der doch spürte, daß sie ihm etwas verheimlichte, von Robert, der sich im Keller versteckt hält. Er ist erschrocken. Es folgt die packende Szene der deutschen Not. Schauen wir genau hinein.

Im Keller des Mertens-Hauses. Herr Mertens und Robert Mertens sitzen zusammen. Herr Mertens hat eine Flasche Mosel geöffnet; er trinkt und ist leutselig – wie in einer gemütlich verräucherten Kneipe: Ein Vater, der sich angetrunken ans Steuer seines Autos setzt und die Gefahr nicht sieht. Er erzählt Robert einen Witz: „Hitler besucht eine Irrenanstalt. Alle Irren stehen in einer Reihe und grüßen mit ‚Heil Hitler!' Nur einer am Ende, der grüßt nicht. Hitler stürzt auf den zu und brüllt: ‚Warum grüßen Sie denn nicht mit dem deutschen Gruß?' Dann sagte der:

,Ich bin ja nicht verrückt, ich bin hier der Wärter'". Vater und Sohn lachen kräftig. Robert: „Du bist ein prima Kerl, Vater" (Ein Kompliment, das Felix Dobermann seinem Vater, dem Hauptwachtmeister, auch aussprach in „Natürlich die Autofahrer!"). Herr Mertens brummt geschmeichelt in sich hinein: „Oh, Junge, Junge – wir Mertens haben doch immer unseren *Mann* gestanden. Also, dein Großvater zum Beispiel –" Herr Mertens kann die Großtat des Großvaters nicht berichten: Robert unterbricht ihn, er hört Motoren-Lärm. Herr Mertens mokiert sich über die Wachsamkeit seines Sohnes: „Oh, Junge, Junge, du hast vielleicht die *Hosen voll*". Robert: „Nicht für mich Vater, wenn euch etwas passiert. Wenn ich denke, daß man Mutter oder dir –". Herr Mertens winkt ab: Von der tatsächlichen Gefahr möchte er nichts wissen. „Komm, sauf mit", animiert er seinen Sohn zu einem Glas des Augen-Schließens. „Was soll denn passieren? Wer soll denn jetzt kommen über Nacht". Robert, der nicht trinkt: „Du nimmst es zu leicht, Vater. Sie hängen jeden auf". Er hat recht: dreißigtausend Angehörige der deutschen Wehrmacht wurden exekutiert wegen Desertation; während die amerikanische Armee einen einzigen Deserteur hinrichtete, dessen Witwe viele Jahre mit dem Pentagon prozessierte (2).

„Ich habe Angst", sagt Robert. „Da müssen sie bei mir ganz schön ziehen, mein Junge". Die naive Bemerkung dessen, der den Mord zu einer Frage des Kampfgewichts herunterspielt. „Da zieht keiner". „So?" stutzt Herr Mertens. „Na, erzähl doch mal!" Robert erzählt, daß die Nazis den, der stranguliert wird, auf einen Kanister stellen, ihn festbinden und den Behälter wegtreten. „Praktisch", kommentiert Herr Mertens. Robert reagiert entsetzt: sein Vater fällt vor ihm psychisch zusammen.

Herr Mertens legt seine Hand auf die seines Sohnes, eine Abschiedsgeste von Todgeweihten. Er schnauft stark; ein gebrochener Mann, kein Vater, der seinen Sohn schützen könnte. Herr Mertens: „Ist doch schön, daß ich dich wenigstens noch mal gesehen habe. Prost Robert! Ist doch ganz egal! Sterben müssen wir doch mal!" Dieser Mann gibt sich auf. Er schüttet den Mosel hinunter und lacht ein saftiges Lachen. „Aber den Kindern, Erika und Gertrud", meint er, „den können sie doch nichts tun, Gottnochmal, nicht wahr?" „Was redest du denn da, Vater? Tust ja gerade so, als ob man mich schon gefunden hätte!" „Man wird dich finden, verlaß dich drauf, mein Junge. Heut morgen oder in ein paar Tagen, darauf kommt es ja gar nicht mehr an". Wieder kippt er in seine manische Stimmung: „Los Robert! Prost! Es wird so viel gestorben. Auf einen Toten mehr oder weniger kommt es nicht an!" „Bist du denn verrückt, Vater? Glaubst du denn wirklich, daß ich einen von euch ins Unglück stürzen würde?" Herr Mertens springt auf, Robert auch. Herr Mertens brüllt: „Genau das hast du getan! Genau das!" Verzweifelt schaut Robert zur Decke hoch: ob jemand sie hört. Er bittet seinen Vater, leise zu sprechen. Aber der bringt nicht mehr die Kraft auf, vorsichtig zu sein, ein latenter Selbstmörder, der nicht mehr kämpfen kann: „Wieso ruhig sein? Weiß ja doch jeder, daß – dann doch besser gleich. Dieses Warten... wer kann das denn vertragen?" Robert verteidigt sich: „Hör zu, Vater. Du hast ja recht mit allem. Aber glaub mir, ich bin kein *Feigling*. Ich gehe".

Herr Mertens nimmt seinen Sohn in den Arm: „Ich werd dich doch nicht aus dem Hause jagen, Junge. Der Krieg ist vielleicht in ein paar Tagen aus. Dann ist alles überstanden. Komm – saufen wir noch einen!" Er geht in den Wein-Keller und merkt nicht, daß Robert nicht auf ihn wartet.

Mit einer Flasche Wein in der Hand kommt Herr Mertens zurück, Roberts Abwesenheit übersehend: „Der *Feigling* bin ich, mein Junge. Robert?"

Natürlich hat Herr Mertens seinen Sohn vertrieben; er ist erleichtert, als Robert ihm sagt, daß er gehen würde, und er hat ein schlechtes Gewissen, daß er erleichtert ist. Robert ist klüger als sein Vater, der, außer einer Flasche Mosel, seinem Sohn keine Hilfe offerieren kann; er ist zu ängstlich, zu wenig erwachsen. Innerhalb von fünf Minuten wird Herr Mertens zum Jungen. Für Robert eine erschütternde Entdeckung. Für den Kinogänger auch: Auf diesen Vater kann man seine Hoffnungen nicht setzen. Man kann sich gut vorstellen, daß viele Jungen im Dritten Reich eine ähnliche desillusionierende Entdeckung mit ihren Vätern machten. Sigmund Freud hat in einer kleinen Arbeit „Zur Psychologie des Gymnasiasten" (3) die entwicklungspsychologische Bedeutung der Lehrer beschrieben: wie sie, nach der (notwendigen) Enttäuschung über die eigenen Väter, deren Vorbild-Funktion übernahmen.

Was aber, wenn diese Ersatz-Väter auch ausfallen? Was bedeutet das für die Bundesrepublik Deutschland? Welchen Respekt kann ein Heranwachsender seinem (bundesdeutschen) Land entgegenbringen, wenn er den eigenen Vater verachten gelernt hat? Wird er dieses Muster nicht auf vaterähnliche Personen und vaterähnliche Agenturen übertragen? Wir wissen wenig darüber (4). Aber allen besprochenen Filmen ist zu entnehmen, wie sehr die Väter-Bilder gelitten haben unter dem extremen Test des Dritten Reiches. Auch die Produkte dieser Väter: die Bundesrepublik Deutschland, das westdeutsche Kino. Wolfgang Staudte kann nur mit seinem *plot* antworten. Wir wissen es schon: Robert wird in dem Loch landen, aus dem die Schausteller ihn am Anfang des Films ausgruben.

Robert findet einen Unterschlupf bei dem Priester; aber der, kein Heinz Rühmann-Pater Brown, bugsiert ihn nach vier Tagen aus seiner Kirche hinaus. Robert läuft für ein paar Minuten nach Hause; erschöpft, gehetzt, die Gestapo auf seinen Fersen, hört er seine Eltern und seine verwitwete Schwägerin über ihn streiten. Während seine Mutter ihn zu schützen versucht, fleht sein Vater seine Schwägerin an, die ihn ausliefern und sich an ihm dafür rächen möchte, daß sie ihren Mann in Rußland verlor. Herr Mertens gibt seiner Schwägerin recht und kniet vor ihr. Robert hält es nicht aus. Er erschießt sich mit der Maschinenpistole. Vater und Schwägerin tragen ihn hastig weg, das von einem Bomben-Angriff verursachte Durcheinander schützt sie, und werfen ihn in einen Tümpel, welcher sich in das Loch vom Anfang verwandelt. Das Kinder-Karussell dreht sich schwindelerregend. Die deutsche Vergangenheit wirbelt ein Eifel-Dorf, welches für die Bundesrepublik steht, durcheinander. Die Musik dröhnt. Der Film ist ausgestanden.

Wolfgang Staudte hat „Kirmes" in der Rückblende erzählt. Der US-Regisseur Howard Hawks mochte sie nicht. Und der Kinogänger wohl auch nicht: Seine Erlebensgeschichte wird durch die Rückblende gebrochen, das Vergnügen, sich in einen *plot* hineinsaugen zu lassen, welcher vor den eigenen Augen sich entfaltet, getrübt. Die Rückblende ist der filmische Zeigefinger: Sie sind hier im Kino! Hier kann man Wolfgang Staudte dankbar sein. Sein Film ist so spannend, daß die Erzähltechnik der Rückblende entlastet: Man kann seine (psychischen) Kräfte sparen und macht sich keine falschen Hoffnungen. Schnörkellos erzählt, wäre Staudtes „Kirmes" ein schwer erträglicher Streifen geworden. Staudte schont den Zuschauer – etwas. Seine Lage als Kino-Regisseur war in der Bundesrepublik zur Zeit der „Kirmes" prekär. Das Ostberliner Fernsehen hatte am 26. Dezember 1960 den Staudte-Film ausgestrahlt; auf geheimnisvolle Weise war es an die Kopie des Films gekommen. Die Kino-Besitzer aus den grenznahen Städten, Kiel, Braunschweig und Hof, protestierten. Der westdeutsche Verleiher, die Hamburger Europa, dementierte, den Ostdeutschen eine Kopie überlassen zu haben. Die Filmtheater-Besitzer kündigten die Aufführungsverträge, und der Verleiher verlor an dem ungeliebten Film eine knappe halbe Million Mark. Wolfgang Staudte ist der Willy Brandt des westdeutschen Kinos: geachtet, geschätzt, aber nicht ganz ernst genommen; er war zu prononciert anti-nazistisch, seine Filme sind präzise, oft grell (Rosen für den Staatsanwalt, 1959). Er war kein Emigrant, aber er hatte viel von einem Emigranten; er wurschtelte sich als Schauspieler in Chargen-Rollen durchs Dritte Reich. Er hätte der Rolf Hochhuth des westdeutschen Kinos werden können, gute Bücher und gute Produktions-Bedingungen vorausgesetzt. Aber Filme-Machen ist zuerst ein Geschäft, bei dem die Geldgeber, die Banken zumeist (wenn sie nicht gut verdienende Westdeutsche sind, die nach dem Abschreibungsmodell Geld verlieren wollen), kassieren möchten. Wolfgang Staudte im Gespräch mit den Kritikern Ulrich Gregor und Heinz Ungureit: „Es ist außerordentlich schwierig, wenn man etwas verändern will in der Welt, das mit dem Geld von Leuten zu tun hat, die die Welt vollkommen in Ordnung finden. Mir hat mal jemand vorgehalten: Herr Staudte, warum *provozieren* Sie eigentlich fortwährend mit Ihren Filmen?" (5).

Im selben Gespräch sagt Staudte über seinen Film „Kirmes": „Dieser Film berührt übrigens ein ganz interessantes, grundsätzliches Thema, das die Überschrift trägt: Das eigene Nest beschmutzen. Die Bundesregierung oder der deutsche Film hat mit ‚Kirmes' im Ausland zweifellos einen großen Prestigeerfolg gehabt. Ich war sowohl in Dänemark wie in Schweden bei der Uraufführung. Ich habe die Kritiken da, die sagen, das ist nun wirklich eine Art Reinigung. Wenn so etwas in Deutschland möglich ist, kann man diesem Land wieder vertrauen. Aber hier hat mir dieser Film enorme Schwierigkeiten eingetragen". Welche, fragen Wolfgang Staudtes Gesprächspartner leider nicht nach.

Fragen wir uns, welche es sein könnten. Theodor Kotulla, einstiger Mitarbeiter an der Zeitschrift FILM-KRITIK, 1976 Regisseur des (uninteressanten) Films über den KZ-Kommandanten Rudolf Höß („Aus einem deutschen Leben"), monierte an Wolfgang Staudtes „Kirmes": einmal die „Unwahrscheinlichkeit", daß ein Ortsgruppenleiter der Bürgermeister eines Eifel-Dorfes werden konnte, zum anderen, „daß man einfach nicht einsieht, wieso es im Heimatdorf eines Bauernsohnes kein sicheres Versteck für ihn geben soll" (6). Theodor Kotulla (am 20. August 1928 in Chorzów, im ehemaligen Oberschlesien geboren) verwendet das gleiche Argument, welches auf Rolf Hochhuths (geboren am 1. April 1931 im nordhessisches Eschwege) Dramen „Der Stellvertreter" (1963), „Soldaten" (1967), „Juristen" (1979) angewandt wurde, vergeblich, wie wir wissen: Jener „furchtbare Jurist" zum Beispiel, der erbarmungslos Hinrichtungsurteile im Dritten Reich ausschrieb, trat als geachteter Ministerpräsident des Landes Baden-Württemberg gekränkt zurück. Hans Mayer nannte „das Grundprinzip des Schreibens bei Hochhuth: das Ernstnehmen individueller Lebensentscheidungen... das Phänomen des Gewissens" (7).

Hans Mayers Beobachtung läßt sich auf Wolfgang Staudte übertragen. Das Erschreckende an seinem Film „Kirmes" ist, daß eine anständige Familie, die kein Hitler-

Porträt im Wohnzimmer aufgehängt hat, vor unseren Augen zerbricht, daß der Vater um sein Leben fleht und seinen Sohn zu opfern bereit ist, daß dieser Vater nicht ausgerüstet ist, die Angst vor der Entdeckung seines Sohnes zu ertragen: ein Mann mit einer schwachen Moral. Wolfgang Staudte hat hier sehr genau hingeschaut. Einen Vater zerbrechen zu sehen, das wurde schon gesagt, ist für einen Sohn schwer zu verkraften; er wünscht sich einen Vater, der *ihn* schützen kann.

Zum zweiten Argument Theodor Kotullas: Bruno Bettelheim, der 1903 in Wien geborene Psychoanalytiker, der nach einem Jahr in Dachau und Buchenwald 1939 in die USA flüchtete, hat eine Arbeit verfaßt: „Die übersehene Lektion der Anne Frank" (8). Bruno Bettelheim fragt nach dem enormen Erfolg, den „Das Tagebuch der Anne Frank" hatte, und kommt zu dem Schluß, daß das Buch, obgleich es mit der Realität von Auschwitz konfrontiert, zugleich ermutigt, die Implikationen von Auschwitz zu vergessen: am Ende sagt Anne Frank (die ermordet wird), daß sie alle Menschen im Grunde für gut halte. Ein Trost, der die Destruktivität menschlicher Ausstattung leugnet.

Ein Trost auch, der im Fall der Franks bedeutete, daß diese Familie sich blind stellte für die reale Gefahr ihrer Existenz, nicht um ihr Überleben kämpfte, sondern, so Bettelheim, die Illusion lebte, im (unsicheren) Versteck ihr normales Leben führen zu können. Sigmund Freuds Konzept des „Todestriebs" ist kritisiert und verspottet worden (9). Aber, auch wenn man es als Axion für nicht plausibel hält, kann man es zumindest als eine Beschreibung menschlicher Natur verstehen: Dann ist man nicht überrascht von den Gefahren, welche Menschen bereiten können. Über die menschliche Destruktivität wird heute schnell gesprochen, der Aberwitz der Hochrüstung ist evident; schwierig nur, was ja Voraussetzung für ein Verständnis der eigenen (seelischen) Natur ist, sie bei sich selber zu entdecken und daraus eine erwachsene Moral zu gewinnen. Erwachsenheit, ein Sozialisationsprodukt, welches die sogenannte politische Aufklärung nicht herstellt, sondern die familialen Muster, ist die Voraussetzung für die Wahrnehmung extremer Gefahren. Vater Mertens, aus Wolfgang Staudtes Film „Kirmes", ist nicht erwachsen. So kann er sich auch politisch nicht erwachsen verhalten. Er konnte seine Familie nicht zu einer gemeinsamen, geplanten Opposition bewegen; er desintegrierte unter der Schnüffelei des Schlüsselloch-Guckers Georg Hölchert. Wenn so viele panisch reagieren, gibt es kaum Verstecke.

LITERATUR

1 Hans Müller-Braunschweig: „Führer befiehl..." Zu Hitlers Wirkung im Deutschland der dreißiger Jahre. PSYCHE 4/1985
  Helmut Stierlin: Adolf Hitler. Familienperspektiven. Frankfurt/M.: Suhrkamp 1975
2 Heinrich Böll: Brief an meine Söhne. DIE ZEIT Nr. 12/15.3.1985
3 Sigmund Freud: Zur Psychologie des Gymnasiasten. Gesammelte Werke Bd. X. Frankfurt/M.: Fischer 1967
4 Lutz Rosenkötter: Schatten der Zeitgeschichte auf psychoanalytischen Behandlungen. PSYCHE 11/1979
  Helm Stierlin: Der Dialog zwischen den Generationen über die Nazizeit. Familiendynamik 1/1982
5 FILMSTUDIO 48, 1.1.1966
6 FILMKRITIK 8/60, S. 228
7 Rosemarie von dem Knesebeck: In Sachen Filbinger gegen Hochhuth. rororo Taschenbuch 1980
8 Bruno Bettelheim: The Ignored Lesson of Anne Frank. In: Surviving And Other Essays. New York: Alfred Knopf 1979
9 Sigmund Freud: Jenseits des Lustprinzips. Gesammelte Werke Bd. XIII. Frankfurt/M.: S. Fischer 1967

WOLFGANG STAUDTES FILME:

Akrobat schöön. D: 1943
Ich hab' von dir geträumt. D: 1944
Frau über Bord (Das Mädchen Juanita). D: 1945
Die Mörder sind unter uns. DDR: 1946
Die seltsamen Abenteuer des Herrn Fridolin B. DDR: 1948
Rotation. DDR: 1949
Schicksal aus zweiter Hand. BRD: 1949
Fünf Mädchen und ein Mann (A Tale of Five Cities). BRD/GB: 1951
Der Untertan. DDR: 1951
Die Geschichte vom kleinen Muck. DDR: 1953
Leuchtfeuer. DDR/S: 1954
Ciske – ein Kind braucht Liebe. BRD/NL: 1955
Rose Bernd. BRD: 1957
Madeleine und der Legionär. BRD: 1958
Kanonen-Serenade. BRD/I: 1958
Der Maulkorb. BRD: 1958
Rosen für den Staatsanwalt. BRD: 1959
Kirmes. BRD: 1960
Der letzte Zeuge. BRD: 1960
Die glücklichen Jahre der Thorwalds. BRD: 1962; Übernahme der Regie von John Olden)
Die Dreigroschenoper. BRD/F: 1963
Herrenpartie. BRD/YU: 1964
Das Lamm. BRD: 1964
Ganovenehre. BRD: 1966
Heimlichkeiten. BRD/GB: 1968
Die Herren mit der weißen Weste. BRD: 1970
Fluchtweg St. Pauli - Großalarm für die Davidswache. BRD: 1971
Zwischengleis. BRD: 1978

I: Italien
F: Frankreich
YU: Jugoslawien
BG: Bulgarien
S: Schweden
GB: Großbritannien

Das große Abräumen
„Der grüne Bogenschütze" (1961)

Ein mächtiges Gewitter. Es blitzt, donnert, stürmt und regnet. Auf einem weit entfernten Hügel kracht ein großer Ast herunter. Ein anheimelndes Wetter – für Kinozuschauer mit warmen Füßen. Schnitt. Ein in milchiges Licht eingehülltes, stattliches Herrenhaus. Wir sind in England. Das Gewitter lärmt englisch weiter. Schnitt. Im Inneren des Hauses. Ein gut dreißigjähriger Mann steht vor uns, hinter ihm flattert eine Gardine; der Kostüm-Berater hat ihn aufgedonnert: mit Bowler, quer gestreifter Fliege, Schal und offenem Mantel. Der Mann atmet hastig, als sei sein Oberhemd drei Nummern zu klein. Sein Hut hebt und senkt sich im Atem-Rhythmus. Es ist Mike Holland, ein Reporter, den Eddi Arendt spielt, der, wie der ruhelose Kinogänger weiß, bereits in vier ähnlichen Produktionen der Blödel-Künstler war (1) und zum Markenzeichen des westdeutschen Film-Genres wurde, welches „Edgar Wallace-Filme" genannt wird (2).

Mike Holland spricht zu uns. „Daraus kann man doch keinen Film machen", sagt er. Er nimmt seinen Bowler ab und preßt die Halbkugel vor seine Brust. „Ein Mörder mit einem Flitzebogen? Das glaubt kein Mensch. ‚Der grüne Bogenschütze'? Absurder Gedanke". Er liefert die Pantomime des Bogen-Schießens und untermalt sie mit einem „Flitsch". Schnitt. Ein zweiter gut Dreißigjähriger im Straßenanzug. Er heißt Savini (Harry Wüstenhagen). Er spricht auch zu uns. Seinen rechten Unterarm hat er auf ein

Hochspannung mit Pfiff wie eben nur bei Edgar Wallace

Gert Fröbe
Karin Dor
Klausjürgen Wussow
Eddi Arent
Harry Wüstenhagen
Edith Teichmann
Heinz Weiss
u. a.

Der grüne Bogenschütze

Nach dem gleichnamigen Roman von **Edgar Wallace**

Regie: Jürgen Roland

unsichtbares Möbel aufgelegt; er ist der Kamera so zugewandt wie die Moderatoren vom „Heute Journal" des ZDF. „Die Leute wollen betrogen werden", meint er. „Deshalb sind Sie doch alle gekommen. Keiner glaubt an Geister. Aber Sie haben Eintritt bezahlt. Sie wollen nämlich wissen, warum Sie nicht daran glauben".

Eine schräge Moderation für einen Kinofilm. Wollen wir „betrogen" werden? Wir warten auf den ersten Mord. Die Kamera fährt zurück. Eine Gruppe Touristen besichtigt das *manor house*, welches wir eben von außen sahen. Savini ist der *guide*. Eine ältere Dame, angeknittert und blond, mit amerikanischem Akzent, fragt Savini nach der Blenden-Einstellung ihrer Kamera. „Zwei komma acht", lautet die Antwort. Die Gruppe schiebt sich durch die wuchtig möblierten und getäfelten Räume. Ein Herr in seinen Fünfzigern, der mit einer *cloth cap*, buschigem Schnauzbart, Tweed-Jackett, herabbaumelndem Wollschal, der damals für die junge Generation so obligatorisch war wie der Parka für die nachfolgende, und Knickerbockern sehr britisch ausschaut, bleibt zurück. Er sucht etwas. Er stöbert in der einen und der anderen Ecke. Ist er das erste Opfer?

Die Tour geht ihrem Ende entgegen. Die US-*lady* fragt den Briten im Tweed erneut nach einer Blenden-Einstellung. Der aber steht steif und stumm da. Empört tippt sie ihn an – da fällt der Mann nach vorn und gibt den Blick auf den Pfeil frei, der ihm im Rücken steckt. Er ist tot. Eine Szene, die wir vor einem Jahr bereits sahen: da fiel der UN-Abgeordnete Lester Townsend (Philip Ober) mit einem Aufschrei in Roger O. Thornhills (Cary Grants) Arme, der entsetzt entdeckte, daß dem UN-Politiker ein Messer in den Rücken geworfen worden war – in Alfred Hitchcocks „Der unsichtbare Dritte" (1959). Entsetzen im *manor house*. Mike Holland tritt vor die Kamera: „Tchja – ich glaube, das wird doch noch ein hübscher Film".

Vier Minuten lang wird dieses *hours d'oeuvre* serviert. Es folgt der Vorspann mit den Angaben zur künstlerischen *crew* des Films. Die Ermordung des Briten im Tweed wird im Film nicht aufgeklärt. Er hat keine Bedeutung im *plot* des Jürgen-Roland-Streifens „Der grüne Bogenschütze". Nur diese: daß er für den Mörder eine Zielscheibe aus Fleisch und Blut abgibt. Als er nach vorn kippt, den Pfeil im Kreuz, vom Schrei der Touristin begleitet, fackelt die resolute Dame nicht lange: Sie reißt ihre Kamera vors Gesicht und knipst den Toten. Jürgen Rolands „Der grüne Bogenschütze" verbreitet die Heiterkeit einer lieblosen Fröhlichkeit, welche an ein Karnevals-Vergnügen erinnert: wenn der achtjährige Bub mit seinem Spielzeug-Revolver auf seine Kameraden zielt und ihnen bedeutet, daß er sie erschossen habe. Es geht kindlich zu. Und sadistisch. Die ersten Minuten leben von der Zuschauer-Erwartung: Wann und wo taucht die erste Leiche auf?

Das ist nicht ungewöhnlich. Viele Kinofilme leben von der Hoffnung auf einen saftigen Mord. Alfred Hitchcock machte sie zum Thema seines Films „Das Fenster im Hof" (1954). L. B. Jeffries (James Stewart), Fotoreporter mit gebrochenem (eingegipsten) Bein, vertreibt sich die Zeit mit dem Beobachten der Nachbarn im Hinterhof. Einer benimmt sich seltsam. Jeff vermutet sofort: der Mann hat seine Frau ermordet. Grausige Phantasien vertreiben die Langeweile. Sie sagen auch etwas über einen selbst. Jeff hat Angst vor seiner bildhübschen Freundin Lisa Fremont (Grace Kelly), die er ziemlich unfreundlich behandelt. Alfred Hitchcock tut dem Zuschauer den Gefallen: Der vermutete Mord ist tatsächlich einer.

Jeffs und Lisas Gucken durchs Schlüsselloch hat sich

rentiert – für den Kinogänger, der seinen Sitz mit dem Trost verläßt, daß Jeff und Lisa noch lange nicht miteinander schlafen können: Der Fotoreporter bricht sich am Ende des Films auch noch das andere Bein. Alfred Hitchcock, Meister des Vorspiels, beläßt es beim Vorspiel.

Bei Jürgen Roland ist das anders. Da ist zwar die wunderschöne, dunkelhaarige, rundum propere Karin Dor (die Alfred Hitchcock, leider, zu einer kubanischen Leiche drapierte in „Topaz", 1969) im engen Pulli und Glockenrock oder im Hausanzug, im *baby doll* oder im Pelzmantel; aber sie irrt wie die anderen Protagonisten, meistens in der Dunkelheit, durch die Gärten und Keller. *Hide and seek.* Ein Kinder-Vergnügen wird präsentiert.

Man muß das Lese-Motto des Hauses, welches die rasch gestrickten Geschichten des Londoner Autors verlegt, abwandeln: Es ist unmöglich, von Edgar Wallace nicht verwirrt zu werden. Unmöglich, den Film zu erzählen. Was sich auf den ersten Blick sagen läßt: Auf zwei Grundstükken, welche aneinandergrenzen und prächtige englische Häuser aufweisen, Träume von einem Eigenheim, sind eine Handvoll Leute hintereinander her: Abel Bellamy (Gert Fröbe), Valerie Howett (Karin Dor), John Wood (Heinz Weiß), James Featherstone (Hansjürgen Wussow), Mr. Howett (Hans Epskamp) und Savini (Harry Wüstenhagen). Am Ende des Films weiß man: Abel Bellamy ist der Onkel von Valerie Howett, die in Wirklichkeit Valerie Bellamy heißt, und von John Wood, der John Bellamy heißt und Valeries Bruder ist. Mr. Howett ist Valeries Adoptivvater. Beim zweiten Sehen erfährt man: Abel Bellamy liebte vergeblich Valeries und Johns Mutter, die seinen Bruder heiratete; er rächte sich und sperrte seine unglückliche Liebe in den Keller seines Hauses ein und berichtete seiner Nichte und seinem Neffen den Tod der Mutter. Die Kinder glaubten ihm nicht und machten sich auf die Suche nach der Mutter. John Bellamy, vom Onkel ins Gefängnis gebracht (warum, erfahren wir nicht), rechnet mit ihm ab, indem er in die Maske des „Bogenschützen" schlüpft und ihn ermordet; am Ende wird er das Opfer einer Detonation. James Featherstone ist ein Beamter von Scotland Yard, der Karin Dor in die Arme schließt.

Der *plot* ist schlicht, aber enorm verschachtelt und hektisch erzählt: als sollte man nicht merken, worum es, neben der Rache des verschmähten Abel Bellamy, geht. Lassen wir uns von der scheinbaren Fröhlichkeit dieses unbeholfenen Streifens nicht täuschen. Seit dem Erich-Engels-Film „Natürlich die Autofahrer!" wissen wir: Wer viel witzelt, dem geht es nicht gut. Halten wir uns an die Art des Vergnügens, welches der Jürgen-Roland-Streifen vermittelt. Es ähnelt dem Spaß von *Räuber und Gendarm*: einer erschreckt den anderen.

Es gibt viele Szenen, in denen ein Protagonist zusammenzuckt, weil sich irgendeine Hand, welche sich ins Bild hineinschiebt, auf die eigene Schulter legt. Das Erschrecken hat die Qualität des Zusammenfahrens, welche das schlechte Gewissen auslöst: jetzt ist man ertappt worden... Wobei? Beim Herumschnüffeln in Abel Bellamys Besitz. Jürgen Rolands „Bogenschütze" belebt die Ängste von Kindern, die auf einem eingezäunten Grundstück spielen, dessen Betreten verboten ist. Valerie Bellamy (Karin Dor), John Bellamy, Mr. Howett, Mike Holland und James Featherstone tummeln sich in Abel Bellamys Garten und *manor house*. Aber Bellamy, den der *plot* als neureichen Gangster-Proleten aus den USA vorstellt, ist der grantige Nachbar der Nachkriegszeit, den die Kinder der Umgebung zur Weißglut zu bringen sich verabredet haben.

Das war, auf den Trümmer-Grundstücken westdeutscher Städte, tägliche Spiel-Praxis. Der Spaß stieg, wenn die eigenen (ausgebombten) Eltern jenen Nachbar, der seinen Besitz gerettet hatte, nicht mochten: dann hatte der Mann oder die Frau wirklich nichts zu lachen. Deren Ordnungsruf: „Ihr habt hier nichts zu suchen!" verhallte. Die Kinder kamen wieder – und ramponierten, im schlimmsten Fall, den fremden Besitz. Aber in Jürgen Rolands Film steht mehr auf dem Spiel: Abel Bellamy muß um sein Leben fürchten. Dieser Nachbar wird gejagt – mit einem Kinder-Spielzeug. Im „grünen Bogenschützen" rumort eine mächtige Rache-Phantasie.

Erinnern wir uns an die drastische Exposition des Films: an die aus Angst und Schadenfreude gemischten Gefühle über die Exekution des Briten im *tweed*. Sie ist das Thema des Films. Abel Bellamy, der seine Dienstboten wie dressierte Hunde anschnauzt und kujoniert, wird der Garaus gemacht. Gert Fröbe (im Zwickauischen Oberplanitz am 25. 2. 1913 geboren und am 5. 9. 1988 in München gestorben) spielt, nein: grimassiert ihn – als würde er sich warmlaufen für seine Bösewicht-Rolle in Guy Hamiltons James-Bond-Abenteuer „Goldfinger" (1964). Das ist kein Zufall. Schauspieler schleppen, Wörtern gleich, ihre alten Kino-Rollen in die neue hinein; der Kinogägner hat die Konnotationen der Stars im Kopf.

Gert Fröbes erster Film war Robert A. Stemmles „Berliner Ballade" (1948); darin spielte er den untergewichtigen ausgehungerten *Otto Normalverbraucher*. Bis 1960 hatte er in mehreren Filmen den übergewichtigen, skrupellosen Industriellen verkörpert (Rolf Thiele: Das Mädchen Rosemarie, 1957; Alfred Vohrer: Bis daß das Geld euch scheidet, 1960; in Ladislao Vajda's „Es geschah am hellichten Tag" ist er der wohlhabende, kranke Verbrecher Schrot, 1958). Gert Fröbes Kollege Ernst Schröder, der wohlge-

329

nährte Ex-Nazi und Industrielle, den wir aus Robert Siodmaks „Mein Schulfreund" (1960) kennen, spielte oft eine ähnliche Figur im westdeutschen Kino, in dem die alten Nationalsozialisten sich zu feisten Profiteuren des sogenannten Wirtschaftswunders mauserten. Es war das Klischee einer gärenden Unzufriedenheit: daß der schnelle Reichtum der Bundesrepublik ungleich verteilt wurde.

Der dicke Bellamy muß sterben. Jürgen Rolands „Bogenschütze" lebt von der Schadenfreude eines sadistischen Vergnügens: Abel Bellamy wird erschreckt, gehetzt und ermordet. Übergewichtige können schlecht sprinten, ihnen geht schnell die Luft aus. So muß der arme Abel Bellamy zweimal aus seinem Bett springen, nach der Pistole (unterm Kopfkissen) greifen und dem davoneilenden „Bogenschützen" nachrennen, mit den für einen Mann unpassenden Schritten eines Gorillas. Der wabbelige Bellamy hat keine Chance. Seine letzte Szene. Der „grüne Bogenschütze" steht in seinem Arbeitszimmer. Abel Bellamy richtet sich auf und weicht zurück, er hat keinen Bewegungsraum, er schreit, die Augen aufgerissen, er fleht um sein Leben. Schnitt. Groß im Bild: der schußbereite, gespannte Bogen. Den Schützen sehen wir nicht. Erbarmungslos schnellt der Pfeil los, der in den massigen Körper eindringt wie ein Messer in Butter: Kein *showdown*, eher ein Abschlachten.

Am 3. Februar 1961 kam Jürgen Rolands Film in die Kinos, knapp zwei Monate später als Helmut Ashleys „Das Schwarze Schaf" mit Heinz Rühmann, der als Bengel in der Soutane seine alten Unterdrücker quälte: die schneidigen Nazis. Auf eine undeutliche Weise wird mit ihnen im westdeutschen Kino abgerechnet. Im Jürgen-Roland-Film: deutlich sadistisch. Bemerkenswert ist, daß die bundesdeutsche Angst vor den rächenden Verfolgern, die in den alliierten Siegermächten und später in den eigenen Landsleuten befürchtet wurden, im „grünen Bogenschützen" Gestalt annimmt: Der Neffe jagt seinen Onkel wie ein Tier. Man kann es den Kino-Bildern ablesen – es hat sich viel in der Bundesrepublik verändert. Das Waidwerk und die Idylle des Waldes in Hans Deppes „Grün ist die Heide" und Alfons Stummers „Der Förster vom Silberwald" erweisen sich als das, was vermutet wurde, als Ersatz-Bilder einer latenten Aggressivität.

Jetzt, zu Beginn der sechziger Jahre, wird sie nicht länger verschoben auf unverfängliche Metaphern. In Hans Deppes „Grün ist die Heide", in Rolf Hansens „Sauerbruch" und in Kurt Hoffmanns „Drei Männer im Schnee" fand auf der Leinwand eine psychosoziale Versöhnung statt. In Ernst Marischkas „Sissi"-Filmen besorgte Romy Schneider, die parentifizierte Tochter, die soziale Rehabilitation ihrer Eltern. Jetzt bricht der Sohn John Bellamy aus seiner Rolle aus und erzeugt einen familiären Tumult. *Kirmes*, der Titel von Wolfgang Staudtes Film, aber auch ein Bild für die familiäre Desintegration, macht sich, nimmt man den Jürgen-Roland-Film beim Wort, in den Familienstuben breit.

Was war los in der Bundesrepublik zu dieser Zeit? Gab es ein Grundgefühl tiefer Beunruhigung? 1959 wurde der an den Euthanasie-Morden beteiligte Psychiater Werner Heyde (der am 25. März 1902 geboren wurde und sich am 13. Februar 1964 umbrachte) als der medizinische Gutachter Dr. *Sawade* entdeckt, der in Norddeutschland eine Arzt-Praxis betrieb. Der Untersuchungsausschuß des Kieler Landtages stellte später fest, daß von 1952 an Kommunal- und Landesbeamte, Richter, Staatsanwälte und Professoren, siebzehn Verbündete zählte DER SPIEGEL, von Werner Heyde wußten und ihn deckten. Mitte 1961 interviewte DER SPIEGEL den schleswig-holsteinischen

Justizminister Bernd Leverenz (in Mecklenburg im Jahre 1909 geboren; Marinerichter im Zweiten Weltkrieg) über die seltsame Koalition des Schweigens in dessen Bundesland (3). 1962 mußte der Generalbundesanwalt Wolfgang Immerwahr Fränkel (geboren am 4.1.1905) in den Ruhestand versetzt werden, weil er über seine Nazi-Vergangenheit unkorrekte Auskünfte gegeben hatte.

1961 war auch das Jahr der ersten Debatte über die Verjährungsgrenze von Totschlagsdelikten, die nach deutschem Recht bei fünfzehn Jahren lag (4). Aber vor allem ein Ereignis irritierte. Am 11. Mai 1960 entführte der israelische Geheimdienst den im argentinischen Buenos Aires lebenden Obersturmführer der SS, Otto Adolf Eichmann, der im rheinischen Solingen am 19. März 1906 geboren wurde. Eichmann wurde am 11. April 1961 vor das Bezirksgericht in Jerusalem gebracht und der „Verbrechen gegen das jüdische Volk, Verbrechen gegen die Menschheit und Kriegsverbrechen" angeklagt (5); er wurde am 1. Juni 1962 hingerichtet. Der Eichmann-Prozeß, von dem Konrad Adenauer glaubte, er werde die befürchtete „Deutsch-Feindlichkeit" beleben, störte, so schrieb Hannah Arendt, die westdeutsche Öffentlichkeit auf:

„Während der zehn Monate, die Israel zur Vorbereitung des Prozesses brauchte, wappnete man sich in Deutschland gegen die voraussehbaren Reaktionen des ‚Auslands' und ging mit einem noch nie dagewesenen Eifer an das Aufspüren und die Strafverfolgung von Naziverbrechen im Lande. Aber zu keinem Zeitpunkt verlangten die deutschen Behörden oder auch nur ein wesentlicher Bestandteil der öffentlichen Meinung die Auslieferung Eichmanns, was doch nur natürlich gewesen wäre, da jeder souveräne Staat eifersüchtig über sein Recht wacht, selbst über die eigenen Verbrecher zu Gericht zu sitzen" (6).

Es ist die Frage, ob das relativ späte Aufspüren ehemaliger mächtiger Nationalsozialisten in der Bundesrepublik nur eine defensive Taktik war. Gegen Hannah Arendts Eindruck spricht die Einrichtung der Ludwigsburger Ermittlungsstelle zur Verfolgung nationalsozialistischer Gewaltverbrechen unter der Leitung des Oberstaatsanwalts Erwin Schüle 1958. Man muß den Nachkriegsschock berücksichtigen sowie den psychosozialen Wandel in der Bundesrepublik: daß eine über ihre Eltern, vor allem über ihre Väter enttäuschte Generation heranwuchs, die mehr und mehr begann, kritische Fragen zu stellen. Die Enttäuschung wuchs am Ausgang der fünfziger Jahre: zu viele Ersatz-Väter erweisen sich als unmoralisch – als schlechte Vorbilder. Hinzu kam, daß Konrad Adenauer (eher unfreiwillig, denn er war 1959 dreiundachtzig Jahre alt) mit der Republik spielte: Er, der Vorsitzender des Parlamentarischen Rates, welcher das Grundgesetz formuliert hatte, gewesen war, hatte sich im (künftigen) Amt des Bundespräsidenten als übermächtiger Politiker gewähnt; als er in dem italienischen Ferienort Cadenabbia seinen Irrtum bemerkte, zog er seine Kandidatur zurück; er blieb Kanzler und düpierte seinen von der Unions-Fraktion gewünschten Nachfolger Ludwig Erhard.

Am 1. Juni 1959 wurde Heinrich Lübke (geboren am 14. Oktober 1894 und gestorben am 6. April 1972), den DER SPIEGEL den „Lübkenbüßer" taufte, zum zweiten Bundespräsidenten Westdeutschlands gewählt. Eine Klamotte, die zu den Kino-Klamotten der fünfziger Jahre paßt. Und Heinrich Lübke, dessen Nazi-Vergangenheit wenig später zum öffentlichen Thema wurde, geriet zum Komiker des Landes, über den man, betreten oder schadenfroh, lachen mußte. Diese Politiker waren keine Vorbilder. Konrad Adenauers Autorität war angeschlagen, seine Fraktion vermutete bei ihm die Alterssklerose eines Ferdinand Sauerbruchs: Er wurde verhöhnt – hinter seinem Rücken. Einen Großvater, der in seine Hosen uriniert, macht man auf die störenden Flecken nicht aufmerksam; er wird mühsam toleriert. Alte Herren können so zornig werden.

Es ging turbulent zu in der westdeutschen Republik. Am 13. August 1961 riegelte die ostdeutsche Republik die Sektorengrenzen zwischen Ost- und Westberlin ab; sie reagierte auf die hämischen Meldungen unserer Medien, die penibel die Zahl der Flüchtlinge Tag für Tag registriert hatten. Einen Monat später, am 17. September 1961, finden die Wahlen zum vierten westdeutschen Bundestag statt: die Union verliert ihre absolute Mehrheit (45.3 Prozent; SPD: 36.2 Prozent; FDP: 12.8 Prozent). Konrad Adenauer hatte den Wahlkampf mit einem *dirty trick* bestritten: den Kanzler-Kandidaten der SPD, Willy Brandt (geboren am 18. Dezember 1913), erinnerte er an dessen uneheliche Herkunft, indem er ihn „alias Frahm" verhöhnte. Der alte Herr fühlte sich so in Not wie gut zehn Jahre später der amerikanische Präsident Richard Nixon, der mit einem Repertoire schmutziger Kniffe seinen zweiten Wahlkampf gewann. Die Bundesrepublik war in Not: ein Land kämpfte um seinen demokratischen Konsensus; es zahlte für die aufgeschobene Klärung vieler Schuldkonten.

Im Kino wird fröhlich bilanziert. Am 4. September 1959 brachte die Berliner Rialto-Film den Harald-Reinl-Streifen „Der Frosch mit der Maske" in die Kinos; der *pilot*-Film für eine zweiunddreißig Mord-Spektakel umfassende Serie, welche bis 1970 einhundertvierzig Millionen Mark einspielte, wobei die Herstellung eines Streifens im Schnitt anderthalb Millionen Mark kostete. Fritz Rasp, der Schauspieler-Großvater (geboren am 13. Mai 1895 in Bayreuth und am 30. November 1976 in München gestorben), trat in fünf Filmen auf (7); er erinnert sehr an den ersten Kanzler der Bundesrepublik – aufrecht, meist hinter einem großen Schreibtisch, bricht er, schreiend, unter den Schüssen der Mörder zusammen.

Florian Pauer, der Buchhalter dieser Streifen, schätzt, daß der Produzent Horst Wendlandt für dreihundert Kino-Morde verantwortlich ist; er schreibt: „Er avancierte damit zum größten Massenmörder unter Deutschlands Filmproduzenten" (8). Florian Pauer, Wiener vom Jahrgang 1953, ist Filmhistoriker; sein unbeschwerter Satz vom „Massenmörder" paßt zum bemühten Frohsinn, mit welchem diese Serie die Rache-Phantasien, die Mord-Wünsche, Vergeltungsängste und familiären Tohuwabohus auf kindlichem Niveau weggruselte.

Zurück zum Jürgen-Roland-Film „Der grüne Bogenschütze". Versuchen wir eine Antwort zu geben, weshalb ein Autor wie Edgar Wallace, der in wenigen Tagen seine Romane mit Hilfe stark gezuckerten Tees herunterdiktierte, Eingang ins westdeutsche Kino fand. Sicher, seine *plots* lassen sich leicht ausbeuten, Folgerichtigkeit ist nicht gefragt; solche Geschichten sind schnell heruntergekurbelt, Andeutungen reichen fürs Lokalkolorit: Bilder vom Londoner *Big Ben* oder vom *Picadilly Circus* lassen sich in verschiedene Filme montieren, das fällt kaum auf. George Orwell nannte die Wallace-Produkte: „slightly pernicious nonsense" – leicht gefährlichen Unsinn; er registrierte die vielen Sadismen der ausgefeilten Mord-Prozeduren und brachte Edgar Wallaces Vorliebe für *Scotland Yard* auf die Formel: „pure bully worship" – der Mann liebte es, mit der Polizei-Organisation im Rücken, in seinen Geschichten die Leute herumzustoßen (9).

Edgar Wallace wurde neun Tage nach seiner Geburt zur

Adoption freigegeben; er war ein süchtiger Aufsteiger, der seine Einkünfte verschleuderte; ein *parvenu*, der sich auf großem Fuß, manchmal mit zwanzig Bediensteten, in der Londoner Gesellschaft einzurichten versuchte. Sein Lebensthema ähnelt dem bundesdeutschen Thema – der Frage, wie unser Land mit seinen Nachbarn und Verbündeten auskommt und wie es zurechtkommt mit einem übernommenen, aber nicht erstrittenen demokratischen Konsensus. Unser Grundgesetz war noch längst nicht unser nationales Fundament, auf das die meisten Westdeutschen stolz waren. Andere Länder waren uns voraus. Großbritannien: beneidet und karikiert.

Vom 20. Oktober bis zum 23. Oktober 1958 besuchte Bundespräsident Theodor Heuss England. Die Bilder der königlichen Kalesche, Theodor Heuss neben Königin Elizabeth II. auf der Fahrt durch London, wärmten Westdeutschlands Öffentlichkeit. Die Briten empfingen das bundesdeutsche Staatsoberhaupt. Aber, so war zu lesen, „die Kälte, mit der man Theodor Heuss empfing, war das wesentlichste Merkmal des Besuchs", schrieb Peregrine Worsthorne (10). „Die Briten sind zwar froh, daß die Deutschen in der NATO sitzen, denn es erschien ihnen vorteilhafter, die Deutschen als Verbündete denn als Feinde zu haben". Peregrine Worsthorne, Redakteurin des Londoner „Daily Telegraph", hatte ihren Beobachtungen die Überschrift gegeben: „Die Briten können ‚Fritz' nicht leiden".

Zwei Jahre zuvor fand ein SPIEGEL-Gespräch mit William Neil Connor, der *Cassandra* Britanniens, statt; dieser Jouranlist forderte „Stellt die Deutschen in den Eisschrank!". Die Nationalsozialisten pflegten eine Haßliebe zu den Briten, deren Bild sie am adeligen, aufreizend souveränen Lord orientierten, nicht an den Bergarbeitern aus Lancashire, die George Orwell in seiner Reportage „The Road to Wigan Pier" beschrieb (11). Die Redewendung von der „feinen englischen Art" ist heute noch geläufig. Die westdeutsche Werbung für britische Produkte, für *tonic water*, Pfefferminzplätzchen und Wettermäntel, lebt von den Bildern vermuteter adeliger Lebensformen. Eine solche Herkunft kann ein westdeutscher Bürger nicht vorweisen. Hans Mayer, der großbürgerliche Germanist, über die Bundesrepublik Deutschland der achtziger Jahre:

„Gesellschaftliche Integration auf der Grundlage des universellen Kleinbürgertums: mit großen Einkommensspannen. Ich entdeckte für mich den ‚Intercity-Menchen'. Erste Klasse und Großraumwagen. Nur einzeln oder in Rudeln auftretend. Erkennbar an der Kombination des Groschen-Blattes mit der feinen Zeitung. Undenkbar dort, wo man ‚The Times' liest oder ‚Le Figaro' und auch ‚The New York Times'. Kleinbürgerliche Ästhetik" (12).

Eine subtile Rivalität ist geblieben, eine neidvolle (verständliche) Bewunderung für die humanen Formen des britischen Alltags und für die gewachsene demokratische Tradition. Karl Heinz Bohrer, einst der England-Korrespondent der FAZ, idealisierte das Vereinigte Königreich als eine liebenswerte Idylle, in welcher „ein bißchen Lust am Untergang" genossen wird (13), Arthur Scargill, den Mann aus Yorkshire, nahm er nicht wahr.

Aber auf *einem* Feld haben die Westdeutschen die Engländer überholt: aus den Werkhallen in Stuttgart-Sindelfingen oder in Zuffenhausen rollen die potenteren Automobile. Ganz so sicher sind sich westdeutsche Auto-Tester nicht; die stattlichen Limousinen aus Coventry oder gar Crewe faszinieren auf eine unnachahmliche Weise. Reinhard Seiffert verfaßte diesen Test-Bericht 1969:

„Der Butler öffnet das schwere, schmiedeeiserne Tor. Sir Rolls gleitet lautlos hindurch. Der Butler schließt das Tor. Ein Schuß kracht, im Fond sinkt eine Gestalt zusammen. Aber Sir Rolls gleitet weiter. Aus so nichtigem Anlaß hält er nicht an.

Sir Rolls, mit vollem Namen *Rolls-Royce Silver Shadow*, ist das renommierteste Auto der Welt. Ein Butler, der für Sir Rolls das Tor öffnet, würde es deswegen noch lange nicht für einen Mercedes 600 öffnen. Und kein anständiger englischer Mörder würde ohne triftigen Grund in einen Mercedes hineinschießen" (14).

Das Thema einer bundesdeutschen Unterlegenheit klingt an. Im Kino konnte sie kompensiert werden: Jürgen Roland und seine Kollegen besetzten englisches Territorium, wo westdeutsche *plots* sich austoben konnten. Im großen Garten des wohlhabenden Onkels zu tollen, macht immer Spaß. Aber der Neid auf den reichen Verwandten bleibt, ebenso die Scham über die eigene nationale Herkunft. In den westlichen Demokratien erwarben die Bürger eine untadelige Herkunft, indem sie ihre Staatsform erstritten, die adelige Herrschaft parlamentarisch entmachteten, aber deren Ideale übernahmen – der Brite wurde zum *gentleman*, der auf sein Land stolz ist und dessen Institutionen, zu denen auch die Polizei gehört, respektiert. Das war für Britannien ein langer Weg. Die Bundesrepublik Deutschland muß ihn noch gehen.

1962 ist das Jahr des Protests. Auf den Oberhausener Kurzfilmtagen steht am 28. Februar 1962 eine junge Generation von Filme-Machern auf und erklärt „Opas Kino" für „tot". Es wird öffentlich abgerechnet. Tatsächlich ist Westdeutschlands Kino-Industrie abgewirtschaftet; die Besucher-Zahlen sind sehr zurückgegangen. Die SPIE-

GEL-Affäre Ende 1962 ist der erste Test bundesdeutscher Streit-Fähigkeit. Der Verteidigungsminister Franz Josef Strauß (geboren am 6. September 1915 und gestorben am 3. Oktober 1988) hatte seine Befugnisse überschritten und im Parlament gelogen. Am 19. November 1962 erklären die FDP-Bundesminister dieses Skandals wegen ihren Rücktritt. Konrad Adenauer war entmachtet. Ludwig Erhard löste ihn bald ab.

Die sechziger Jahre sind das Jahrzehnt einer turbulenten Abrechnung. Ihr Niveau schwankte – begreiflicherweise; denn es gab keine Vorbilder: „Unter den Talaren der Muff von tausend Jahren" spielte auf die Komplizenschaft deutscher Professoren im Tausendjährigen Reich an; aber „High sein, frei sein, ein bißchen Terror muß dabei sein" war der Ausblick auf ein gar nicht fröhliches Bomben, welches in den siebziger Jahren die Bundesrepublik verstörte. Die Faszination am gewaltsamen Abräumen, das Vergnügen, die Repräsentanten unseres Staates straucheln zu sehen, vermischten sich mit den erwachsenen Bemühungen, unsere Republik zu etablieren. Am 25. April 1977 veröffentlichte ein anonymer Göttinger „Mescalero" ein Pamphlet unter dem Titel „Buback – ein Nachruf" in der studentischen Asta-Zeitung, den *göttinger nachrichten*. Der Generalbundesanwalt Buback war ermordet worden. Der junge Mann schleuderte dem Toten seine Abneigung ins Grab: er beschrieb seine Schadenfreude, seinen Triumph über einen Ersatz-Vater. Er hatte laut getagträumt. Er war offenbar zu viel ins Kino gegangen. Er hatte eine Kino-Phantasie ausgesprochen, welche noch heute zu besichtigen ist, wenn das ZDF die mordfreudigen Streifen der Berliner Rialto ausstrahlt. Die westdeutsche Öffentlichkeit war entsetzt (15). Unsere renommierten Autoren waren zu wenig ins Kino gegangen.

LITERATUR

1. Harald Reinl: Der Frosch mit der Maske (1959)
   Jürgen Roland: Der rote Kreis (1959)
   Harald Reinl: Die Bande des Schreckens (1960)
   Harald Reinl: Der Fälscher von London (1961)
2. Florian Pauer: Die Edgar Wallace-Filme. München: Goldmann 1982
3. DER SPIEGEL 20/61
4. Hans-Peter Schwarz: Die Ära Adenauer 1957–1963. Geschichte der Bundesrepublik Band 3. Stuttgart: Deutsche Verlags-Anstalt 1983
5. Hannah Arendt: Eichmann in Jerusalem. Ein Bericht von der Banalität des Bösen. Reinbek bei Hamburg: Rowohlt Taschenbuch 1978
6. Hannah Arendt, ebenda, S. 42–43
7. Harald Reinl: Der Frosch mit Maske (1959)
   Jürgen Roland: Der rote Kreis (1959)
   Harald Reinl: Die Bande des Schreckens (1960)
   Josef von Baky: Die seltsame Gräfin (1961)
   Helmuth Ashley: Das Rätsel der roten Orchidee (1962)
8. Florian Pauer, wie unter 2
9. George Orwell: 90. As I Please. In: The Collected Essays, Journalism and Letters of George Orwell, Vol. 3. Penguin 1971
10. DER SPIEGEL 18/1960
11. George Orwell: The Road to Wigan Pier (1937) Penguin 1975.
12. Hans Mayer: Deutscher auf Widerruf. Erinnerungen Band II. Frankfurt: Suhrkamp 1984
13. Karl Heinz Bohrer: Ein bißchen Lust am Untergang. München: Hanser 1979
14. Reinhard Seiffert: Sir Rolls. auto motor sport 25/1969
15. Gerhard Bliersbach: „Schadenfreude ist die schönste Freude". Die psychosoziale Kontroverse um den Göttinger „Mescalero" – Text „Buback – ein Nachruf" von 1977. GRUPPENDYNAMIK 10, 1979, S. 67–78

JÜRGEN ROLANDS FILME:

Der rote Kreis. BRD: 1959
Unser Wunderland bei Nacht (Episode). BRD: 1959
Der grüne Bogenschütze. BRD: 1961
Der Transport. BRD: 1961
Heißer Hafen Hongkong. BRD/I: 1962
Der schwarze Panther von Ratana. BRD/I: 1962

Die Flußpiraten vom Mississippi. BRD/F/I: 1963
Polizeirevier Davidswache. BRD: 1964
Vier Schlüssel. BRD: 1965
Lotusblüten für Miß Quon. BRD/F/I: 1966
Die Engel von St. Pauli. BRD: 1969
Jürgen Rolands St. Pauli-Report. BRD: 1971
Das Mädchen von Hongkong. BRD/F: 1972
Zinksärge für die Goldjungen. BRD/I: 1973

ABBILDUNGSNACHWEIS

Deutsches Film-Museum, Frankfurt/M. (S. 103, 184); Deutsches Institut für Filmkunde, Frankfurt/M. (S. 266, 274, 290); Filmland-Presse, München (S. 238); Murnau-Stiftung, Wiesbaden (S. 282); Pauer, Florian: Die Edgar-Wallace-Filme, München 1982 (S. 324); Stiftung Deutsche Kinemathek, Berlin (S. 64, 112, 140, 196, 218, 304).

Register der Kino- und Fernsehfilme

Ach Egon   263
Alte, Der   199
alte und der junge König, Der   100, 127
Amerikaner in Paris, Ein   240
Annie get your gun   34
Ardennen 1944   211
Augen der Angst   43
Aus einem deutschen Leben   319
Avventura, L'   43

Barry Lyndon   151
Ben Hur   34, 111
Berliner Ballade   329
Bis daß das Geld euch scheidet   329
Blechtrommel, Die   58
Boot, Das   10, 213
Buddenbrooks, Die   9
Bullitt   53

Cabaret   96 ff.
Caine war ihr Schicksal, Die   211
Charade   58
Coogans Bluff   97
Cousins, Les   43

Dallas   57
Denver   57
Désirée   177
Des Teufels General   210
Deutsche im 2. Weltkrieg   213
Didi und die Rache der Enterbten   263

Dolce Vita, La 43
Doppelgänger, Der 263
doppelte Lottchen, Das 156
Drei Männer im Schnee 130 ff., 166, 331
Drei von der Tankstelle, Die 273
Dreizehn Stühle 273

Eiserne Gustav, Der 296
Er kann's nicht lassen 273 ff., 317
Erdbeben 200
Es geschah am hellichten Tag 329

Familiengrab 159
Fenster zum Hof, Das 30, 43, 326 ff.
Feuerzangenbowle, Die 119, 200, 257 ff., 261, 273, 279, 280, 296 ff.
Flammendes Inferno 200
Förster vom Silberwald, Der 102 ff., 127, 331
Frau zu verkaufen 58
Freddy und der Millionär 263
French Connection 54
Fridericus Rex 101
Frosch mit der Maske, Der 334
Fuchs von Paris, Der 234

Garten des Bösen, Der 306
Geheimnis der fünf Gräber, Das 210
Gewand, Das 35
Goldrausch 33
Goldfinger 329
Gorilla läßt schön grüßen, Der 306
Greifer, Der 9
größte Schau der Welt, Die 33
große Diktator, Der 20
Grün ist die Heide 25, 28, 65 ff., 127, 132 ff., 156, 164, 181, 204, 294, 331
grüne Bogenschütze, Der 25, 28, 29, 323 ff.

Haie und kleine Fische 9, 195 ff., 272
Hatari! 58 ff., 158 ff., 180, 182
Hauptmann von Köpenick, Der 24, 290 ff.
Haustyrann, Der 263
Heimat 74, 98, 213
Herz und eine Krone, Ein 146
Herz von St. Pauli, Das 9
Hiroshima, mon amour 43
Höllenfahrt der Poseidon, Die 200
Holocaust 268 ff.

Ich heirate eine Familie 24, 151
Im Zeichen des Löwen 43
Ist Mama nicht fabelhaft? 250

Jules und Jim 35

Karabinieri, Die 41
Kauf Dir einen bunten Luftballon 263
Kirmes 24, 305 ff., 331
Krieg der Sterne, s. Star Wars

La Notte, s. Die Nacht
längste Tag, Der 211 ff.
Land der Pharaonen 111
Landärztin, Die 219 ff.
Laß die Sonne wieder scheinen 157 ff.
Lauter Lügen 299
letzte Fußgänger, Der 263
Lili Marleen 20

Mädchen Rosemarie, Das 329
Mädchenjahre einer Königin 178
Manche mögen's heiß 35, 166, 240
Mann, der Sherlock Holmes war, Der 273
Marnie 30, 62
Mein Dinner mit André 54
Meineidbauer, Der 24, 185 ff., 208, 272
Mein Schulfreund 281 ff., 311, 330

Meine Kinder und ich 250
Mensch Bachmann 24, 92
Menschen am Sonntag 281
Mörder sind unter uns, Die 305
Mord im Orientexpreß 211
Mustergatte, Der 273

Nacht, Die 58
Nacht fiel über Gotenhafen 215
Nachts, wenn der Teufel kam 281
Natürlich die Autofahrer 239 ff., 279, 314, 328
Nicht versöhnt 131
North By Northwest, s. Der unsichtbare Dritte
08/15, 234

Ohne Mutter geht es nicht 250

Paradies der Junggesellen 272
Paris, Texas 157
Peter Voss, der Held des Tages 53
Prinz Eisenherz 40, 288
Prozeß, Der 193, 213, 271
Psycho 44 ff., 62
Pünktchen und Anton 39

Quax, der Bruchpilot 273
Quo Vadis 111

Rio Bravo 89, 182
Rosen für den Staatsanwalt 318
Rosen-Resli, Das 156

Sabrina 146, 177
Salomon und die Königin von Saba 37
Sauerbruch. Das war mein Leben 111 ff., 152 ff., 189, 204, 230, 294, 331, 334
Schwan, Der 177
schwarze Schaf, Das 273 ff., 304, 317, 330
Schwarzwaldklinik 24

Schwarzwaldmädel 28, 75, 101
Schwarzwaldmelodie 164
Sebastian Kneipp – Ein großes Leben 127
Sie küßten und sie schlugen ihn 43
sieben Samurai, Die 97
Sie kannten kein Gesetz (The Wild Bunch) 211
Sissi 24, 47, 141 ff., 190, 197, 204, 233, 294, 331
Sissi, die junge Kaiserin 178
Sissi – Schicksalsjahre einer Kaiserin 178
So ein Millionär hat's schwer 263
Stadt in Angst 225
Star Wars (Krieg der Sterne) 27, 30, 212, 269
Stern von Afrika, Der 9

Taxi Driver 26
Titanic 200
Topaz 30, 327
Torn Curtain, s. Der zerrissene Vorhang
Toxi 39
Trapp-Familie, Die 250
Trapp-Familie in Amerika, Die 250
Traumschiff, Das 24

Über den Dächern von Nizza 159
Unbestechlichen, Die 238, 263
unruhige Nacht, Die 9
unsichtbare Dritte, Der 40, 41, 123, 288, 325
Untergang des römischen Reiches, Der 119
Untertan, Der 304

Vater, unser bestes Stück 250
verflixte 7. Jahr, Das 46 ff.
verlorene Ehre der Katharina Blum, Die 54, 264
Vertigo – Aus dem Reich der Toten 30, 62
Vierzig Gewehre 145
Vögel, Die 30, 62, 68, 105, 224 ff.
Vorhang auf! 58

weiße Hai, Der 45

weite Land, Das 34, 268
Welt am Draht 48
Wendeltreppe, Die 281
Wenn der Postmann zweimal klingelt 204
Wenn der weiße Flieder wieder blüht 178
Wenn Frauen hassen – Johnny Guitar 145
Wie in einem Spiegel 59, 97
Wir Wunderkinder 9
Witwer mit fünf Töchtern 263

zehn Gebote, Die 34, 111
zerrissene Vorhang, Der 8